"十三五"普通高等教育本科系列教材

国际贸易理论与实务

主　编　魏　琦　刘亚卓

编　写　阎焕利　王晓云　田漫漫

主　审　卫　力

中国电力出版社

CHINA ELECTRIC POWER PRESS

内 容 提 要

本书是一本系统介绍国际贸易理论、政策和实务的教材，主要内容包括国际贸易理论，国际贸易政策，国际贸易措施，区域经济一体化与国际贸易，多边贸易体制，交易前的准备及交易磋商，国际货物买卖合同，国际贸易惯例和国际贸易术语，商品的品名、品质、数量和包装，商品的价格，国际货物运输与保险，国际货款结算，争议的预防与解决，合同的履行等，各章均以章前导读案例引出本章内容，突出了国际贸易理论与实务实践性强的特点。本书各项内容的阐述均注意与实例的结合，力图做到深入浅出，既反映当代国际贸易领域的前沿问题，又注重通过案例介绍帮助学生加强对基本技能的掌握。全书教学资源丰富、数据资料新、结构完整。

本书既可作为本科院校国际经济与贸易专业、国际商务专业的教材，也可作为非国际贸易类专业师生和广大外贸工作人员的自学教材。

图书在版编目（CIP）数据

国际贸易理论与实务 / 魏琦，刘亚卓主编. —北京：中国电力出版社，2015.10（2022.1 重印）
"十三五"普通高等教育本科系列教材
ISBN 978-7-5123-8107-0

Ⅰ.①国… Ⅱ.①魏… ②刘… Ⅲ.①国际贸易理论－高等学校－教材 ②国际贸易－贸易实务－高等学校－教材 Ⅳ.①F740

中国版本图书馆 CIP 数据核字（2015）第 173850 号

中国电力出版社出版、发行
（北京市东城区北京站西街 19 号 100005 http://www.cepp.sgcc.com.cn）
北京天泽润科贸有限公司印刷
各地新华书店经售

*

2015 年 10 月第一版 2022 年 1 月北京第二次印刷
787 毫米×1092 毫米 16 开本 13 印张 310 千字
定价 26.00 元

前　言

当今的中国已是世界上最大的商品出口国、第二大商品进口国，快速增长的对外贸易使得企业对熟悉国际贸易理论与实务人才的需求量剧增。为了更好地反映国际贸易理论和实务的发展，我们编写了本书。

本书的构架包括主要教学内容、教学目标及要求、章前导读、思考时间和各章小结，同时每章附有习题与思考，以便学生在学中练、练中学。

本书在总结同类教材优点的基础上，结合编者的教学积累，具有以下特点：

（1）内容全面，涵盖了国际贸易理论、政策措施、贸易体系和国际贸易实务。在理论与政策介绍中密切结合不同类型国家的贸易政策现状，在详细阐明基本理论的基础上，概述了国际贸易理论的最新发展；在实务中依据《2010年国际贸易术语解释通则》《联合国国际货物销售合同公约》《中华人民共和国合同法》和我国最新修订的有关法律法规，结合国际贸易中通行的惯例和习惯做法，系统全面地介绍了国际贸易实务的最新做法。

（2）案例导向，难度适中。本书的每部分都从一个具体有趣的案例导入，继而沿着案例涉及问题进行阐述，从而增强其可读性、实务性和可操作性。本书内容顺应当前我国对外贸易发展的趋势并且满足对专业技术人才的需求，难度适中、深入浅出，将国际贸易理论与实务的基本概念、基本原理和基本技能融为一体。

本书由魏琦、刘亚卓负责编写大纲、总纂、修改和定稿。第一章由阎焕利编写，第二章由田漫漫、魏琦编写，第三至六章由魏琦编写，第七至十四章由刘亚卓编写，第十五章由王晓云编写。在编写过程中，本书得到了兰州理工大学的资助，为兰州理工大学校级规划教材，同时兰州理工大学硕士研究生田漫漫、岳淑昕、王乐乐，2011级国际经济与贸易专业本科生蒋红娟和2012级国际经济与贸易专业本科生薛竹溪对初稿、二稿和三稿逐字逐句地进行了校对，在此谨向他们表示衷心的感谢。本书在编写过程中参考并引用了国内外有关国际贸易的著作，一并向有关作者表示衷心的感谢。

由于编者水平所限，书中疏漏与不足之处在所难免，敬请学界同仁和读者批评指正。

编　者

2015年6月

目　　录

1 导　　论

主要教学内容

本章介绍了国际贸易的产生和发展，分析了国际贸易的研究对象和特点，并详细介绍了国际贸易的基本概念。

教学目标及要求

通过本部分的学习初步了解国际贸易的特点；掌握在国际贸易当中涉及的理论与政策、法律和法规；在理解国际贸易有关惯例的基础上，掌握国际贸易相关概念及分类。

章前导读

据海关统计，2013 年，我国进出口总值为 25.83 万亿人民币（折合 4.16 万亿美元），扣除汇率因素同比增长 7.6%，年进出口总值首次突破 4 万亿美元。其中出口 13.72 万亿人民币（折合 2.21 万亿美元），增长 7.9%；进口 12.11 万亿人民币（折合 1.95 万亿美元），增长 7.3%；贸易顺差为 2597.5 亿美元，增长 12.8%。2013 年 12 月当月，出口增长 4.3%，进口增长 8.3%。2013 年外贸运行主要呈以下特点：一是我国对欧盟、美国、东盟贸易增长。其中，我国与欧盟、美国的双边贸易额分别为 5590.6 亿和 5210 亿美元，分别增长 2.1% 和 7.5%；对日本的贸易额为 3125.5 亿美元，下降 5.1%；欧洲、美国、日本占我国对外贸易总额的 33.5%，同比下滑 1.7 个百分点。同期，我国对东盟、南非等新兴市场国家进出口额分别为 4436.1 亿和 651.5 亿美元，分别增长 10.9%、8.6%。二是中西部地区外贸增长迅速。2013 年，中部地区外贸增长 13.6%，西部地区外贸增长 17.7%。其中重庆、河南、安徽、云南、陕西、甘肃、贵州 7 个省市外贸增速都在 15% 以上，占全国进口总值的 5.7%，比 2012 年提升了 0.6 个百分点。东部地区外贸增长 6.6%。其中广东、江苏、上海、北京、浙江、山东和福建等 7 个省市进出口总值达 3.29 万亿美元，占全国进出口总值的 79%，比上年回落了 0.9 个百分点。三是一般贸易平稳增长，加工贸易增速放缓。2013 年，一般贸易进出口值为 2.2 万亿美元，增长 9.3%，占我国进出口总值的 52.8%，比上年提高 0.8 个百分点；加工贸易进出口值为 1.36 万亿美元，增长 1%，占比为 32.6%，比上年下降 2.2 个百分点。

国际贸易是指世界各国（或地区）之间商品的交换活动。这种交换活动因为发生在世界范围内，所以又称为世界贸易（world trade）或全球贸易（global trade）。国际贸易主要由各国（或地区）的对外贸易构成，是世界各国对外贸易的总和。它不仅包含有形商品（实物商品）的交换，也包含无形商品（劳务、服务、技术）的交换。从一个国家的角度来看，同其他国家（或地区）的商品交换活动则是对外贸易。在有些海岛国家（如日本和英国等）也常用"海外贸易"表示对外贸易。总而言之，国家之间的货物或服务的交换活动，从一国来看是对外贸易，从国际范围来看就是国际贸易，国际贸易由世界各国的对外贸易总和构成。

1.1　国际贸易的发展历程

国际贸易有着悠久的历史，它是人类社会生产力发展到一定阶段的产物，它的产生必须具备两个基本条件：一是剩余产品和国际分工的存在；二是社会经济实体即国家的存在。

1.1.1　奴隶社会的国际贸易

在奴隶制度下，社会生产力较之原始社会有了较大的发展，海运事业渐渐发展起来，贸易组织、货币制度也先后建立，使奴隶社会的国际贸易有了一定程度的发展。但由于在奴隶社会中，自然经济仍然占据统治地位，商品生产微不足道，交通运输工具简陋，国际贸易的规模和范围受到很大限制。

1.1.2　封建社会的国际贸易

封建社会时期，国际贸易有了较大的发展。但在整个封建社会时期，社会生产力水平毕竟还很低，商品经济仍处于从属地位，交通运输还不发达，国际贸易仅局限于部分区域内进行。而且，当时的国际贸易带有政治意义，如海上、陆上的"丝绸之路"主要是为了显示大汉民族的强盛。

1.1.3　工业革命后的国际贸易

（1）资本主义生产方式准备时期的国际贸易。16—18世纪中叶是西欧各国资本主义原始积累时期。生产力的迅速发展为国际贸易的扩大提供了物质基础。这个时期的国际贸易在全球迅猛发展，为资本主义的原始积累提供了劳动力、资本和市场。

（2）资本主义自由竞争时期的国际贸易。工业革命以后，世界日益成为一个经济整体，并形成了一个以西欧、北美国家生产和出口制成品，其余国家生产和出口初级产品并进口欧美制成品的国际分工和世界贸易格局。世界贸易的基础已不仅仅是各国的天然资源。各国生产技术不同而产生的成本差异成为决定贸易模式的重要因素。

（3）两次世界大战之间的国际贸易。从1914年第一次世界大战爆发到1945年第二次世界大战结束，是世界经济和国际贸易波动、萧条的一段时期。在这一时期，国际贸易的地理格局发生了变化。第一次世界大战打断了各国间特别是欧洲国家与海外国家间的经济贸易联系，使欧洲在国际贸易中的比重下降，而美国所占比重却有了较大的增长。亚洲、非洲和拉丁美洲经济不发达的国家在国际贸易中的比重也有所上升。两次世界大战期间，国际贸易商品结构的特点表现为：初级产品和制成品在世界贸易中所占的比重持续稳定，但内部结构发生了重大变化。在1913—1937年的初级产品贸易中，食品和农业原料所占的比重下降，而燃料和其他矿产品所占比重增加。制成品贸易结构的突出变化是工业产品贸易所占比重显著增加，而纺织品贸易比重下降。金属和化学品的国际贸易比重也有所增加，但其他轻工产品贸易比重下降。制成品贸易日益从消费品贸易转向资本货物贸易，半制成品贸易也稍有增加。

（4）第二次世界大战后世界贸易的迅速发展。第二次世界大战后，国际贸易再次出现了飞速增长，其速度和规模都远远超过19世纪工业革命以后的贸易增长。国际贸易在各国GDP中的比重在不断上升，国际贸易在现代经济中的地位越来越重要。

新中国成立以后，社会主义对外贸易从无到有，白手起家，取得了巨大成就。第一个5年计划结束时，我国对外贸易额达到128.7亿元。自改革开放以来，中国经济持续高速稳定增长，中国对外贸易规模也急剧扩大。中国政府不断调整职能，开放格局由点到线，再由线到面，中国基本实现了全方位区域开放，贸易伙伴遍及世界各地。目前，我国的贸易伙伴已经发展到 227 个国家和地区，不仅与传统贸易伙伴的经济贸易关系稳步推进，而且与新贸易伙伴的经济贸易关系不断增强。

思考时间　中国对外贸易的发展历程。

1.2　国际贸易的研究对象和特点

1.2.1　国际贸易的研究对象

1. 国际贸易理论

国际贸易理论是指从资本原始积累时期开始到当代这一历史时期内，各国开展国际贸易的思想发展和实践经验总结，是对国际贸易发展历史与现实情况的具体描述和理论说明。各个时期的经济学家从对国际贸易经济现象的研究出发，提出了不同的国际贸易理论，主要包括古典贸易理论、新古典国际贸易理论以及当代贸易理论。

2. 国际贸易政策与措施

国际贸易直接涉及各国经济发展和财富积累，因此，各国都制订了有利于本国对外贸易发展的政策和措施，这些政策和措施随时代发展而不断变化。在资本主义原始积累时期，出现了重商主义的保护贸易政策；在自由竞争时期，自由贸易政策与保护贸易政策并存；垄断时期，出现了超保护贸易政策；第二次世界大战后，出现了贸易自由化以及保护贸易。无论是实行自由贸易政策还是保护贸易政策，各国都制订了相应的政策措施，如关税措施、非关税措施、鼓励出口措施、出口限制措施等，这些政策和措施对国际贸易产生了不同影响和不同的经济效应。这些政策和措施的理论依据及实施手段，以及不同经济发展阶段的贸易策略，也是国际贸易研究的主要领域之一。

3. 国际贸易协调机制

第二次世界大战以后，国际贸易政策和体制发生了很大变化，在经济全球化大趋势的推动下，从保护贸易逐步走向管理贸易。这其中，关税与贸易总协定的缔结、区域集团化和地区一体化的迅速发展以及世界贸易组织（word trade organization，WTO）的建立，对战后国际贸易政策和体制的调整，以及对贸易自由化的推动和多边贸易体制的确立，均起到了十分重要的促进作用。20 世纪 90 年代以后，经济全球化趋势使生产要素在全球间更加自由地流动，传统的限制性的各种壁垒，在关税与贸易总协定和世界贸易组织框架下不断减少甚至逐步消除，体现了国际贸易协调机制的作用不断加强。特别是 21 世纪初世界贸易组织新一轮谈判的启动，各成员方都力图通过更多的国际协调和干预，使国际贸易更加规范有序。

4. 国际贸易的组织形式与运行

国际间商品交换的过程具体体现在进出口业务的各个环节，在贸易实践中，由于交易双方分别处于不同的社会实体中，因此贸易适用的有关法律、惯例及交换过程中的实际操作就可能存在差异。研究国际贸易适用的法律和国际惯例，熟悉国际上行之有效的贸易习惯做法，掌握贸易合同中的交易条件和权利义务，了解国际贸易资金融通的方法和途径，对于全面系统地学习国际贸易课程有着重要的实践意义。随着国际分工的深入发展，世界市场的范围和易的两个组成部分，对运进商品和劳务的国家或地区来说是进口；对运出商品和劳务的国家或地区来说就是出口。

在进出口贸易中，还伴有复出口与复进口行为。复出口指外国商品输入国内后未经加工改制又再输出，也称再出口。复进口指本国的商品输往国外，未经加工改制又再输入本国，也称再进口。

（2）净出口（net export）和净进口（net import）。净出口是指一定时期内，某类产品的出口贸易量大于进口贸易量的差额。净进口是指一定时期内，某类产品的进口贸易量大于出口贸易量的差额。净出口、净进口一般以实物数量来表示，计量单位是质量、体积、数量等。

3. 直接贸易、间接贸易、转口贸易、过境贸易

（1）直接贸易（direct trade）。直接贸易是指商品生产国与消费国直接买卖商品的行为。对生产国而言，是直接出口，对消费国而言是直接进口。

（2）间接贸易（indirect trade）。间接贸易是指商品生产国通过第三国商人与消费国进行商品买卖的行为。其中生产国是间接出口，消费国是间接进口。

（3）转口贸易（entreport trade）。转口贸易是指在间接贸易中，本国商人充当中间商的角色，从生产国进口，又向消费国出口。

（4）过境贸易（transit trade）。过境贸易又称通过贸易，是指生产国在出口商品的运输途中，经过第三国的国境，这里的贸易对于第三国来说即为过境贸易。

4. 总贸易和专门贸易

（1）总贸易（general trade）。以国境为标准划分进出口，日本、英国、加拿大等国采用这种划分标准进行统计。凡进入国境的商品一律列为总进口，凡离开国境的商品一律列为总出口。总进口额加总出口额为一国的总贸易额。

（2）专门贸易（special trade）。以关境为标准划分进出口，美国、德国、意大利、瑞士等国采用这种划分标准进行统计。只有进入关境的外国商品才列为进口，称为专门进口；对于从国内运出关境的本国商品以及进口后未经加工又运出关境的商品则列为专门出口。专门进口额加专门出口额为专门贸易额。

5. 双边贸易、多边贸易

（1）双边贸易（bilateral trade）。双边贸易是指在两国政府之间商定的贸易规则和调节机制下的贸易往来。双边贸易所遵守的规则和调节机制，不适用于任何一个签约国与第三方非签约国之间开展的贸易。

（2）多边贸易（multilateral trade）。多边贸易是指在多个国家政府之间商定的贸易规则和调节机制下的贸易往来。同样，多个国家政府之间也需要通过签订贸易条约或协定来规定贸易规则和调节机制，而且这些贸易规则和调节机制也不适用于任何一个签约国与其他非签约国之间的贸易。

除上述分类以外，还有许多关于国际贸易实务的分类方法，如按结算方式分类、按运输方式分类、按贸易方式分类等。

1.3.2　国际贸易中常用的基本概念

1. 贸易额与贸易量

（1）贸易额（trade value）。贸易额又称贸易值，是以货币表示的贸易数值。各国贸易额一般都用本国货币表示，为了便于国际比较，许多国家常用美元计算。贸易额通常分为对外

贸易额和国际贸易额。对外贸易额是指一国在一定时期内的进口贸易额与出口贸易额的总和。国际贸易额则是指全世界各国在一定时期内出口贸易额的总和。

（2）贸易量（trade quantum）。贸易量是用进出口商品的计量单位（如数量、重量等）表示的反映贸易规模的指标。具体算法是：用以固定年份为基期而确定的价格指数去除报告期的出口或进口总额，得到的是相当于按不变价格计算的进口额或出口额。其公式为

$$价格指数=（报告期价格/基期价格）×100\%$$
$$贸易量=进出口额/进出口价格指数$$

2. 贸易差额

贸易差额（balance of trade）是一国在一定时期内出口贸易额与进口贸易额之间的差额。当出口额大于进口额就称为贸易出超（trade surplus）或称为贸易顺差（favorable balance of trade）。反之，当进口额大于出口额时，就称为贸易入超（trade deficit）或称为贸易逆差（unfavorable balance of trade）。

3. 对外贸易依存度

对外贸易依存度也称对外贸易指数，指一国在一定时期内的对外贸易总额（进口总额与出口总额之和）在该国国内生产总值中所占的比重。对外贸易依存度可分为进口依存度和出口依存度，分别表示进口贸易总额与国内生产总值之比和出口贸易总额与国内生产总值之比。对外贸易依存度是进口依存度和出口依存度之和。一国的对外贸易依存度反映了该国的对外开放程度。对外贸易依存度越大，该国的开放程度也越大；反之，则开放程度越小。此外，对外贸易依存度还可以在一定程度上表示一国经济发展的水平以及参与国际经济的程度。

4. 对外贸易与国际贸易地理方向

对外贸易地理方向（direction of foreign trade）是指各个国家或经济集团在一国对外贸易中所占的地位。对外贸易地理方向可以表明一国与世界各国经济贸易的联系程度。研究对外贸易地理方向，从横向可以看出哪些国家或贸易集团是本国的主要贸易伙伴；从纵向可以看出一个国家同其主要贸易伙伴间贸易关系消长的变化。

国际贸易地理方向（direction of international trade）是指国际贸易额的国别或地区分布状况，一般用一国或地区的对外贸易额在世界贸易总额中所占的比例来表示。国际贸易地理方向反映了各国或地区参加国际商品流通的水平及该国或地区在世界贸易中所占的地位。

5. 贸易商品结构

贸易商品结构（compostion of trade）是指各类商品的贸易额在总贸易额中所占的比重。它分为国际贸易商品结构和对外贸易商品结构。国际贸易商品结构是指各类商品的贸易额在国际贸易中所占的比重；对外贸易商品结构则是指一国各类商品的贸易额在该国的对外贸易总额中所占的比重。一国出口商品构成取决于它的国民经济状况、自然资源以及对外经济政策等因素。一国出口制成品所占的比重越大，反映该国的生产力水平越高。

6. 国际贸易条件

国际贸易条件（term of trade）是指出口一单位商品可以换回多少单位的外国商品。换回的外国商品越多，称为贸易条件好转；换回的外国商品越少，称为贸易条件恶化。在以货币为媒介、以价格表示交换价值的条件下，贸易条件一般以一定时期出口价格指数和进口价格指数之比来表示，公式为

$$TOT=P_x/P_m$$

式中，P_x 表示出口价格指数，P_m 表示进口价格指数。TOT 的计算值有三种情况：① TOT 大于 1，即贸易条件好转；②TOT 小于 1，即贸易条件恶化；③TOT 等于 1，贸易条件不变。

本章小结

本章为全书导论，简要回顾了国际贸易产生与发展的历史，阐述了国际贸易理论的基本体系，介绍了国际贸易的研究对象、内容和国际贸易的基本经济学分析工具。本章从多个角度对国际贸易进行了分类，介绍了国际贸易所涉及的基本概念，介绍了统计中常用的基本概念。国际贸易研究的内容多，涉及的范围很广，在学习和研究国际贸易过程中，要运用理论联系实际的方法，将实证分析和规范分析相结合、动态分析和静态分析相结合、定性分析和定量分析相结合，才能正确地分析和解释国际贸易。

章后习题与思考

1．国际贸易研究的对象和内容是什么？
2．第二次世界大战以来世界贸易迅速发展的主要原因有哪些？
3．工业革命对世界贸易的主要影响是什么？工业革命后的世界贸易与以前有什么区别？
4．简述两次世界大战后国际贸易发展的新趋势。

2　国际贸易理论

主要教学内容

　　本章首先介绍了古典国际贸易理论，包括重商主义的贸易理论、绝对优势理论、比较优势理论；其次说明了要素禀赋理论的贸易思想及贸易利益，并通过里昂惕夫之谜介绍了经济学家对要素禀赋理论的验证；最后从战后国际分工格局的变化出发，介绍了能更好解释当代经济情况的国际贸易理论，具体有产业内贸易理论、技术差距论、产品生命周期理论和国家竞争优势理论。

教学目标及要求

　　通过本章学习，能够了解国际贸易理论的演变过程，能够理解绝对优势论、比较优势论和要素禀赋论的基本观点和它们之间的区别，能够准确评价传统国际贸易理论，能够理解技术差距与产品生命周期理论、产业内贸易理论、国家竞争优势理论的主要内容。

章前导读

贸 易 的 好 处

　　1970 年，加纳与韩国的生活水平大致相同。当年加纳的人均国内生产总值为 250 美元，韩国为 260 美元。到了 1992 年，情况发生了极大的变化。韩国的人均国内生产总值达 6790 美元，而加纳仅为 450 美元，这反映出两国完全不同的经济增长率。1968—1988 年，加纳的年均国内生产总值增长率为 1.5%，而 1980—1992 年仅为 0.1%；相反，1968—1992 年，韩国的年均国内生产总值增长率高达 9%。为什么会有这样大的差别呢？对这个问题没有一个简单的答案，但是两国对于国际贸易的态度可以部分地说明其中的原因。世界银行的一项研究表明，韩国政府特别支持贸易。而加纳政府却不鼓励本国的生产商参与国际贸易。加纳于 1957 年获得独立，它是英国在西非的殖民地中最早获得独立的国家。在该国的第一任总统克瓦米·恩克鲁玛的影响下，该国对很多进口产品征收关税，实行进口替代政策以促进本国在某些制成品方面的自给自足，并且采取阻止本国企业进行出口贸易的政策。结果，加纳这一曾经非洲最繁荣的国家之一，竟变成了世界上最贫穷的国家之一，这无疑是一场灾难。以加纳政府对可可贸易的态度可以看出加纳抵制贸易的政策如何摧毁了该国的经济。

　　加纳拥有适宜的气候、肥沃的土壤和便利的海运航线，这一切都决定了它在可可生产方面具有绝对优势。简单地说，它是世界上最适宜于种植可可的地方。1957 年，加纳是世界上最大的可可生产国和出口国。此后，新独立的国家政府设置了一个由国家控制的可可推销委员会，它有权确定可可的价格，并且被指定为加纳可可的唯一购买者。该委员会压低可可的国内收购价格，又以市场价格将收购的可可在世界市场出售。这样，它能以 25 美分/磅的价格从种植者手中购得可可，再以 50 美分/磅的价格在世界市场上出售。事实上，该委员会付给种植者的价格远低于可可在世界市场上的实际价格，这样一来就等于对可可的出口征税，而国内收购价与出口价格之间的差额都进入了国库，这笔钱被用于政府的国有化和工业化政策。

1963—1979 年，可可推销委员会付给加纳可可种植者的价格增长了 6 个系数，而加纳的消费品价格增长了 22 个系数，邻近国家的可可价格增长了 36 个系数。按实际价格计算，可可委员会付给加纳种植者的价格每年都在减少，而世界市场价格却在大幅度上升。在这种情况下，加纳的农民放弃了种植可可，转而生产一些能在国内市场销售出去的基本粮食作物。这样，在 7 年的时间里，加纳的可可生产和出口锐减了 1/3 以上。与此同时，加纳政府依靠国有企业建立国家工业基础的努力宣告失败。结果加纳出口收入的减少使本国经济陷入衰退，外汇储备下降，这严重地限制了加纳购买必要进口产品的能力。加纳采取的是内向型贸易政策，这使加纳的资源转向其没有优势的基本农作物种植和制造业领域，而不再种植可可这一加纳在世界经济中享有绝对优势的经济作物。这种资源的低效使用损害了加纳的经济，也抑制了该的经济发展。反观韩国政府所采取的贸易政策，世界银行将韩国贸易政策的特点归纳为"极为外向型"。与加纳不同，韩国政府强调对制成品的进口设置低障碍（对农产品则不同），并采取刺激措施鼓励韩国公司出口。从 20 世纪 50 年代后期开始，韩国政府逐渐将进口关税的平均水平从进口产品价格的 60%降低到 20 世纪 80 年代中期的 20%以下，并将大多数非农产品的进口关税降为零。此外，受配额限制的进口产品的数目也从 20 世纪 50 年代后期的 90%以上减少到 20 世纪 80 年代初的零。同时，韩国政府给出口商的补贴也从 20 世纪 50 年代后期的占销售价格的 80%逐渐下降到 1965 年的不到 20%，到 1984 年则不给补贴。除在农业部门以外，韩国的贸易政策逐渐向自由贸易发展。韩国的外向型贸易政策取得了成功，该国经济也发生了巨大的转变。最初，韩国的资源从农业方面转向劳动密集型的制造业，特别是纺织、服装和制鞋业。韩国拥有充足、廉价的而又受过良好教育的劳动力，这使它能在劳动密集型的制造业领域里建立"比较优势"的基础。近年来，随着劳动力成本的提高，韩国经济开始向资本密集型的制造业领域发展，特别是汽车、航空、家用电器和先进材料等领域。这一切都给韩国带来了巨大的变化。20 世纪 50 年代后期，韩国 77%的劳动力都就业于农业部门，目前，这个比例已降到 20%以下。同时，制造业在国内生产总值中所占的比例从不到 10%增长到 30%以上，该国国内生产总值的年均增长率超过 9%。

2.1　古典国际贸易理论

2.1.1　重商主义的贸易理论

1. 重商主义的历史背景

15 世纪末，西欧社会进入封建社会的瓦解时期，资本主义生产关系开始萌芽和成长。地理大发现扩大了世界市场，给商业、航海业和工业极大的刺激，商业资本发挥着突出的作用，促进各国国内市场的统一和世界市场的形成，推动对外贸易的发展。在商业资本加强的同时，西欧一些国家建立起封建专制的中央集权国家，运用国家力量支持商业资本的发展。随着商业资本的发展和国家支持商业资本的政策的实施，产生了从理论上阐述这些经济政策的要求，逐渐形成了重商主义理论。

2. **重商主义的理论思想**

（1）认为贵金属（货币）是衡量财富的唯一标准。一切经济活动的目的就是获取金银。

（2）由于不可能所有贸易参加国同时出超，而且任一时点上的金银总量是固定的，所以一国的获利总是基于其他国家的损失，即国际贸易是一种"零和博弈"。

3. **重商主义的两个阶段及政策主张**

（1）早期重商主义的观点。

第一，视货币与商品为绝对的对立面。要求在对外贸易中产生顺差，使金银财富流入国内。

第二，孤立地看待货币运动。千方百计地防止出口得到的货币外流，并且将它储藏在国内。同时采用种种强制的手段来控制货币在国家间的流动，以达到积累财富的目的。

（2）晚期重商主义的观点。

第一，在货币与商品的关系上，认为货币与商品也具有统一的地方。不再将财富与金银简单地等同起来，而是着重对以金银货币形态出现的作为商业资本使用的财富进行分析。

第二，在对待货币运动的态度上，不再主张将货币储藏起来，逐渐意识到只有将货币作为资本进行流通，才能获得更多的收益。

第三，只有在对外贸易中坚持确保进出口总额保持顺差的原则，才能够使国家富足。

4. **重商主义的贸易理论的评价**

重商主义对外贸易学说是重商主义的核心，作为西方最早的对外贸易学说，它在历史上曾经起了一定的进步作用，即使在今天也有一定的现实意义。但是，重商主义对外贸易学说受到了商业资产阶级的历史局限性和所处时代的国际贸易实践的限制，因此它不可避免地存在着缺陷：一是理论不成体系；二是重商主义很少对生产领域进行研究，因此它始终无法解释财富到底从何而来；三是对财富与货币的理解错误导致其对国际贸易的理解错误。

2.1.2 绝对优势理论

1. **绝对优势理论提出的历史背景**

18 世纪 60 年代是英国的资本主义从工场手工业阶段向大机器工业过渡的时期。随着工业资本的发展，在重商主义制度下所建立的特许和垄断制度的弊端，对新兴工业资产阶级发展的阻碍作用日益显现。适应时代的要求，在经济思想上产生了以英国经济学家休谟和亚当·斯密为代表的经济自由主义思想。亚当·斯密在他的名著《国民财富的性质与原因的研究》中提出了为工业资本作辩护的经济理论，用了大量篇幅对重商主义进行严厉的批判，并提出了绝对优势学说，阐述了国际分工产生的原因、方式及其效果。

2. **绝对优势理论的主要内容**

（1）基本假设。

1）世界上只有两个国家，并且只生产两种商品；

2）劳动是唯一的投入要素，每国的劳动力资源在某一给定时间都是固定不变的，且具有同质性，劳动力市场始终处于充分就业状态；

3）劳动力要素可以在国内不同部门之间流动，但不能在国家之间流动；

4）两国在不同产品上的生产技术不同，并且两国的技术水平都保持不变；

5）规模报酬不变；

6）所有市场都是完全竞争的，没有任何一个生产者和消费者有足够的力量对市场施加影响，他们都是价格的接受者，且各国生产的产品价格都等于产品的平均生产成本，没有经济利润；

7）实行自由贸易，不存在政府对贸易的干预或管制；

8）运输费用和其他交易费用为零；

9）两国之间的贸易平衡，因此，不用考虑货币在国家间的流动。

（2）亚当·斯密的自由贸易思想。亚当·斯密的绝对优势理论是他主张自由贸易的理论依据。他认为分工可以大大提高劳动生产率，其原因如下：第一，分工使劳动专门化，提高了工人的熟练程度；第二，分工省去了工人从一种工作转换到另一种工作的时间，免除了因转换工序或工作而造成的损失；第三，分工使工人因专门从事某项操作而容易改进工具和发明机器，从而使一个人能够完成以前由许多人才能完成的工作。

亚当·斯密认为，国际贸易和国际分工的原因和基础是各国间存在的劳动生产率和生产成本的绝对差别。一国如果在某种产品上具有比别国高的劳动生产率，该国在这一产品上就具有绝对优势；相反，即具有绝对劣势。绝对优势也可间接地由生产成本来衡量：如果一国生产某种产品所需的单位劳动比别国生产同样产品所需的单位劳动要少，该国就具有生产这种产品的绝对优势；反之，则具有劣势。各国应该集中生产并出口其具有劳动生产率和生产成本"绝对优势"的产品，进口其不具有"绝对优势"的产品。在贸易理论上，这一学说被称为绝对优势理论。

（3）绝对优势理论的生产和贸易模式。

1）判断一国在哪种产品上具有绝对优势的方法。有两种方法来判断各国的绝对优势。第一种方法是用劳动生产率，即通过单位要素投入的产出率来衡量。X 产品的劳动生产率可用（Q_x/L）来表示，其中 Q_x 是产量，L 是劳动投入。如果就 X 产品而言，A 国的劳动生产率比 B 国高，则 A 国在 X 产品的生产上具有绝对优势。第二种方法是用生产成本，即用生产 1 单位产品所需的要素投入数量来衡量。单位 X 产品的生产成本（劳动使用量）可用 $L_x=L/Q_x$ 来表示。在 X 产品的生产上，如果 A 国的生产成本低于 B 国，则 A 国在 X 产品上就具有绝对优势。

下面我们用一定投入量的不同产量来说明绝对成本理论。

例如现有 A 国和 B 国两个国家，都生产棉布和小麦，但生产技术不同。劳动是唯一要素投入，且两国的劳动力数量都是 1000 人。A 国和 B 国棉布和小麦的生产可能性见表 2-1。

表 2-1　　　　　　　　　A 国和 B 国棉布和小麦的生产可能性

国家	棉布（万米）	小麦（吨）
A 国	1000	500
B 国	800	1000

从劳动生产率的角度说，A 国每人每年可以生产 1 万米棉布，而 B 国每人每年只能生产 0.8 万米，A 国具有生产棉布的绝对优势；B 国每人每年可以生产 1 吨小麦，而 A 国每人每年只能生产 0.5 吨，B 国具有生产小麦的绝对优势。从生产成本的角度来说，可得出同样结论。

根据绝对优势贸易理论，A 国应该专门生产棉布（1000 万米），然后用其中的一部分去跟 B 国交换小麦。B 国则应专门生产小麦（1000 吨），然后用一部分小麦去交换 A 国的棉布。

2）贸易利益。这种专业化分工和交换的利益也可以用上述例子来说明。如果没有贸易，两国都是封闭经济，自给自足。因此，为了满足不同的消费，每个国家都要生产两种产品。为了方便起见，假设每个国家都将自己的劳动资源平均分布在两种产品的生产上。那么，A 国的棉布产量是 500 万米，小麦是 250 吨，B 国则生产 400 万米棉布和 500 吨小麦。在封闭经济中，各国的生产量也是各国的消费量。

两国进行专业化分工和自由贸易之后，A 国生产 1000 万米棉布而 B 国生产 1000 吨小麦。假设 A 国仍然保持自给自足时的棉布消费量（500 万米），拿出另外的 500 万米去跟 B 国交换小麦，而 B 国也是如此，保证原来的小麦消费量（500 吨），将余下的 500 吨小麦去交换棉布。这样，A 国与 B 国用 500 万米棉布换 500 吨小麦。贸易的结果是，A 国现在有 500 万米棉布（自己生产的）和 500 吨小麦（进口的），比自给自足时多了 250 吨小麦；而 B 国也有 500 万米棉布和 500 吨小麦，比自给自足时多了 100 万米棉布。两国都比贸易前增加了消费，都得到了在自给自足时不可能达到的消费水平，这就是贸易所得。在这个例子中，我们假定 A 国棉布与 B 国小麦的交换比例是 1:1，而实际中究竟以何种的比例（即价格）进行交换，取决于国际市场上两种产品的供给与需求。

3. 绝对优势理论的局限性

（1）只是部分地解释了国际贸易产生的原因，未能说明一国在各部门均无绝对优势的情况下如何开展贸易，因而不具有一般性。

（2）它只从供给方面研究了国际分工和国际商品流动的方向，而忽略了需求方面对分工和贸易格局的影响。

（3）未能说明在资源向绝对优势部门转移的过程中，成本是否会发生变化，如果是变化的，国际分工应进行到何种程度。

（4）未能说明贸易流量如何确定。

2.1.3　比较优势理论

1. 比较优势理论提出的历史背景

进入 19 世纪，机器大工业的蓬勃发展使英国在对外贸易中已经处于绝对优势地位，英国资产阶级迫切要求进一步扩大对外贸易。1815 年，英国政府修订实施了维护土地贵族阶级利益的"谷物法"，但同时也损害了工业资产阶级的利益。这时，李嘉图作为工业资产阶级的代言人，以"比较优势说"作为理论武器，反对英国政府颁布的"谷物法"。

2. 比较优势理论的主要内容

（1）基本假设。除强调两国之间生产技术存在相对差异而不是绝对差异之外，比较优势贸易模型的前提假设与绝对优势贸易模型基本一样。

（2）李嘉图的贸易思想。李嘉图认为，决定国际分工与国际贸易的一般基础不是绝对优势，而是比较成本或比较优势。也就是说，即使一国与另一国相比，在商品生产成本上都处于绝对劣势，但只要本国集中生产那些成本劣势较小的商品，而另一个在所有商品生产成本上都处于绝对优势的国家，集中生产那些成本优势最大的商品，即按照"有利取重，不利择轻"的原则，进行国际分工与国际贸易，不仅会增加社会财富，而且交易双方也都能获得利益。因此，亚当·斯密的绝对优势理论在李嘉图这里表现为比较优势的一种特殊情况。根据李嘉图的比较优势贸易理论，每个国家都应集中生产并出口其具有"比较优势"的产品，进口其具有"比较劣势"的产品。

李嘉图曾举过一个例子来说明比较优势理论的含义。假设英国生产毛呢需要 100 人劳动 1 年，生产酒需要 120 人劳动 1 年，而葡萄牙生产同量的毛呢和酒分别需要 90 人劳动 1 年和 80 人劳动 1 年。

由上可知，在两种产品的生产上，葡萄牙都处于绝对优势，而英国都处于绝对劣势。李嘉图认为，两国产品的交换取决于生产这两种产品的相对成本或比较成本，而不是生产这两种产品所花费的绝对成本。葡萄牙生产毛呢的劳动成本是英国的 90%（90/100），而生产酒的劳动成本只有英国的 67%（80/120），前者大于后者。虽然葡萄牙在生产这两种产品中的任何一种所耗费的劳动量都比英国少，即它生产这两种产品的效率都比英国高，但是葡萄牙生产这两种产品的效率并不是一样的。葡萄牙生产酒的效率比生产毛呢的效率更高一些，这就是相对优势或比较优势。换言之，葡萄牙生产这两种产品都具有绝对优势，但相比之下，它在酒的生产方面具有相对优势。

从英国这方面看，英国生产酒和毛呢的单位劳动成本都比葡萄牙高。英国生产毛呢的劳动成本与葡萄牙相比，为 100/90=1.1，酒为 120/80=1.5。这表明英国生产毛呢的成本是葡萄牙的 1.1 倍，生产酒的成本是葡萄牙的 1.5 倍。英国生产这两种产品的效率都比葡萄牙低。虽然如此，两者相比较，英国生产毛呢的效率相对地高一些。即英国在生产毛呢方面有相对优势或比较优势。因此，李嘉图认为，如果英国的劳动力全部用来生产毛呢，而葡萄牙的劳动力全部用来生产酒，也就是各国分工只生产各自具有相对优势的产品，不但各种产品的产量可以增加，而且通过贸易双方都可以获得利益。

3. 比较优势理论的生产和贸易模式

（1）判断一国在哪种产品上具有比较优势的方法。在比较优势理论里我们可以利用产品的相对价格或者产品的机会成本来判断各国的优势所在。产品的相对价格是指两种产品的价格之比，也可用两种产品的数量之比来表示。

由于市场是完全竞争的，厂商没有超额利润，产品的价格可记为 $P=aw$，其中 P 为产品的价格，a 为生产 1 单位产品所需的劳动，w 为单位劳动的小时工资。进一步，产品的小时工资率就等于一个工人在 1 小时内生产的价值，$w=P/a$。现在我们假设有 X 和 Y 两种产品，P_X 和 P_Y 分别表示 X 和 Y 两种产品的价格，a_X 和 a_Y 分别表示本国生产一个单位产品 X 和一个单位产品 Y 所需要的劳动力，两种产品的相对价格用 p 来表示，则 X 产品的相对价格可记为 $p=P_X/P_Y$。即生产 1 单位 X 产品需要放弃 P_X/P_Y 单位 Y 产品的生产，即 1 单位 X 产品的机会成本是 P_X/P_Y 单位 Y 产品。X 产品的相对价格又可以记为 $p=a_X/a_Y$。

当没有国际贸易时，商品的相对价格等于它们的相对单位劳动投入。当存在国际贸易时，两国应分别生产本国相对价格低的产品，然后进行交换。

（2）贸易后交换价格的确定。贸易后交换价格是由供给与需求决定的。但在考虑比较优势时，我们不能仅作局部均衡的分析，而要联系两个产品市场，作一般均衡分析。这样就不仅要注意两种产品的供给与需求的数量，而且要注意它们的相对供给和相对需求。

相对需求曲线用 RD 表示，相对供给曲线用 RS 表示。世界一般均衡要求相对供给等于相对需求。因此，世界相对价格就由 RD 和 RS 的交点决定。如果以纵轴表示相对价格，横轴表示相对产量，RD 线是向右下方倾斜的，向右下方倾斜体现了两种产品的替代效应。当 X 产品的相对价格上升时，消费者就会少买 X 产品而多买 Y 产品，从而使对 X 产品的相对需求下降。

（3）贸易利益。不同的国家开展贸易后会进行专业化分工，这种专业化分工如何使各国都得益，这一点可以从两个方面来说明。假定 A 国和 B 国两种产品的单位劳动投入如表 2-2 所示，A 国在两个产品的生产上单位劳动投入都比 B 国低，但根据比较优势理论，贸易依然可以进行。在 A 国，棉布的相对价格为 1/2，在 B 国，棉布的相对价格为 2，A 国专门生产棉布，B 国专门生产小麦。世界均衡的相对价格必然在 1/2 和 2 之间。为了方便起见，我们假定在此例中世界均衡相对价格为 1。

表 2-2	单位产品劳动投入	人/年
国家	棉布	小麦
A 国	1	2
B 国	6	3

贸易的利益可以用两个角度来说明。首先是将贸易看作为一种间接的生产方法。本国本来可以直接生产小麦，但是与外国贸易使它可以通过生产棉布来交换小麦，从而间接"生产"小麦，这种比直接生产效率更高。其次，由于用本国生产的一部分产品去交换外国生产的产品可以得到比本国两种产品都生产时更多的商品组合，本国的消费可能性就扩大了；反之，外国也一样。对两个国家来说，贸易都使它们消费选择的范围扩大了，因此它使两国居民的境况都变得更好。在本例中，自己生产时，A 国 1 小时劳动生产 1/2 单位小麦，贸易后同样 1 小时的劳动可以生产 1 单位棉布，1 单位棉布又可以交换到 1 单位小麦。这种间接的"生产"方法比自己生产多了 1/2 单位小麦。因此，A 国在贸易中得益。同样，B 国 1 小时的劳动只能生产 1/6 单位棉布，但它能生产 1/3 单位小麦，如果它用这 1/3 单位小麦去与 A 国交换，可以得到 1/3 单位棉布。这种间接的"生产"方法比自己生产多了 1/6 单位棉布。因此，它也从贸易中得益。在这个例子中，通过贸易，两国等于使其用于生产进口品的劳动效率提高了 1 倍。

思考时间　两国多商品模型和两商品多国模型该如何分析？

4. 比较优势理论简评

（1）比较优势理论的现实意义。首先，比较优势理论以劳动价值论为基础，为国际贸易理论提供了一个科学的基础和出发点。其次，李嘉图的比较优势理论从理论上为国际贸易的进一步扩大，为资本主义生产方式和交换方式的国际化，为国际范围内劳动生产率的提高开辟了道路。最后，比较优势理论为现代国际贸易中经济相对落后国家以对外贸易发展本国经济提供了理论基础。

（2）比较优势理论的不足之处。首先，一系列严格假定的存在使得李嘉图的比较优势理论与实际情况之间有相当大的距离。其次，李嘉图无法解释他的比较优势理论与劳动价值论之间的矛盾，错误得出了适用于国内贸易的价值规律不适用于国际贸易的结论。最后，在对国际贸易利益的分配问题进行考察时，李嘉图将使用价值同价值绝对对立起来，认为对外贸易在增加一个国家的使用价值量时并不增大价值量。李嘉图的这一错误妨碍了他自己对国际贸易利益分配问题的深入分析。

2.2 新古典国际贸易理论

2.2.1 要素禀赋理论

1. 赫克歇尔-俄林模型

（1）赫克歇尔-俄林模型的基本假设。

1）国际贸易中有两个国家（A 国和 B 国），用两种生产要素（分别是劳动和资本），生产两种产品（X 和 Y），又称 2×2×2 模型；

2）A 国是劳动丰裕的国家，B 国是资本丰裕的国家，X 是劳动密集产品，Y 是资本密集产品；

3）两国使用相同的生产技术，因此，如果要素价格相同，两国在生产同一产品时，将使用相同数量的劳动和资本，不存在要素密集度逆转的情况；

4）在两个国家，两种商品的生产均为规模报酬不变；

5）两国的需求偏好相同，即如果两国的相对商品价格相同，其消费的两种产品比率相同；

6）在两国国内，商品市场和要素市场是完全竞争的，即两国的商品生产者、消费者都不能左右商品价格；

7）生产要素在国内是自由流动的，但是，在国际间不能自由流动，这意味着生产要素价格在国内是相等的，而在国际间是不相等的；

8）没有运输成本、贸易壁垒等国际贸易障碍；

9）两国的分工是不完全分工，即在自由贸易条件下，两国也要继续生产两种产品；

10）在两国，资源都得到充分利用，且两国贸易平衡。

（2）赫克歇尔-俄林定理（H-O 定理）。H-O 定理的基本表述是：一国出口的是那些比较密集地使用在本国较为丰裕因而便宜的生产要素所生产的产品，进口的是那些需要在生产上密集使用本国相对稀缺因而昂贵的要素所生产的产品。简而言之，一个劳动丰裕但资本稀缺的国家应当出口劳动密集型产品，进口资本密集型产品；一个资本丰裕而劳动稀缺的国家则相反，应当出口资本密集型产品，进口劳动密集型产品。

下面利用"消费者剩余"和"生产者剩余"这两个概念来说明 H-O 理论所揭示的贸易利益。

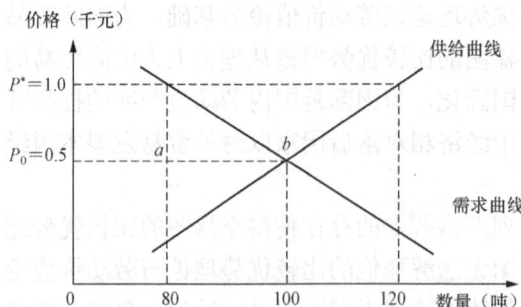

图 2-1 出口大米所产生的利益变动

图 2-1 为出口大米所产生的利益变动。贸易前的国内市场价格是每吨 500 元，生产与消费量相等，假设都是 100 吨，贸易后的价格上升为 1000 元。国内生产增至 120 吨，但消费量则降为 80 吨，生产量超过国内消费量的部分（40 吨）为出口。在大米贸易中，消费者只有损失而没有获利，消费者的损失可以用"消费者剩余"来衡量。在图 2-1 中，由于大米价格的提高，"消费者剩余"减少了 a 部分，其价值为 4 万 5 千元，也就是说，自由贸易使 A 国大米的消费者损失了 4 万 5 千元。但是对 A 国大米的生产者来说，出口则带来了很大利益：既增加了产量，又卖了高价。生产者的获利

可以用"生产者剩余"来衡量。从图 2-1 中可以看出 A 国大米出口使"生产者剩余"增加了 a 和 b。这部分的价值为 5 万 5 千元。

从以上的分析中可以看出，出口使 A 国消费者受害而生产者得益。如果把消费者和生产者都考虑进去，A 国出口大米是否仍然获利。因为生产者所获的利益（$a+b$）总是大于消费者的损失（a），出口大米的纯利益是 b，在图 2-1 的例子中，纯利益是 1 万元。

现在再来看进口市场。图 2-2 为进口钢铁所产生的利益变动。贸易前，假设 A 国钢铁的生产和消费均为 100 吨，市场价格为 2 千元。开放市场的结果是进口增加，价格从 2 千元跌到 1 千元，国内生产减少至 80 吨。从生产者的角度来讲，自由贸易并非一件好事，在廉价进口的冲击下，"生产者剩余"减少了 c 部分，用货币计算，相当于 9 万元的损失。从消费者的角度来讲，正是由于廉价外国产品的进口，使得消费者可以付更少的钱而享受更多的产品，价格下跌使消费量由 100 吨增加到 120 吨。"消费者剩余"增加了 $c+d$ 部分，计 11 万元，多于生产者的损失。

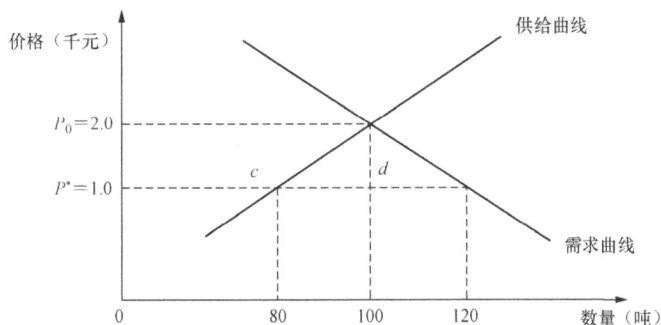

图 2-2　进口钢铁所产生的利益变动

如果将生产者的损失和消费者的收益加在一起，不难发现，即使进口，A 国也能从中获利，因为消费者从进口中得到的利益 $c+d$ 总是大于生产者的损失 c，进口的纯收益是 d，在这里 d 的价值为 2 万元。

从以上的分析中可以看到，A 国无论是出口大米还是进口钢铁，都有净利益。图 2-3 为 B 国进口 A 国大米所产生的利益变动。在没有贸易时，B 国国内的大米价格为每吨 1500 元，开放市场后，B 国以 1000 元的价格从 A 国进口了 40 吨大米，并促使国内大米市场价格下降，生产削减，消费增加。生产者损失了 e，但消费者获得了 $e+f$，净收益为 f，根据假设的数据，f 的价值为 1 万元。

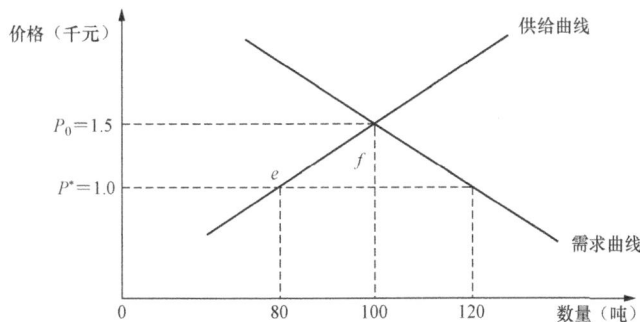

图 2-3　B 国进口 A 国大米所产生的利益变动

从分析中我们看到，A 国与 B 国进行大米贸易，不仅出口国 A 国有 1 万元的净利益，进口国 B 国也有 1 万元的净利益。由此可见，在新古典模型中，一国不仅从扩大出口中获得利益，也同样从开放市场中提高了社会福利。当然，各国收益的大小则取决于该国贸易后价格变动的幅度，以及本国供给与需求曲线的弹性。一般说来，价格变动幅度越大，供给和需求弹性越大，该国从贸易中得到的净收益越大。

2. 赫克歇尔-俄林模型的验证——里昂惕夫之谜

（1）里昂惕夫之谜。1951 年，里昂惕夫利用美国 1947 年 200 个产业部门的进出口数据，计算了美国当年每 100 万美元进口替代品和出口产品中劳动和资本的数量。然而，里昂惕夫得出的结论却与赫克歇尔-俄林的预测截然相反，这意味着，H-O 理论在这里无法成立。为了作出进一步的验证，里昂惕夫 1953 年再次计算了 1951 年的有关资料，可得出的结果再次与 H-O 理论相反。这意味着美国进口的是资本密集型产品，出口的是劳动密集型产品，这与 H-O 理论完全相反。这就是著名的里昂惕夫之谜。

（2）对里昂惕夫之谜的解释。经济学家对此有以下主要解释：生产要素密集性逆转；关税和政府的其他贸易壁垒；人力资源的不同；其他自然资源不同；劳动者技能水平的差异等。

1）生产要素密集性逆转。在要素禀赋理论的基本模型中曾经假设，对任何一组要素价格，X 永远都是资本密集型的，Y 永远都是劳动密集型的。但在现实中，不同国家生产要素间的替代弹性可能会互不相同。如果在某些要素价格下，X 是资本密集型的，Y 是劳动密集型的，但在另外一些要素价格下，X 变成劳动密集型产品，Y 变为资本密集型产品，这种现象称为要素密集性逆转。如果考虑到要素密度性逆转，里昂惕夫之谜就不难解释。因为里昂惕夫在计算美国进出口商品的资本劳动比率时，用的都是美国的投入产出数据。对于美国进口的商品，他用的也是美国生产同类产品所需的资本劳动比率，而不是这一商品在出口国国内生产时实际使用的资本劳动比率。但在要素密度性逆转存在的情况下，这可能会造成错误。

2）贸易壁垒。在赫克歇尔-俄林的模型中，贸易被假定为自由的，而在现实中几乎所有的国家（包括美国）都或多或少实行一定程度上的贸易保护，尤其在战后初期。对于美国来说，一方面，保护程度较高的是劳动密集型商品。贸易政策的制定会受到许多利益集团的影响；另一方面，别的国家也可能对他们缺乏竞争力的资本密集型商品进行较高的贸易保护，从而使得美国资本密集型商品的出口受到了一定程度上的影响。因此，有人认为，如果是自由贸易，美国就会进口比现在更多的劳动密集型商品，或出口更多的资本密集型产品，里昂惕夫之谜就有可能消失。

3）劳动者技能水平的差异。里昂惕夫认为，里昂惕夫之谜产生的根本原因是美国的劳动熟练程度或劳动效率比其他国家高。他认为各国的劳动生产率是不同的，1947 年美国工人的生产率大约是其他国家的 3 倍，因此在计算美国工人的人数时应将美国实际工人数乘以 3 倍。这样，按生产效率计算的美国工人数与美国拥有的资本量之比，较之于其他国家，美国就成了劳动力丰富而资本相对短缺的国家，所以它出口劳动密集型产品，进口资本密集型产品，从而与要素禀赋理论揭示的内容是一致的。但这种解释很快就遭到许多人的反对。后来，美国经济学家基辛对这个问题作了进一步的研究，他将美国企业职工的劳动分为熟练劳动与非熟练劳动两大类。根据这种分类，他进而对 14 个国家 1962 年的进出口商品构成进行了分析，得出了劳动熟练程度不同是国际贸易产生的重要原因之一，资本较丰富的国家倾向于出口熟练劳动密集型商品，资本较缺乏的国家则倾向于出口非熟练劳动密集型商品的结论。

4）自然资源。 根据戴柏（1956）和瓦尼克（1959）的看法，仅仅考虑两种生产要素（资本和劳动）的做法是不正确的。国际贸易研究至少还必须考虑另一种要素，即自然资源。为此，瓦尼克除使用里昂惕夫给出的数据之外，还进行了深入的实证研究。最终瓦尼克得出结论：虽然资本在美国是相对丰裕的，但是，大量的资本只有与稀缺的自然资源积累相结合，才能形成有效率的生产过程。从这个意义上来说，里昂惕夫之谜是一种幻景：美国进口的自然资源产品碰巧是资本劳动比率较高的，而出口的自然资源产品碰巧是资本劳动比率较低的，从而形成了美国进口资本密集型产品出口劳动密集型产品的现象。但需要注意的是，从自然资源的角度虽然可以解释里昂惕夫之谜，但并没有给人们提供更切合实际的分析模式。

（3）里昂惕夫之谜引发的启示。里昂惕夫之谜是传统国际贸易理论发展史上的一个转折点，使当代国际贸易理论的研究更接近现实。"谜"和"谜"的检验对我们具有很大的启发作用：要素禀赋理论已不能对战后国际贸易的实际情况作出有力的解释，因为赫克歇尔-俄林的要素禀赋理论对国际贸易模式的解释仅仅依靠各国的要素禀赋或只有两种生产要素的观点是不够的，战后的科学技术、熟练劳动力在生产中的作用日益加强，已经构成国际贸易的一个非常重要的生产要素。在这种条件下，如果把生产要素仅仅归结为资本、土地、劳动，则很有可能得出不正确的结论。

3. 赫克歇尔-俄林-萨缪尔森定理

赫克歇尔-俄林-萨缪尔森定理也称为要素价格均等化定理，简称为赫-俄-萨定理（H-O-S定理）。要素价格均等化定理指出国际贸易会使各国同质要素获得相同的相对与绝对收入。这样，国际贸易就成了国际要素流动的替代。国际贸易会使贸易各国的同质劳动（即有相同水平的训练、技能和生产力的劳动）获得等量工资。同样，国际贸易会使贸易各国同质资本（即具有同等风险和生产力的资本）获得均等收益。即国际贸易会使 A 国和 B 国的工资相等，贸易各国的利率相同，以及使相对要素价格和绝对要素价格相等。

在没有贸易的条件下，A 国 X 商品的相对价格低于 B 国，因为 A 国的劳动价格即工资率比较低，当 A 国分工生产商品 X（劳动密集型商品），并减少商品 Y（资本密集型商品）的产量时，对劳动的相对需求就会上升，从而提高工资率。同时，对资本的相对需求下降，引起利率的下降。而在 B 国所发生的一切，与 A 国相反，即 B 国分工生产 Y，并降低 X 的产量时，对劳动的需求下降，从而引起工资下降，对资本的需求增加，从而提高了利率。总体来说，国际贸易使 A 国（低工资国家）的工资上升，使 B 国（高工资国家）的工资下降。这样，与贸易前相比，国际贸易使两国的工资率差距缩小了。同样，国际贸易降低了 A 国（高利率国家）的利率，提高了 B 国（低利率国家）的利率，与贸易前相比，也使两国的利率差距缩小了。这表明国际贸易倾向于缩小两国间工资与利率的差距。

国际贸易不仅倾向于缩小同质要素收入的国际差异，而且实际上在满足所有假设的前提下，定会使各国相对要素价格完全相等。这是因为只要相对要素价格不同，相对商品价格就会不同，从而使得贸易进一步发展，缩小两国要素价格的差异。这样，国际贸易将继续发展，直至相对商品价格完全相等，即两国相对要素价格完全相等。

4. 雷布金斯基定理

雷布金斯基定理分析了一个国家拥有的要素数量变化对国际贸易的影响。雷布金斯基定理的主要内容是：在商品和要素的相对价格不变的条件下，生产要素不平衡的增长将导致商品的产量更大的不对称变化。一种要素的增加将导致密集使用这种要素生产的商品的产量增加，而使另一种商品的产量减少。雷布金斯基认为，首先，一个国家的要素比例是会发生变化的，随着要素比例的变化，该国的比较优势也会随之发生变化，而出口产品的结构也随之变化；其次，产品要素投入比例也会发生变化，由于一国经济政策、宏观环境等发生变化，生产要素的投放比例可能会发生改变。

2.2.2 特定要素贸易模型

1. 基本框架

（1）基本假设。假设一个国家生产两种产品，即服装和食品。在生产这两种产品时需用三种生产要素：劳动（L）、土地（T）和资本（K）。这三种要素的总量一定，并且不存在失业。在服装的生产中需要投入劳动和资本两种要素而不需要投入土地；在食品的生产中需要投入土地和劳动两种要素而不需要投入资本。这样，资本和土地成为特定生产要素，它们只能用于一种产品的生产。而劳动是一种流动要素，它在服装部门和食品部门的生产中都需要，且劳动可以在两部门间自由流动。

由以上假设我们可以根据投入产出关系写出服装与食品的生产函数

$$Q_c = F_c(K, L_c)$$
$$Q_f = F_f(T, L_f)$$

其中，Q_c 表示服装的产量；F_c 表示服装部门的生产函数；K 表示国内的资本存量；L_c 表示在服装部门中投入的劳动量。同理，Q_f 表示食品的产量；T 表示一国国内的土地存量；L_f 表示食品部门中投入的劳动量。由于一国的劳动总量一定且国内充分就业，可以得出，两个部门使用劳动之和等于劳动资源总量（L），即 $L_c + L_f = L$，其中 L_c 是用于生产服装的劳动，L_f 是用于生产食品的劳动。

（2）生产可能性曲线。由于模型假设特定生产要素不可流动，故在生产中唯一可以在两部门间流动的生产要素是劳动。因此可以用两部门间不同的劳动投入组合来得出服装和食品的产量，从而得出该国的生产可能性边界。

首先看一下两部门中总产量与劳动投入的关系。以食品部门为例，在一国土地存量给定的情况下，劳动投入量越大，食品的产出量也就越大。但随着劳动投入量的增大，在土地总量保持不变的情况下，劳动的边际产出会下降。这是因为随着劳动投入的增加，单位劳动所拥有的土地量减少，因此，劳动的边际产出下降。因此 $Q_f = F_f(T, L_f)$ 曲线的斜率随着劳动投入量的增加而逐渐减小。

通过劳动投入在两部门的不同分配，可以画出该国外凸弯曲的生产可能性曲线。服装部门配置的劳动越多，食品部门配置的劳动就越少。随着服装部门劳动的增加，该部门的总产出增加，但其边际产品下降，而食品部门的边际产品上升，这意味着本国生产的服装越多，以食品表示的服装的机会成本越高。

（3）特定要素的分配。由于劳动是公共要素，在两个部门自由流动。图 2-4 为两个部门的工资决定与劳动力分配。根据完全竞争和充分就业的假定，在市场均衡工资下，本国劳动的总供给（L）等于服装生产中使用的劳动（L_c）和食品生产中使用的劳动（L_f）之和。各部门对劳动的需求由边际劳动生产率和产品价格决定。在利润最大化的目标下，厂商支付的工资不会超过劳动为之创造的价值。因此，厂商对劳动的需求（厂商愿意支付的工资）等于产品价格（P）乘以边际劳动投入所生产的产品数量（边际劳动生产率，MP_L）。根据边际产出递减规律，在其他要素投入不变的情况下，厂商雇用的劳动力越多，边际劳动产品越少。因此，对于任何给定的产品价格，劳动需求都是一条向下倾斜的曲线。

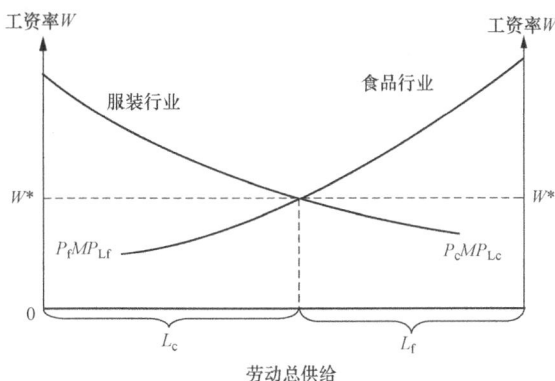

图 2-4 工资决定与劳动力分配

在图 2-4 中，左边的是服装生产部门的劳动需求曲线，等于服装价格（P_c）乘以服装生产的边际劳动产出（MP_{Lc}）。右边是食品生产部门的劳动需求曲线，等于食品价格（P_f）乘以食品生产的边际劳动产出（MP_{Lf}）。工资越低，两个部门所需的劳动越多。当工资等于 W^* 时，两个部门所雇用的劳动等于劳动的总供给，劳动力市场达到均衡，决定了劳动在两个部门的分配，也决定了两个部门的产量。

2. 应用分析

（1）贸易对流动要素价格和产出及收入分配的影响。在通常情况下，自由贸易会使一国国内出口产品的价格水平上升，而使进口产品的价格水平下降。假设该国在国际贸易中出口服装、进口食品。这样，贸易后服装的价格上升，而食品的价格下降，导致食品行业的劳动需求曲线 FF 线与服装行业的劳动需求曲线 CC 线的移动，如图 2-5 所示。由于服装的价格上升，在服装部门中劳动的边际产品价格会上升，导致 CC 线向右上移动至 $C'C'$。而在食品部门，由于劳动的边际产品价值下降，从而 FF 线会向右下移动至 $F'F'$。这样，国际贸易使出口部门即服装部门中雇佣的劳动数量上升，由 L_c 上升至 L_c'。而进口部门即食品部门中雇佣的劳动数量下降，由 L_F 降至 L_F'。就产出量而言，国际贸易使出口部门的产出上升，而使进口部门的产出下降。

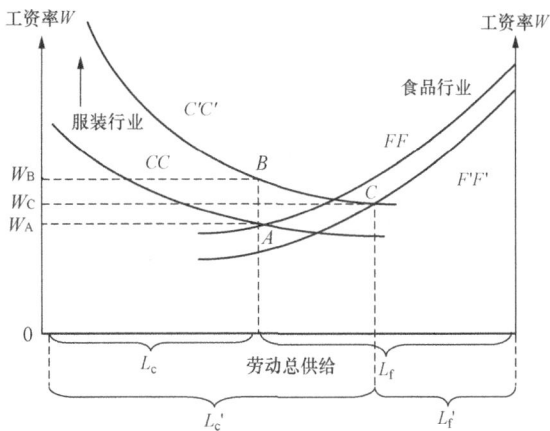

图 2-5 服装相对价格变动的影响

就劳动者的工资 W 而言，其工资率由以前的 W_A 升至 W_C，但上升幅度小于服装相对价格的上升幅度。用名义工资衡量的劳动收益率增加，但实际工资是否增加不能确定，这取决于用什么产品价格衡量。如果用服装衡量，则实际工资下降，即劳动者收入水平是下降的。但如果用食品来衡量，劳动者的实际工资上升，收入水平下降，故贸易对劳动者收入的影响是不确定的。

（2）贸易对特定要素价格和产出及收入分配的影响。接下来分析贸易对土地和资本所有者收入的影响，首先观察资本所有者的收入状况。如图 2-6 所示，横轴为在服装部门中投入的劳动量，纵轴为在服装生产中劳动的边际产出。由于资本数量固定，故劳动的边际产出随着劳动投入的增加而递减。当服装部门中投入的劳动量为 OL_0 时，矩形 OL_0EB 为服装部门向劳动力支付的工资数，而阴影部分即 ABE 为资本所有者的收入。当国际贸易使服装的相对价格上升，从而在服装部门的劳动投入增加时，在服装部门中劳动投入由 OL_0 上升至 OL_1。则在服装部门中，支付给工人的工资变为 $OL_1E'C$，资本所有者所得到的收入由 ABE 上升到 ACE'，即增加了四边形 $BCE'E$ 的收入。因此，国际贸易会使出口部门特定生产要素的收入上升。

就土地而言，由于在食品部门中劳动的投入由 OL_0 降至 OL_1，土地所有者的收入由 ABE 下降到 ABE'，其收入减少了 $BEE'C$（见图 2-7）。因此，国际贸易会使进口部门的特定生产要素收入下降。

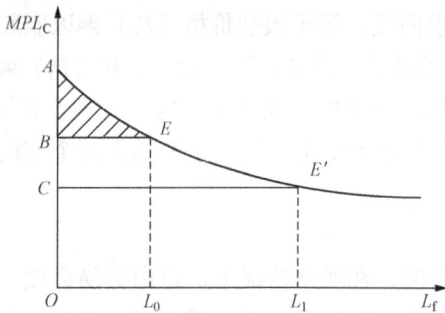

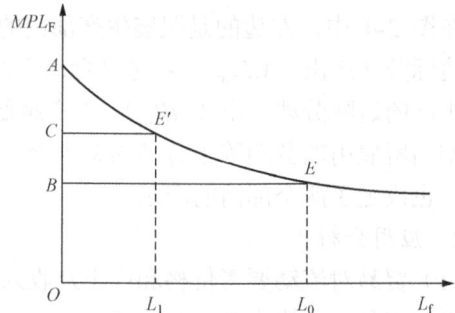

图 2-6　服装价格变化对资本所有者收入的影响　　图 2-7　食品相对价格变化对土地所有者收入的影响

综上所述，由于服装所有者在开展贸易后可以卖出更多的服装，又因为服装相对于食品的价格上升，从而资本所有者可以购买更多的食品和服装。这样，资本所有者的收入水平绝对上升。就土地所有者而言，其购买力无论是用食品还是用服装来衡量都下降了。在特定要素模型中可以发现，某种生产要素越是专业化或集中用于出口品的生产，就越容易从国际贸易中受益；相反，某种要素越是集中于进口品的生产，就越容易因为国际贸易的开展而受损。

2.3　当代国际贸易理论

第二次世界大战以后，国际贸易出现了与传统贸易理论不相符的四个显著特征：一是发达国家之间的贸易量迅速增长，发达国家成为国际贸易的主体国家；二是产业内贸易大大增加，许多国家不仅出口工业产品，也大量进口类似的工业产品；三是随着经济全球化的加深和国际产业结构的调整，世界服务贸易上升到与货物贸易同等重要的地位；四是科学技术在国际贸易中的作用日益加强。人类已从工业经济时代跨入了知识经济时代，这一时代特征的变化是古典贸易理论所无法预见的，因而古典贸易理论也就无法解释这些新变化。贸易实践对贸易理论的挑战，激发了一些经济学家对古典贸易理论进行反思，同时又试图对新形势下的某些新的贸易现象进行解释。

2.3.1 技术差距论和产品生命周期理论

1. 技术差距论及其评价

1961年，美国学者M.V.波斯纳（Michael V. Posner）在《国际贸易与技术变化》一文中提出了国际贸易的技术差距模型。该理论认为，技术实际上是一种生产要素，并且实际的科技水准一直在提高，但是在各个国家的发展水准不同，这种技术上的差距可以使技术领先的国家具有技术上的比较优势，从而出口技术密集型产品。随着技术被进口国模仿，这种比较优势消失，由此引起的贸易也就结束了。

2. 产品生命周期理论模型及其评价

（1）产品生命周期理论。美国经济学家雷蒙德·弗农（Raymand Vernon）分析了产品技术的变化及其对贸易格局的影响，提出了"产品周期"（product cycle）的学说。产品周期理论认为，一个新产品的生命发展大致有三个阶段：新产品阶段、成熟阶段、标准化阶段。

（2）产品生命周期与国际贸易。产品生产技术发展的不同阶段造成对生产要素的不同需求。即使各国仍然拥有原来生产资源的储备比例，其生产和出口该商品的比较优势也会由于产品生产要素密集型的变动而转移。

在第一阶段，技术尚处于发明创新阶段，所需的主要资源是发达的科学知识和大量的研究经费，新产品实际上是一种科技知识密集型产品，而只有少数科学研究发达的国家才拥有这些资源，从而拥有新产品生产的比较优势。因此，新产品往往首先出现在少数发达工业国家。

在第二阶段，技术成熟以后，大量生产成为主要目标。这时所需资源是机器设备和先进的劳动技能。产品从知识密集型变成技能密集型或资本密集型。资本和熟练工人充裕的国家开始拥有该产品生产的比较优势，并逐渐取代发明国而成为主要生产和出口国。

在第三阶段，一方面，产品的技术已完成了其生命周期，生产技术已经被设计到机器或生产装配线中，生产过程已经标准化，操作也变得简单；另一方面，生产该产品的机器本身也成为标准化的产品而变得比较便宜。因此，到了这一阶段，技术和资本也逐渐失去了重要性，而劳动力成本则成为决定产品是否有比较优势的主要因素。此时，原来的发明国既丧失了技术上的比较优势，又缺乏生产要素配置上的比较优势，不得不开始进口，而发展中国家丰富的劳动力资源呈现出不可比拟的比较优势。

（3）产品生命周期理论模型的优、缺点。产品生命周期理论的优点是：产品生命周期提供了一套适用的营销规划观点。它将产品分成不同的策略时期，营销人员可针对各个阶段不同的特点而采取不同的营销组合策略。此外，产品生命周期只考虑销售和时间两个变数，简单易懂。其缺点是：

1）产品生命周期各阶段的起止点划分标准不易确认；

2）并非所有的产品生命周期曲线都是标准的S形，还有很多特殊的产品生命周期曲线；

3）无法确定产品生命周期曲线到底适合单一产品项目层次还是一个产品集合层次；

4）该曲线只考虑销售和时间的关系，未涉及成本及价格等其他影响销售的变数；

5）易造成"营销近视症"，认为产品已到衰退期而过早将仍有市场价值的产品剔除出产品线；

6）产品衰退并不表示无法再生，如通过合适的改进策略，公司可能再创产品新的生命周期。

2.3.2 产业内贸易理论

1. 产业内贸易及其测定

（1）产业内贸易理论的发展。产业内贸易理论是 20 世纪 60 年代以来在西方国际贸易理论中产生和发展起来的一种解释国际贸易分工格局的理论，其发展阶段可以分为两个阶段：一是 20 世纪 70 年代中期以前，经济学家佛丹恩、迈凯利、巴拉萨和考基玛对产业内贸易作了大量的经验性研究；二是 20 世纪 70 年代中期以来，在上述经验检验的基础上，以格鲁贝尔、劳尔德、格雷、戴维斯、克鲁格曼、兰卡斯特等人为代表的一大批经济学家对产业内贸易现象的理论性研究阶段。

（2）产业内贸易的特点。

1）国家之间的要素禀赋越相似，经济发展水平越接近，产业内贸易发生可能性就越大；产业间贸易反映的是自然形成的比较优势，而产业内贸易反映的是获得性比较优势；

2）产业内贸易不可以简单地凭贸易前同种商品的价格差来确定贸易模式；

3）按照要素禀赋理论，产业间贸易会提高本国丰裕要素的报酬而降低本国稀缺要素的报酬，而产业内贸易是以规模经济为基础的，所有的要素都可能从中受益；

4）产业内贸易与要素流动之间存在着一定的互补关系。

（3）产业内贸易的理论解释。

1）同类产品的异质性。在每一个产业部门内部，由于产品的质量、性能、规格、牌号、设计等的不同，每种产品在其中每一方面都有细微差别，从而形成无数种差别的产品系列。受财力、物力、人力、市场等要素的制约，任何一个国家都不可能在具有比较优势的部门生产所有的差别化产品。因此，每一产业内部的系列产品常产自不同的国家。而消费多样化造成的市场需求多样化，使各国对同种产品产生相互需求，从而产生贸易。

2）规模经济。产业内贸易发生的另一个原因是为了获取规模经济。由于国际上企业之间的竞争非常激烈，为了降低成本，获得比较优势，工业化国家的企业设计会选择某些产业中的一种或几种产品，而不是全部产品。国家间的要素禀赋越相似，越可能生产更多相同类型的产品，因而它们之间的产业内贸易量越大。

3）经济发展水平。经济发展水平越高，产业内异质性产品的生产规模就越大，产业部门内部分工就越发达，从而形成异质性产品的供给市场。同时，经济发展水平越高，收入水平也就越高，较高的收入水平使得人们的消费模式呈现出多样化的特点，而需求的多样化又带来对异质性产品需求的扩大，从而形成异质性产品的需求市场。

（4）产业内贸易程度的测定。经济学家通常使用产业内贸易指数（index of intra-industrial trade，*IIT*）来测度一个产业的产业内贸易程度。这一指数的计算公式为

$$IIT = 1 - \frac{|X - M|}{X + M}$$

其中 *X* 和 *M* 分别代表一个产业（或同类产品）的出口价值和进口价值。*IIT* 的值介于 0 到 1，如果该国只出口或只进口该产品，则 *IIT*=0，即不存在产业内贸易。如果 *IIT*>0，意味着该国同时出口和进口这一产业的产品，有产业内贸易。*IIT* 的值越大，表示产业内贸易的程度越高。当出口与进口的价值相等时，*X*–*M*=0，*IIT*=1。当然，*IIT* 值的大小在很大程度上取

决于如何定义一个产业或产品，产业或产品定义的越宽泛，*IIT* 指数的值就会越大，否则就比较小。

2. 规模经济与国际贸易

（1）规模经济（economies of scale）的含义。规模经济是指因生产规模扩大而导致产品单位生产成本不断降低的情况，可分为内在规模经济（internal economies of scale）与外在规模经济（external economies of scale）两种形式。内在规模经济指的是由于企业自身规模的扩大引起的产品平均成本的降低与企业收益的增加。外在规模经济指的是由于整个行业生产规模扩大而给行业内的个别企业带来的产量增加和效益提高。

（2）规模经济与国际贸易。规模经济理论是传统国际贸易理论的一个重大发展，它阐明了即使在两国生产要素禀赋程度和技术水平完全相同的条件下，只要其中一国实现了规模经济，则贸易就可以在两国之间进行。由此可以看出，规模经济实际上也成了增强国际竞争力的一个重要手段。对于那些人口稀少，市场相对比较狭小的国家来讲，若想实现规模经济是一件非常不易的事情。即使它们依靠国际市场实现了规模经济，但也是不稳定的。因为国际市场是多变的，一旦出现任何问题，就有可能给其工业体系带来毁灭性的打击。因此这些国家就要想尽一切办法来拓展市场，为企业实现规模经济创造条件。

3. 差异产品与国际贸易

（1）差异产品与不完全竞争。从狭义上讲，所谓差异产品是指在设计、品牌方面明显不同于同质产品，且被消费者认可的产品。一般而言，生产同质产品的厂商不可能将自己产品定出较高的价格。而生产差异产品的生产者因产品的差异可以获得一定程度定价权，因此能将产品在市场上卖较高的价格，以获得额外利润。实际上消费者对差异产品也非常感兴趣。根据福利经济学的一般理论，消费者福利水平的提高来自于两个方面：一是对同一产品消费数量的增加；二是随着消费者收入水平的提高，他们趋于追求个性化的消费，"与别人不同"成了满足这部分消费者利益的重要方法。

（2）规模经济与追求差异产品的矛盾。差异化要求小批量、多品种、多样化，从而减少价格参照系，为生产者提供操纵价格的余地，同时满足消费者消费差异产品的欲望。然而小批量、多品种就意味着单位产品的成本或平均成本比较高，难以达到规模经济的效果。要使现代生产和消费同时满足规模经济和差异产品生产与需求的要求，只有开展国际贸易和国际分工。由于国际贸易使厂商的市场规模扩大了，因而大规模生产就有了市场保障。对消费者而言，以规模经济为基础的差异产品国际贸易也为他们提供了更多的选择余地和较低的价格。这样，国际贸易就使生产者和消费者在追求差异产品的同时能够充分利用规模经济的好处。

（3）规模经济、差异产品与国际分工。通过国际贸易，差异产品的生产能使一国在某种产品的生产中比较容易达到规模经济效果。建立在规模经济和差异产品基础上的国际分工必须由国际贸易作为补充，否则，这种建立在差异产品基础上的规模经济效果就难以实现。但是，这种国际贸易形式不同于传统意义上的建立在技术差异和要素禀赋差异基础上的国际贸易。差异产品使国际贸易的商品范围有了新的扩展。因为在同一行业内部，即使是产品品种相同，但是由于设计不同、品牌互异，也可以产生国际贸易。所以对差异产品的追求，通过国际贸易使规模经济得以实现。

4. 需求偏好、收入变动与国际贸易

（1）收入水平与需求水平。经济学的一般原理告诉我们，一国的需求水平决定于人均收入水平。人均收入水平高，对产品和服务的需求水平也高。收入水平的差异反映在需求水平上，则表现为一国或一个经济体对同一类产品的需求档次呈现多样性。

（2）代表性需求与规模经济。代表性需求代表了该国对各类产品需求中规模最大部分的需求量。厂商为实现生产的规模经济效果，总是瞄准本国代表性需求的产品档次，增加产品的产量或产出规模，以实现企业的规模经济。由于厂商的这种经营战略，一国的产业结构总是随着代表性需求的变化而调整。该国的规模经济优势也会随着其产业结构的调整而变化。

（3）重叠需求与国际贸易。当每个国家的厂商都追求本国的代表性需求时，该国的非代表性需求就难以在一国范围内得到满足，因而就需要借助国际贸易加以实现。更重要的是，通过国际贸易，本国满足代表性需求的产品的生产规模也会随之扩大，从而规模经济效果更加明显。但这种国际贸易或相互贸易不是无条件的。这种贸易只有在收入水平相近的国家之间才可能存在，因为它们有相近或者重叠的需求部分。重叠需求是收入水平相近的国家之间，消费者需求产品档次相同的那部分需求。

（4）收入变动产生的贸易。瑞典经济学家斯戴芬·伯伦斯坦·林德（Staffan Burenstam Linder）解释了收入变动引起需求变动时的贸易。戴芬·伯伦斯坦·林德假设一国的需求由其"代表性消费者"的需求倾向决定。这一倾向会随着该国人均收入的提高逐渐转向奢侈品并造成社会需求的转移。根据戴芬·伯伦斯坦·林德的理论，工业制成品在发达国家之间的贸易会随着收入的不断提高而占据越来越重要的地位。戴芬·伯伦斯坦·林德实际上是从需求的角度来分析说明当代工业国家之间的贸易和同一工业行业的双向贸易。需求是引起生产变动和产生贸易的基础，收入变动又是引起的需求变动的主要因素。收入增加的结果使工业制成品的贸易在人均收入较高的国家之间得到大发展。

2.3.3 国家竞争优势理论

1. 国家竞争优势的内涵

国家竞争优势理论是美国战略管理大师迈克尔·波特提出的。该理论从企业参与国际竞争这个微观角度来解释国际贸易现象，在要素禀赋论和产品生命周期理论的基础上，迈克尔·波特试图赋予国家的作用以新的生命力，提出国家具有"竞争优势"的观点，正好弥补了比较优势理论的不足。

2. 国家竞争优势的决定因素——钻石模型

迈克尔·波特认为国家竞争优势应该从每个国家都有的四项环境因素中去寻找答案，这些单一或系统性的环境因素都关系到企业的诞生与竞争模式。这些因素可能会加强本国企业创造国际竞争的优势度，也可能会造成企业发展停滞不前，这四种因素分别为：

（1）生产要素：一个国家在特定产业竞争中有关生产力方面的表现，如素质或基础设施良莠不齐。

（2）需求条件：一国市场对该项产业所提供的产品或服务的需求如何。

（3）相关产业和支持产业的表现：这些产业的相关产业和上游产业是否具有国际竞争力。

（4）企业的战略、结构和竞争对手：企业在一个国家的基础、组织和管理形态，以及国内市场竞争对手的表现。

以上四种因素互相影响，构成了钻石模型。钻石模型关系到一个国家的产业或产业环节能否成功。钻石体系也是一个双向强化的系统。其中任何一项因素的效果必然影响到另一项因素的状况。而当企业获得钻石体系中任何一项因素的优势时，也会帮助它创造或提升其他因素上的优势。

3. 国家竞争优势的辅助因素

在国家环境与企业竞争力的关系上，还有"机会"和"政府"两个变数。产业发展的机会通常要等基础发明、技术、战争、政治发展、国外市场需求等方面出现重大变革与突破才会出现。"机会"通常非企业或者政府所能控制。这些"机会"因素调整产业结构，提供一国的企业超越另一国的机会，因此，机会条件对许多产业竞争优势消亡的影响力不容忽视。构成整个竞争力拼图的最后一片是政府。各层次的政府部门在这方面的影响力，最明显的就是政策对钻石体系产生的作用。漠视经济政策对国家优势的影响，正如过度夸大或过度贬抑国家与企业的关系，均是不切实际的。许多国家既改善了生产率又同时增加了国家的财富。但是如果措施不当，一国的财富很难继续维持。如果一国由于不当的政策、投资不足或者其他原因而不能够确保生产率的改进，则本国的工资和国民收入就很难保持，更难以继续增长。

4. 优势产业阶段论

迈克尔·波特的竞争优势理论特别强调各国生产力的动态变化，强调主观努力在赢得优势地位中所起的作用。他将一国优势产业参与国际竞争的过程分为以下四个依次递进的阶段。

（1）要素驱动阶段。在要素驱动阶段，基本要素上的优势是竞争优势的主要源泉。产业竞争主要依赖于国内自然资源和劳动力资源的拥有状况，具有竞争优势的产业一般是资源密集型产业。

（2）投资驱动阶段。在投资驱动阶段，竞争上的优势主要取决于资本要素，大量投资可更新设备、扩大规模、增强产品的竞争力。在这一阶段，企业仍然在相对标准化的、价格敏感的市场中进行竞争。

（3）创新驱动阶段。此阶段的竞争优势主要来源于产业中整个价值链的创新。在这一阶段特别要注重和投资高新技术产品的研发，并将科技成果转化为商品作为努力的目标。

（4）财富驱动阶段。在这一阶段，产业的创新意识、竞争意识和竞争能力都会明显下降，经济发展缺乏强有力的推动，企业开始失去国际竞争优势。投资者的目标从资本积累转变为保值。

5. 创新机制论

迈克尔·波特认为，取得国家竞争优势的关键在于国家能否使主导产业具有优势，企业是否具有合宜的创新机制和充分的创新能力。创新机制可以从微观、中观和宏观三个层面来阐述。

（1）微观竞争机制。国家竞争优势的基础是企业内部的活力，企业缺少活力则不思进取，国家就难以树立整体优势。能使企业获得长期盈利能力的创新，应当是在研究、开发、生产、销售、服务各环节上都使产品增值的创新。企业活动的目标在于使其最终产品的价值增值，而增值要通过研究、开发、生产、销售、服务等诸多环节才能逐步实现。这种产品价值在各环节上首尾相贯的联系，就构成了产品的价值链。

（2）中观竞争机制。从产业看，个别企业价值链的顺利增值，不仅取决于企业内部要素，而且有赖于企业的前向、后向和旁侧关联产业的辅助与支持。从区域上看，各企业为寻求满意利润和长期发展，往往在制定区域战略时将企业的研究开发部门设置在交通方便、信息灵通的大城市，而将生产部门转移到劳动力成本低廉的地区，利用价值链的空间差，达到降低生产成本，提高竞争力的目的。

（3）宏观竞争机制。一国的生产要素、需求因素、相关和支持产业以及企业战略、组织结构、竞争状态，对企业开发其自身的竞争能力有很大影响。最有可能在国际竞争中取胜的是国内四种要素环境对其特别有利的企业。

6．产业聚集论

1998 年迈克尔·波特发表了《集群与新竞争经济学》一文，系统地提出了新竞争经济学的产业集群理论，并解释了产业集群的含义。迈克尔·波特认为，一个国家在国际上具有竞争优势的产业，其企业在地理上通常呈现集中的趋势，通常聚集在某些城市或某些地区。集群的规模可以从单一城市、一个州、一个国家，甚至与一些邻国联结成的网络，集群所具有的不同形式，要视其纵深程度和复杂性而定。

迈克尔·波特认为，形成产业集群的区域往往从三个方面影响竞争：首先是提高该区域企业的生产率；其次是指明创新方向和提高创新速率；最后是促进新企业的建立，从而扩大和加强集群本身。他认为，产业集群与竞争的关系表现在三个方面：其一，产业集群内的企业通过在群内的生产力对群外企业施加影响；其二，集群内的企业通过低成本进行技术创新为将来的发展奠定了基础；其三，集群的环境有利于新企业的产生和集群规模及影响的扩大。因此，产业集群能够提高企业的竞争力。

本章小结

（1）亚当·斯密是第一个建立起市场经济分析框架的经济学家。亚当·斯密的贸易思想是其整个自由竞争市场经济体系的一个有机组成部分。亚当·斯密的"绝对优势"理论认为国际贸易和国际分工的原因和基础是各国间存在的劳动生产率和生产成本的绝对差别。各国应该集中生产并出口其具有劳动生产率和生产成本"绝对优势"的产品，进口其不具有"绝对优势"的产品，贸易的双方都会从交易中获益。李嘉图的"比较优势"理论认为贸易的基础是生产技术的相对差别（而非绝对差别）以及由此产生的相对成本的不同。每个国家都应集中生产并出口其具有"比较优势"的产品，进口其具有"比较劣势"的产品。比较优势理论在更普遍的基础上解释了贸易产生的基础和贸易所得。

（2）在新古典国际贸易理论中，贡献最大的是瑞典经济学家赫克歇尔和俄林。他们认为产品的相对成本主要取决于产品生产中的要素比例和一国资源禀赋的稀缺程度。根据赫克歇尔和俄林的"要素禀赋贸易模型"，各国倾向于集中生产并出口那些密集使用本国充裕资源的产品，以换取那些需要密集使用本国稀缺资源的产品。这种国际贸易的基础是生产要素的禀赋和使用比例上的相对差别。运用对单个商品市场的局部均衡分析，也可以看到一国参与贸易的福利变动。在新古典模型中，出口使本国生产者得益而消费者则为此受损，但因为生产者所获的利益总是大于消费者的损失，所以整个社会的福利水平提高了。进口使本国生产者受损但消费者得益而且大于生产者的损失，因此整个社会福利水平亦上升。国际贸易的结果可以是双赢。在特定要素模型中有三种要素投入，其中两个是不能流动的特定要素，另一个是公共要素或流动要素，在两种产品生产中都使用。国际贸易使出口部门的特定要素获益，进口竞争部门的特定要素受损，公共要素可能收益也可能受损。

（3）经济学家里昂惕夫在 20 世纪 50 年代用美国的数据对 H-O 模型进行实证检验，发现其结果并不符合 H-O 模型理论，这被称为"里昂惕夫之谜"。对"里昂惕夫之谜"的解释包括产品要素密集型逆转、贸易保护、人力资源以及自然资源等。H-O 理论仍然成立,但对现实世界贸易的解释范围越来越小。

(4)当代国际贸易理论主要有产业内贸易理论、重叠需求、国家竞争优势理论、产品生命周期理论。

章后习题与思考

1. 下述例子中,决定贸易模式的主要是比较优势还是规模经济?

(1)加拿大是主要的新闻纸出口国;

(2)Intel 生产了世界上半数以上的 CPU;

(3)美国和日本相互出口复印机;

(4)中国是主要的电视机出口国。

2. 在古典贸易模型中,假设 A 国有 120 名劳动力,B 国有 50 名劳动力,如果生产棉花,A 国的人均产量是 2 吨,B 国也是 2 吨;如果生产大米,A 国的人均产量是 10 吨,B 国则是 16 吨。画出两国的生产可能性曲线,并分析两国中哪一国拥有生产大米的绝对优势,哪一国拥有生产大米的比较优势。

3. 在 H-O 模型中,假设在没有贸易的情况下,中国大米的国内市场价格是每吨 100 美元,而国际市场上的大米价格是每吨 120 美元。在允许自由出口的情况下,中国的大米价格会出现什么趋势?如果中国以国际市场价格出口 1000 吨大米,中国的纯收益(或纯损失)是多少(用图和数字说明)?

3 国际贸易政策

主要教学内容

本章主要介绍与国际贸易政策有关的基本概念和基本理论，包括贸易政策的概念、构成、基本类型，贸易政策的作用以及贸易政策的演变历史，贸易的理论基础以及中国的对外贸易战略。

教学目标及要求

通过本章的学习，能理解对外贸易政策的构成与实质、主要类型及影响；理解自由贸易政策、保护贸易政策及演变。

章前导读

价格承诺是指受到反倾销调查的外国出口商与反倾销调查机关达成协议，出口商承诺提高其出口产品的价格，或者停止以倾销价格向进口国（地区）出口产品，以消除倾销所造成的损害，从而避免征收反倾销税。与征收反倾销税相比，价格承诺通过提高出口价格或停止以倾销价格出口以消除倾销的损害性影响，允许出口企业继续保持出口，避免了反倾销税对出口的影响，是一种相互退让的贸易救济措施。截至 2013 年 8 月，欧盟总共在五起案件中接受了中国企业的价格承诺。

（1）2000 年彩电反倾销日落复审案。中国 7 家彩电生产企业申请价格承诺，承诺彩电最低出口价格为 82 欧元，涉案彩电每年限量输欧 40 万台。后因康佳集团拒绝欧盟核查，欧盟委员会于 2006 年 3 月取消 7 家彩电企业的价格承诺。

（2）2004 年镁砖反倾销案。中国营口青花集团有限公司向欧盟委员会提出价格承诺，欧盟委员会认为其价格承诺足以抵消倾销可能造成的损害影响，且认为规避反倾销措施的风险很小，从而接受价格承诺的建议。2007 年 6 月，因中国营口青花集团有限公司更改贸易方式，导致欧盟无法监督，欧盟委员会取消价格承诺，对其征收 39.9%的反倾销税。

（3）2004 年井盖反倾销案。20 家企业申请价格承诺，欧盟委员会考虑到铸造业作为传统的劳动密集型产业，欧盟市场无法自给自足，最终接受价格承诺。2010 年 7 月，欧盟委员会取消 20 家中国企业的价格承诺，因为欧盟委员会调查认为河北邯郸鸡泽县玛钢铸件厂违反了与欧盟达成的价格承诺，而且通过与欧盟成员国内的多个进口商达成补偿协议来规避最低出口价格。

（4）2007 年柠檬酸反倾销案。6 家柠檬酸企业申请价格承诺，欧盟委员会考虑到中国柠檬酸在国际市场有绝对竞争优势而最终接受。2012 年 9 月，因山东莱芜泰禾生化有限公司违反价格承诺，欧盟委员会决定取消价格承诺。

（5）2012 年光伏双反案。2013 年 8 月 2 日欧盟委员会宣布已正式批准 94 家中国企业关于中欧光伏贸易争端的价格承诺协议，该方案于 2013 年 8 月 6 日起实施。

根据孔祥强《评欧盟反倾销承诺之中国实践》（《WTO 经济导刊》2013 年第 9 期）整理

3.1 国际贸易政策概述

国际贸易政策是世界各国和各地区的对外贸易政策总和。对外贸易政策是从一个国家或地区的角度来研究一个国家或地区一定时期内所实行的贸易政策，是国际贸易政策的组成部分，是研究国际贸易政策的起点和基础，因此，对国际贸易政策演变规律研究的实质就是对各国对外贸易政策的研究。

3.1.1 对外贸易政策的含义、目的和构成

1. 对外贸易政策的含义

对外贸易政策是一个国家在一定时期内对进口贸易和出口贸易活动进行规范和管理而制定的原则、条例、法令和法规，是各个国家总的经济政策和对外政策的重要组成部分。贸易政策范畴所包含的基本因素主要有政策主体、政策客体、政策目标、政策内容和政策手段。

2. 对外贸易政策的目的

对外贸易政策是一个国家经济政策和对外政策的重要组成部分，是实现经济目标的工具。一般地，一个国家制定对外贸易政策的目的主要有：

（1）保护国内市场；

（2）扩大本国产品的国外市场；

（3）促进本国产业结构的改善；

（4）积累资本和资金；

（5）维护本国的对外政治、经济关系。

3. 对外贸易政策的构成

（1）对外贸易总政策。对外贸易总政策是一国政府在其社会经济发展战略的总目标下，运用经济、法律和行政手段，对对外贸易活动进行的有组织的管理和调节行为。它是一国对外经济和政治关系政策和措施的总体，为发展经济服务，并随着国内外的经济基础和政治关系的变化而变化。它既是一国总经济政策的一个重要组成部分，又是一国对外政策的一个重要组成部分。

（2）进出口商品政策。进出口商品政策是在对外贸易政策的基础上，根据国内的产业结构、不同产品的国内外市场状况（需求供应）、物价和就业等分别制定的政策。基本原则是对不同进出口商品实行不同的待遇。

（3）对外贸易国别政策。对外贸易国别政策是根据对外贸易总政策，依据对外政治经济关系的需要而制定的国别和地区政策，是在不违反国际规范的前提下，对不同国家采取不同的外贸策略和政策。

3.1.2 对外贸易政策的制定和执行

1. 制定对外贸易政策应考虑的因素

对外贸易政策是国家经济政策和对外政治政策的组成部分，既要维护本国的经济贸易利益，又要体现本国的政治外交原则，因此，各国在制定贸易政策的过程中，主要考虑以下因素：

（1）本国的经济结构、经济实力及比较优势；

（2）本国产品在国际市场上的竞争能力；

（3）本国与别国经济、投资的合作情况；

（4）本国国内的物价、就业状况；

（5）国际政治经济环境及本国与他国的政治关系；

（6）本国在世界经济贸易组织中享受的权利和义务；

（7）本国政府领导人的经济思想与贸易主张。

2. 对外贸易政策的制定

各国对外贸易政策的制定和修改是由国家立法机构进行的，这类立法机构在美国是国会（国会往往会授予总统在一定范围内制定某些对外贸易法令、进行对外贸易谈判、签订贸易协定、增减关税、确定数量限额等权利）；在英国是议会；在法国是国民议会；在德国是联邦议会；在我国是人民代表大会。对外贸易政策在制定以前，国家立法机构一般要征询各大企业集团的意见。大企业集团也会通过各种方式，包括通过企业主协会或商会，向立法机构提出建议或施加影响。

3. 对外贸易政策的执行

对外贸易政策的贯彻执行，通常由国家设立一系列专门机构，按照对外贸易政策的规定对进出口商品进行管理。具体有以下内容：

（1）国家广泛设立各种机构，负责促进出口和管理进出口。各国对本国对外贸易的管理一般通过国家立法机构制定或修改对外贸易政策，并由有关的行政机构来管理和实施。我国的对外贸易由中华人民共和国商务部统一管理。

（2）通过海关对进出口贸易进行监管。海关是国家行政机关，是设置在对外开放口岸的进出口监管机关。它的主要职能是对一切进出国境的货物和物品及运输工具进行实际的监督管理、计征关税和代征法定的其他税费、查缉走私。一切进出口的货物和物品及运输工具，除国家法律有特别规定的以外，都要在进出国境时向海关申报，接受海关检查后方可放行。

（3）政府参与各种国际经济贸易机构与组织，进行国际间的协调工作。这些机构和组织主要包括世界贸易组织、国际货币基金组织、世界银行、联合国工业发展组织、联合国粮农组织等一些世界性的组织及联合国下属的国际组织；欧盟、北美自由贸易区等地区贸易集团；石油输出国组织（OPEC）等政府间建立的类似卡特尔的国际组织；《多种纤维协定》（MFA）等对某些种类商品的进出口采取管理和约束的国际间商品协定。

3.2　国际贸易政策的类型与演变历史

3.2.1　国际贸易政策的类型

国际贸易产生以来，国际贸易政策有两种基本类型，即自由贸易政策和保护贸易政策。

1. 自由贸易政策

自由贸易政策（free trade policy）是指国家对国际贸易活动采取不干预或尽量不干预的基本立场，对商品进出口不设置障碍，对进出口商不给予优惠和特权，也不对贸易活动进行管制和干涉，从而使商品能够自由地进出口，在国内外市场上自由竞争。

2. 保护贸易政策

保护贸易政策（protective trade policy）是指利用国家权力对外贸活动进行干预和管制，通过高额关税和非关税措施来限制外国商品进入，保护本国产品和服务与国外产品和服务进行竞争，同时采用各种优惠措施，鼓励本国商品和服务出口，刺激本国产业发展的贸易政策。其实质就是"奖出限入"的政策，实施的目的是削弱外国产品的竞争力。

3.2.2　国际贸易政策的演变历史

一国的对外贸易政策随着世界政治、经济环境与本国在国际分工中的地位、产品国际竞争力的变化而不断变化。因此，在不同的时期，一个国家往往实行不同的对外贸易政策；在同一时期的不同国家，也往往实行不同的对外贸易政策。同时，具体实施的自由贸易政策和保护贸易政策在不同的时期也具有不同的特点和内容。

1. 中世纪时期：鼓励进口和限制出口的政策

公元11—15世纪，西欧各国大都奉行鼓励进口，限制甚至禁止出口的政策。这一时期主要采取的对外贸易措施有：对出口商品征税甚至禁止出口；建立市场、集市和中心城镇以吸引外国商人，在进口方面展开相互竞争。这些措施的制订和实施与当时许多国家生产力较为低下，物资短缺的情况相适应。为维持国内基本的生活必需，各国采取措施鼓励必需品输入，严格限制其出口。同时，限制各种战略物资的出口，增加国内物资的储存，以建立和保持强大的军事力量。此外，对外贸易的关税也是各国增加财政收入的主要措施。

2. 资本主义生产方式准备时期：重商主义的贸易保护政策

公元15—17世纪的欧洲正处于资本主义生产方式准备时期，也就是资本主义原始资本积累时期，以英国为代表的一些国家实行的是重商主义的保护贸易政策。重商主义是资本主义原始积累时期代表商业资本利益的一种经济思想和政策体系，它追求的主要目标就是不断地积累金银货币财富，防止象征国家财富的金银等贵重金属流出。在其思想的指导下，各国积极推行国家干预对外贸易的做法，采用种种严格的贸易保护措施，如管制金银货币，禁止货币的流出；垄断对外贸易，保持本国对外贸易顺差；奖出限入，扶持本国产业的发展；设法从国外吸引货币流入，并保持在本国内，甚至限制其流出等。这些措施的实行对西欧各国资本主义方式的建立和发展奠定了货币基础。

3. 资本主义自由竞争时期：自由贸易政策和保护贸易政策并行

18世纪中叶至19世纪70年代，资本主义进入自由竞争时期。资本主义的经济基础已经形成，资本主义生产方式得到确立。但由于各国经济发展水平不同，在世界市场上的竞争地位不同，因此各国采取的贸易政策也完全不同。

（1）英国实行的以比较利益为基础的自由贸易政策。产业革命之后，英国的工业迅速发展，"世界工厂"的地位确立并巩固。因此，英国资产阶级迫切需要政府抛弃重商主义的保护贸易政策的主张，放松对外贸活动的管制。经过长期的斗争，英国在这一时期采取全面的自由贸易政策。具体措施包括废除谷物法；简化税法并逐步全面减少纳税商品项目，降低关税税率；取消特权公司；废除航海法，改变对殖民地的贸易政策；与外国签订贸易条约。

（2）美国、德国等后进的资本主义国家保护幼稚工业的保护贸易政策。以美国和德国为代表的一些后进资本主义国家，由于工业化发展水平不高，经济实力和商品的竞争力无法与英国相抗衡，因而采取以保护幼稚工业为目的的保护贸易政策。该政策主要是以提高关税率和限制进口等方式保护本国幼稚工业，并对本国商品给予优待和补贴，以鼓励商品出口。

4. 第二次世界大战前的垄断资本主义时期：超保护贸易政策

19世纪末20世纪初，资本主义进入垄断时期。各国普遍完成了产业革命，工业得到迅速发展，世界市场的竞争日益激烈。尤其是1929—1933年的世界性经济危机，使市场的竞争进一步尖锐化。各主要资本主义国家为了垄断国内市场和争夺国外市场，纷纷实行以凯恩斯主义为基础的超保护贸易政策。超贸易保护主义政策与自由竞争时期的保护幼稚产业政策有明显的不同：

（1）保护对象扩大。不仅保护国内的幼稚工业，而且保护已高度发展的垄断工业。

（2）保护目的不仅是培育自由竞争的能力，而且是巩固和加强对国内外市场的垄断。

（3）保护性质由防御性地限制进口变为在垄断国内市场的基础上对国外市场的进攻。

（4）保护手段不仅有高关税和贸易条约，还广泛采用各种非关税壁垒和奖出限入的措施。

总之，这一时期盛行用保护贸易的手段争夺市场，进攻性和侵略性是超贸易保护主义的突出特征。

5. 当代西方发达国家外贸政策及其发展趋势

（1）第二次世界大战后的贸易自由化时期。第二次世界大战后至 20 世纪 70 年代，世界政治经济环境发生了很大变化。美国的总体实力空前提高，强大的经济实力和日益膨胀的经济产生了对外扩张的需要，使其一直致力于推行全球范围的自由贸易政策。在其积极倡导下，越来越多的国家缔结了旨在推动贸易自由化的关税与贸易总协定，为贸易国际化、自由化创造了良好的环境。加之战后日本和西欧经济恢复和重建的需要，纷纷独立的发展中国家民族经济建设的需要，以及国际分工的深化发展和跨国公司的迅速兴起，由此带动的生产国际化、资本国际化的发展等因素的综合作用使这一阶段出现了全球范围内的自由化浪潮。

这一时期的贸易自由化倾向主要表现在大幅度削减关税和降低或消除非关税壁垒，其特点主要包括：其一，贸易自由化主要是在多边、双边或区域贸易协议框架内进行；其二，贸易自由化是一种有选择性的自由化；其三，贸易自由化促进了世界经济的迅速发展。在这时期内，日本、西欧、新兴工业化国家和地区的迅速崛起带动了世界整体经济的高速发展。

（2）20 世纪 70 年代以来的新贸易保护主义。20 世纪 70 年代随着国际经济环境的变化，贸易保护主义在世界范围再次盛行，这就是以管理贸易理论为指导的新贸易保护主义。美国是新贸易保护主义的发源地，在其率先采取贸易保护主义措施的带动下，其他国家纷纷效仿，致使新贸易保护主义得以蔓延和扩张。

新贸易保护主义具有以下特征：

1）新贸易保护主义奉行管理贸易论及战略性贸易政策论。管理贸易理论产生于 20 世纪 70 年代，是介于自由贸易政策和保护贸易政策之间，兼有两者特点的新贸易理论。在此理论基础上，世界范围内出现了管理贸易制度。该政策主张国家通过对内制定贸易政策法规，加强对外贸易秩序的管理；对外通过谈判签订双边、多边或区域贸易协定，协调与其他贸易伙伴在经济贸易方面的权利和义务。20 世纪 80 年代中期，新贸易理论的学者提出了战略性贸易政策的观点。该观点认为，由于国际市场上的不完全竞争性质和规模经济的存在，一国政府可以通过补贴或保护国内市场的手段，扶植本国战略性工业的成长，增强其在国际市场上的竞争力，以获得规模经济的收益，并取得市场份额。

2）贸易政策措施朝着制度化、系统化和综合化方向发展。贸易制度越来越转向管理贸易制度，各国特别是发达国家的政府更加积极地介入外贸管理，管理和被保护的商品范围不断扩大，从传统商品、农产品转向工业贸易品和服务。在工业品方面，从高技术产品到生产消费品及"敏感商品"均被列为保护范围；在服务贸易方面，各种限制准入的政策在各国普遍实行。

3）贸易保护的措施多样化。随着关税减让谈判的继续进行，关税壁垒的作用越来越有限，发达国家更多地利用非关税措施来保护市场，特别是利用技术壁垒、环境保护和绿色壁垒等手段实现其目标。同时，以世界贸易组织的免责条款为依据，滥用反补贴、反倾销这些所谓的维持"公平"贸易的武器来削弱其他国家的产品优势，阻挡进口产品的竞争，更有违背基本原则，在"有秩序的销售安排"（orderly marketing arrangement，OMA）和"有组织的自由贸易"（organized free trade）下，搞灰色区域措施（grey area measures）。

4）奖出限入的措施由限制进口转向鼓励出口。限制进口是相对消极的做法，而扩大出口对带动国家经济发展更具重要意义。因此各国将奖出限入的重点转向鼓励出口，采取的措施涉及经济、法律、组织等诸多方面，如出口补贴、出口退税、出口信贷等。

5）从国家壁垒转向区域性贸易壁垒。建立经济一体化，实行区域内的共同开放和区域外的共同保护，有利于局部缓解国际矛盾，改善国际收支，但它也产生很多不利的影响，如削弱多边贸易体系，降低资源的配置效率，增强贸易的歧视性待遇等。

（3）20世纪90年代以来的贸易自由化趋势。进入20世纪90年代，随着冷战的结束，发展经济成为全球发展的主题。这时期的贸易自由化是在各国通过多途径努力下，根据互惠和互利的原则，在国际贸易中不断消除歧视性待遇，大幅降低关税和消除其他贸易壁垒的基础上获得的。这时期的贸易自由化与经济全球化、世界贸易组织、区域组织及世界各国积极参与有直接的关系。主要有以下特点：

1）经济全球化决定了国际贸易的发展必须走贸易自由化的道路。经济全球化是当代世界经济发展的基本特征和不可抗拒的历史潮流。随着科技的进步，国际分工的深化，跨国公司成为当今经济的重要载体，促进了生产的全球化、金融的全球化，它在客观上也要求建立一个更自由、更广阔的国际贸易环境，实现贸易全球化。

2）关税与贸易总协定和世界贸易组织推动全球贸易自由化的作用巨大。全球贸易自由化是伴随着关税与贸易总协定的发展而发展的，并在世界贸易组织建立后进入新的历史阶段。世界贸易组织成员国的平均关税率在2013年已降到6%，非关税壁垒的使用也受到削弱和约束。这些事实表明以世界贸易组织为代表的多边贸易体制，通过其国际协调机制，可以作为贸易自由化的重要制度保障，促进全球贸易自由化。

3）发展中国家的积极介入是贸易自由化发展的又一推动力量。在这次贸易自由化的浪潮中，许多发展中国家采取了重大的改革措施，纷纷放宽一些贸易和投资的限制，通过逐步降低税率和限制非关税壁垒措施的使用等措施，也积极地投入到推行贸易自由化的行列，使发展中国家整体在20世纪90年代经历了一个快速增长期，成为贸易全球化不可缺少的力量。

4）地区一体化的发展是促进贸易自由化的重要力量。20世纪90年代也是地区一体化蓬勃发展的时期。世界各主要的一体化组织都有了新的进展。欧盟在1993年1月1日实现了集团内的商品、资本、劳务和人员的自由流动，并且在1999年的1月1日建立了欧洲中央银行，正式发行了集团内的统一货币——欧元。正式成立于1994年的北美自由贸易区（NAFTA）也是旨在取消贸易壁垒，创造公平竞争环境的一体化组织。亚太经济合作组织也在多次会议上做出扩大商品自由流通、降低关税和其他贸易壁垒的承诺，并具体规定了时间表。

贸易自由化是经济全球化在国际贸易领域的反映，是发展的必然趋势。虽然，在贸易自由化的进程中有一定的反复，但这是符合经济发展的主导潮流，必将得到继续推进。

3.3　国际贸易政策的理论依据

3.3.1　自由贸易政策的理论依据

在国际贸易理论的发展过程中，首先提出自由贸易论点的是 18 世纪下半期的法国重农学派，他们认为农业才是一国财富的基础，交换不能产生新的财富，并要求国家放弃对经济生活的干预，反对保护贸易政策，支持无限制的自由竞争和自由贸易政策。其后，自由贸易理论得到英国古典学派的进一步发展。英国古典学派的主要代表人物是英国的亚当·斯密和李嘉图，后来一些经济学家，如约翰·穆勒、阿尔弗来德·马歇尔，进一步对古典学派的论点进行演绎和发展。总结起来，这些自由贸易理论的主要观点有：

（1）自由贸易有利于互利的国际分工格局形成。在自由贸易条件下，各国可以按照要素禀赋、比较利益，专门生产其最有利或相对有利的产品，从而提高各国的资源配置效率。

（2）自由贸易有利于扩大国民的实际收入。在自由贸易条件下，每个国家都根据自己的条件发展最擅长的生产部门，生产要素会得到最有效的配置，再通过对外贸易以本国生产耗费较少的产品换回在本国生产需耗费较多的产品，从而节省劳动耗费、减少国民消费支出，在实质上提高国民的真实收入。

（3）自由贸易可以阻止垄断，加强竞争，提高经济效益。独占或垄断会阻碍国民经济的发展，而自由贸易则使得独占或垄断无法实现，企业必须通过开发和改进技术、提高生产效率、降低成本的办法加强自身的竞争能力，增加经济利益。

（4）自由贸易有利于提高利润率，促进资本积累。李嘉图认为，社会的发展势必导致工人的名义工资上涨，从而降低利润率，削弱产品的竞争力。为避免这一情况的出现，维持高水平的资本积累和工业扩张，只有通过自由贸易从外部输入廉价的生活必需品，才可降低工人名义工资和实际工资水平。

这些自由贸易理论为西方国家自由贸易政策的制定和实施奠定了基础，成为自由贸易政策制定和实施的有力武器。但是，自由贸易理论由于没有考虑到生产力水平的差异对贸易利益分配的影响，片面强调自由贸易对参与国家的积极效果，同时，假设现实世界是一个静态均衡的世界，没有考虑到动态因素对国际分工与贸易的决定性影响而有着相应的不足和局限性。

3.3.2　保护贸易政策的理论依据

保护贸易政策是以保护贸易理论为支撑的。保护贸易理论最早开始于重商主义经济思想，以后经过汉密尔顿、费里德里希·李斯特、凯恩斯等人的发展，形成了一个和自由贸易理论相对立的保护贸易理论。

1. 重商主义

重商主义是 15—17 世纪欧洲资本原始积累时期，代表商业资本的经济思想。重商主义认为，财富就是金银，金银是货币的唯一形态（详见本书第 2 章 2.1 重商主义的贸易理论）。但是，重商主义理论错误地将金银看作唯一的财富，没能正确认识国际贸易产生的原因及其对社会经济发展的促进作用，并仅从流通领域探索国际贸易现象，因而不够科学和系统。

2. 汉密尔顿的关税保护论

汉密尔顿（Hlexander Hemilton，1757—1804）是美国贸易保护主义的鼻祖。他指出，一个国家如果没有工业的发展，就很难保持其独立地位。为了保护和促进美国制造业的发展，汉密尔顿提出了一系列政策主张，主要有：向私营工业发放政府信用贷款，为其提供发展资金；实行保护关税制度，保护国内新兴工业；限制重要原料出口，免税进口极端需要的原料；为必需品工业发放津贴；给各类工业发放奖励金；限制改良机器输出；建立联邦检查制度，保证和提高制造品质量；吸收外国资金，以满足国内工业发展需要；鼓励移民迁入，以增加国内劳动力供给。

汉密尔顿的贸易保护思想和政策主张反映了经济发展水平落后国家独立自主地发展民族工业的要求和愿望，是落后国家进行经济自卫并通过经济发展与先进国家进行经济抗衡的保护贸易学说。该理论的提出标志着与自由贸易理论相对立的保护贸易理论的基本形成。

3. 保护幼稚工业理论

1841年，德国经济学家弗里德里希·李斯特（Friedrich List，1789—1846年）出版了《政治经济学的国民体系》一书，书中发展了汉密尔顿贸易保护的基本理论，建立了以生产力理论为基础、以保护关税制度为核心，为落后国家服务的保护贸易理论，即保护幼稚工业理论。这一理论在承认自由贸易利益的前提下，主张以保护贸易为过渡，扶持有前途的幼稚工业，促进社会生产力的发展，最终实现自由贸易。

（1）保护幼稚工业理论的四个核心论点。

1）经济发展阶段论。首先，该理论不否认自由贸易的好处，但是在现实世界中，自由贸易的经济基础并不具备，"只有多数国家在工业与文化、政治与权力尽可能进入同等的程度时"，自由贸易才能成为可能，各国也才会从中获利。而现实的情况是，各国处于不同的经济发展阶段。从经济方面来看，国家都必须经过原始未开化期、畜牧时期、农业时期、农工业时期和农工商业时期五个发展阶段。在特定的经济发展阶段，贸易政策应有所不同。李斯特认为，当时的英国处于农工商业阶段，而德国处于农工业阶段，主张德国应实行保护工业政策，促进德国工业化以对抗英国工业产品的竞争。

2）生产力论。李斯特在批判比较优势理论的基础上提出了自己独特的生产力论。李斯特认为，自由贸易只是既定财富的再分配，它虽然使一个国家获得了短期的贸易利益（财富的交换价值），却丧失了长期的生产利益（一个国家保持与创造财富的能力即财富的生产力）。作为国家财富和力量来源的本国社会生产力起源于"物质资本"和"精神资本"。较之物质资本，精神资本更为重要，后者决定着国家未来的社会生产力。与农业相比，工业在强化物质资本和精神资本方面的作用是农业无法比拟的，所以建立和发展国内工业是开发一国生产力的唯一有效途径。而在自由贸易情况下，一个相对落后又无保护政策的国家要想成为一个新兴的工业国已无可能，为了建立和发展国内工业，开发生产力，国家必须对经济生活予以干预，实行保护贸易政策。

3）国家干预论。李斯特批判古典经济学派忽视国家干预经济的观点，认为国家在经济上越是发展，立法和行政的干预越是必要。国家生产力的培育，民族工业的发展，不能完全听任市场机制的随机作用，而应借助国家积极主动且合理稳妥的政策导向与干预来完成。

4）关税保护制度。李斯特认为保护本国工业发展的众多措施中，关税保护制度是最为重要的。在利用关税保护政策时，应根据各国情况确定保护的对象和重点，而不是保护一切产业。关税保护应具有适度性和暂时性。关税保护政策应随着国内工业国际竞争力的逐渐提高而日益降低乃至取消，即国家要对保护税率进行适度调整。关税保护制度是国家干预的权宜之计，保护过度只会助长国内产业的惰性，不利于生产力的发展。关税保护的期限应以 30 年为最高。

（2）幼稚工业的划分标准。关于幼稚工业的判断，李斯特指出，保护是有条件的，是对幼稚工业进行保护。所谓幼稚工业需要符合以下要求：

1）刚刚开始发展并有发展前途的幼稚工业，经过一段保护时间，到成熟阶段就不再保护，保护时间以 30 年为最高期限；或者在保护期间内，被保护的幼稚工业仍扶植不起来，则停止保护。

2）趋于衰退但仍有存在价值的工业，需要给予一定的保护。

3）虽然是幼稚工业，但是没有强有力的竞争者时，不需要保护。

4）农业不需要保护，随着工业的发展，农业自然发展。

（3）理论评价。李斯特的保护幼稚工业理论对德国资本主义的发展起到了积极的作用，有利于资产阶级反对封建主义的斗争。但是，该理论在实践中存在两个很难克服的问题：即保护对象的选择和保护手段的选择都存在困难，这使得实行保护贸易的目标难以实现。

4. 凯恩斯主义的贸易保护理论

20 世纪 30 年代，凯恩斯以有效需求不足为基础，以边际消费倾向、边际资本效率、灵活偏好三个基本规律为核心，以国家干预经济生活为政策基点，将对外贸易和国内就业结合起来，创立了保护就业理论。后来，其追随者从宏观角度论证了对外贸易差额对国内经济的影响，主张国家干预，实行奖出限入的政策，最终形成了凯恩斯主义的贸易保护理论。

（1）投资乘数原理。凯恩斯认为一国投资量的变动与国民收入的变动之间客观上存在一种依存关系，这种关系称为投资乘数或倍数。他认为由投资而引发的国民收入变动往往几倍于投资量的变动，其倍数的大小取决于该国的边际消费倾向，即取决于人们增加的收入中用于消费的比例。

假设用 ΔY 代表国民收入的增加额，ΔC 代表消费的增加额，ΔS 代表储蓄的增加额，ΔI 代表投资的增加额，$c=\Delta C/\Delta Y$ 表示边际消费倾向，$s=\Delta S/\Delta Y$ 表示边际储蓄倾向，k 表示投资乘数，则有公式

$$k=1/（1-c）=1/[1-（\Delta C/\Delta Y）]=\Delta Y/\Delta S=1/s$$
$$\Delta Y=\Delta I\times k$$

（2）对外贸易乘数原理。凯恩斯的追随者马克卢普（F.Machlup）和哈罗德（R.F.Harrod）等人在凯恩斯投资乘数原理的基础上创立了对外贸易乘数原理。他们认为一国的出口和进口波动会对国民收入的变动产生倍数影响，国民收入的变动量将几倍于出口与进口的变动量。

现在设 ΔY 代表国民收入的增加额，ΔI 代表投资增加额，ΔX 代表出口增加额，ΔM 代表进口增加额，$c=\Delta C/\Delta Y$ 表示边际消费倾向，$s=\Delta S/\Delta Y$ 表示边际储蓄倾向，k 表示投资乘数，$m=\Delta M/\Delta Y$ 表示边际进口倾向，K 代表对外贸易乘数。则计算对外贸易顺差对国民收入的影响公式为

$$K=1/[1-（c-m）]=1/（s+m）$$
$$\Delta Y=[\Delta I+（\Delta X-\Delta M）]K$$

当 ΔI 与 K 一定时，则贸易顺差越大，ΔY 越大；反之，如果贸易差额是逆差，则 ΔY 会缩小。因此一国越是扩大出口，限制进口，贸易顺差越大，对本国经济发展的积极作用就越大。由此凯恩斯和其追随者的对外贸易乘数论为超保护贸易政策提供了理论基础。

　　凯恩斯主义的保护贸易理论不仅强调政府干预国内经济的重要性，强调通过财政和货币政策实现经济目标，同时也提出了政府干预对外贸易的观点，主张实行贸易保护政策来配合国内宏观经济政策。

　　5. 劳尔·普雷维什的"中心-外围论"

　　第二次世界大战以后，阿根廷经济学家劳尔·普雷维什（Raul Prebisch）代表广大发展中国家的利益，提出了"中心-外围理论"，并系统阐述了"贸易条件恶化论"。劳尔·普雷维什将世界分为中心国家和外围国家两大体系，即由发达国家构成的中心体系和由发展中国家构成的外围体系。形成这种局面的原因在于：其一，中心国家通过资本输出，凭借其技术和管理上的垄断优势构筑和强化外围国家在经济上对中心国家的依赖关系；其二，传统的国际分工造成外围国家经济结构的单一性，使外围国家成为中心国家原料产地和制成品的销售市场；其三，外围国家贸易条件长期恶化。

　　劳尔·普雷维什在分析中指出，发展中国家在与发达国家进行贸易的过程中，其主要出口初级产品，进口工业制成品。由于初级产品的价格相对于工业制成品而言有不断下降的趋势，于是发展中国家的贸易条件从长期来看是趋于恶化的。劳尔·普雷维什认为传统的国际分工和国际贸易理论只能适用于中心国家之间，不能适用于中心国家和外围国家之间。外围国家必须要通过实行保护贸易政策独立自主地发展民族经济，实现工业化来摆脱在国际分工与贸易中的不利地位。劳尔·普雷维什还指出，外围国家与中心国家的贸易保护政策在性质上有本质不同，具体体现在，外围国家的保护政策是有节制、有选择的，它是为了发展本国工业，有利于世界经济的全面发展；而中心国家的保护政策是对外围国家的歧视和遏制，不仅对外围发展中国家不利，最终也将对发达国家不利。

　　6. 战略性贸易理论

　　20世纪70年代以来，艾尔哈南·海尔普曼（Elhanan Helpman）和保罗·克鲁格曼（Paul Krugman）等经济学家以更切实际的规模经济与不完全竞争市场为分析基础，提出战略性贸易理论。战略性贸易论者以国家利益作为决策的基础，认为传统上被视为贸易保护主义的出口鼓励与进口限制实际上有利于本国福利的增加，而其改善本国福利主要从两方面实现：其一，实现利润转移，即在存在垄断及垄断利润的情况下，适当的保护性措施可以促使垄断利润更多地流向本国；其二，获得外部经济，即对于具有明显外部经济性的产业进行保护与扶持，避免因外部经济性致使该产业在完全自由竞争条件下难以壮大。

　　以实现利润转移为目的的政策主张主要有以下两种：

　　（1）战略性出口贸易政策。布兰德（J.A.Brander）和斯潘塞（B.J.Spencer）认为，在不完全竞争的市场，特别是寡头垄断市场条件下，产品的价格一般均高于边际成本，即存在垄断利润。政府为本国企业提供出口补贴可以使本国企业获得规模效益，降低边际成本，从而贸易在与外国竞争对手的较量中获取更大的市场份额和更高的垄断利润。只要新增利润能够抵消出口补贴成本，就可以实现本国福利增加的既定目标。

　　（2）关税抽取租金论。关税抽取租金论即战略性进口贸易政策，最早也是由布兰德和斯潘塞提出的。他们认为，当某一产业被少数垄断寡头控制后，垄断利润是普遍存在的，进口国可以利用关税措施将一部分垄断利润转化为本国的关税收入。进口国进口商品需求弹性越大，以关税来抽取垄断利润的效果越好。由于寡头垄断市场上进口国需求曲线斜率总是小于出口企业边际收益曲线斜率，加上进口国存在潜在的企业进入威胁，故关税导致的价格上涨幅度总是小于关税本身，因此，消费者因价格上涨蒙受的损失通常小于该国关税收益，达到了增加本国净福利的目的。

战略性贸易政策对一国制定符合本国利益的贸易政策提供了重要的指导，其对传统的自由贸易政策的修正也在一定程度上给人们以启示。但是，战略性贸易政策的缺陷也十分明显。第一，战略性贸易政策以本国利益为最高目标，政策导向常常以牺牲全世界的经济利益为代价，其对竞争机制的干预也与市场经济传统相悖；第二，战略性贸易政策保护的是技术含量高、外部效应明显、动态规模效益突出的产业，然而如何准确选择这些战略性产业是政策实施者必须面对的问题，甄别不准、保护措施不当，都会使战略性贸易政策的效果大打折扣；第三，当多数国家都实行以保护为特征的战略性贸易政策时，政策效果会在很大程度上相互抵消，毕竟这是一种以邻为壑的贸易政策，以牺牲别国利益为前提，招致报复是不可避免的。

7. 国际收支平衡论

保护贸易政策另一个看似合情合理的说法是可以改善一国的国际收支。由于严重的国际收支逆差会使一国对外支付能力下降，降低该国的国际储备水平，破坏该国货币的稳定性，因此维持国际收支平衡成为各国宏观经济政策的重要目标之一。保护贸易政策的主旨在于限制进口，因为进口的减少会缓解外汇支付的压力，这有助于该国国际收支平衡的恢复。因此，当一国出现严重的国际收支逆差时，推行保护贸易政策会成为一些国家改善国际收支的手段。

理论上上述观点不存在问题，然而国际收支是由进口、出口和资本与金融项目共同决定的，仅仅考虑进口并得出保护贸易政策有助于改善国际收支的结论难以令人信服。许多经济学家认为，只有在本国国际收支短期内严重恶化，需要迅速采取措施加以遏制时，贸易保护手段才成为一种可选的措施。从长期看，一国改善其国际收支应更多地依赖提升本国产品的国际竞争力以扩大出口，改善投资环境以吸引外部资本等途径，被动地限制进口并不可取。

8. 公平贸易论

公平贸易论者认为，当贸易中来自其他国家的厂商或政府采取了有悖公平竞争原则的措施时，本国应该有针对性地采取某种限制贸易的措施，以求消除因不公平贸易所造成的影响，进而推动贸易秩序恢复到符合公平竞争原则的轨道上。违背公平贸易原则的行为很多，出口补贴与低价倾销是典型的不公平贸易行为。监狱产品或童工产品出口是另一种不公平贸易行为，因为这类产品劳工成本低廉，致使国外竞争企业无法与之抗衡。

公平贸易原则一直是国际贸易中的一项重要准则，在关税与贸易总协定和世界贸易组织的基本原则中都有公平贸易原则。从理论上看，公平贸易论的正确性显而易见，然而在实践中却是问题频繁，争端不断。首先，一些发达国家，尤其是美国，经常以他国违反公平贸易原则为由，滥用保护性措施；其次，发达国家与发展中国家之间在诸如补贴、知识产权保护、环境标准以及劳工标准等方面有着不同的认识。围绕这一问题的争执已经成为发达国家与发展中国家在贸易领域矛盾的焦点。

9. 其他保护贸易政策的理论

（1）改善贸易条件论。改善贸易条件论者认为，在一定条件下通过对进口商品征收关税或限制进口可以压低进口商品的价格，从而改善征税国的贸易条件。但这一目标的实现需要具备两个条件：其一，该国必须具备大国贸易条件，具有一定的需求垄断优势；其二，出口国该种商品供应刚性。

（2）增加国内就业论。增加国内就业论主要从两个基本点层次上进行阐述，一是中观层次上，指通过对行业的保护，增加就业；二是从宏观层次上，即凯恩斯主义的观点，认为通过限制进口，鼓励出口，刺激国内有效需求，增加国内生产，提高就业水平。但从中长期看，一国的贸易保护势必会招致其他国家的报复，从而使保护政策难以发挥设想的作用。

（3）非经济目标的理论。非经济目标的理论支持者认为，采取贸易保护政策除经济方面的考虑之外，还有一些非经济因素的考虑，比如民族自尊、社会公平、国家安全和环境保护等。

上述保护贸易观点都是从不同的侧面论述了实施贸易保护的合理性，但是它们都忽略了其理论政策效果得以发挥要具备的前提条件。

3.3.3 管理贸易的理论依据

博弈论是管理贸易的理论基础。博弈是指人或国家的理性行为在许多情况下总是追求在既定条件下的利益最大化。然而利益主体对利益的追求不仅取决于自己一方的决策，还取决于对方的决策，实际得到的利益往往是双方共同决策作用的结果。因而，利益主体之间的关系具有博弈的特点。博弈论者认为博弈关系大体有负和博弈、零和博弈、正和博弈三种类型。

国际贸易中，多数情况下，国家之间的关系就表现为典型的正和博弈关系。一国表面上的所失并不意味着相关国的利益所得，多数情况下是促成利益共得的局面。因而，管理贸易实际上是正和博弈在国际贸易中的运用。如果贸易双方可以看到博弈关系在非零和条件下，通过双方的妥协合作，在谋求自己利益的同时，能兼顾对方的利益，达成利益共同体；在不造成两败俱伤的同时，还可以获得现实可能的最大利益，管理贸易就有其存在的必要性了。虽然这时合作双方都放弃了最优选择，而选择了次优选择，但它却是现实可以获得的最优选择，因为现实中不顾及对手利益的最优选择是不可能实现的。管理贸易的目标是在自由贸易的原则基础上，协调相互之间的贸易关系，均分贸易利益，促进各方发展。作为一种新的贸易体制，它将对世界贸易的发展产生巨大的影响。具体表现在：

（1）纯粹的自由竞争让位于有组织的自由竞争或不完全的自由竞争；

（2）自由贸易政策与保护贸易政策将让位于管理贸易政策；

（3）国家之间经济利益的连带性和包容性增强；

（4）国家的经济实力成为参与国际竞争和国际贸易利益分配的主要筹码。

本章小结

（1）本章主要介绍了国际贸易政策的基本概念、类型、作用以及贸易政策的演变历史；介绍了贸易政策的理论依据，并对理论上和实践中的问题进行了简单评论。

（2）贸易保护主义的渊源可以追溯到重商主义经济思想。但保护幼稚工业理论的提出，才真正划分了自由贸易理论与保护贸易理论。

（3）保护幼稚工业理论考虑一国的长期利益，认为保护是短期的，短期保护的价格可以在长期得到偿还。如何选择保护对象和保护手段是这一理论在实施中不易克服的困难。

（4）凯恩斯主义的保护贸易理论反映了西方经济由单纯重视企业的经济运行向重视宏观经济稳定和增长方向的改变。他们不仅强调政府干预国内经济的重要性，还强调通过财政和货币政策实现经济目标，同时也提出了政府干预对外贸易的观点，主张实行贸易保护政策来配合国内宏观经济政策。

（5）普雷维什从发展中国家的利益出发对国际贸易问题进行了开拓性的研究，首次从理论上和实践上初步揭示发达国家和发展中国家之间贸易关系不平等的本质，以及传统国际分工体系和国际经济秩序的不合理性，主要论点在方向上是正确的，基本政策主张也是有意义的，极大地推动了 20 世纪 60 年代后拉丁美洲和其他地区发展中国家的工业化进程。

（6）艾尔哈南·海尔普曼和保罗·克鲁格曼等经济学家以规模经济与不完全竞争市场为分析基础，肯定了国家干预的积极意义，提出战略性贸易政策理论，认为传统上被视为贸易保护主义的出口鼓励与进口限制实际上有利于本国福利的增加，其主要通过利润转移和获得外部经济来改善本国福利。

（7）管理贸易是在战后贸易自由化大趋势下，面对新贸易保护主义的压力而出现的贸易体制。其目标是在自由贸易的原则基础上，协调相互之间的贸易关系，均分贸易利益，促进各方发展。作为一种新的贸易体制，管理贸易将对世界经济贸易的发展产生巨大的影响。管理贸易是正和博弈在国际贸易中的运用。

章后习题与思考

1．各国制定对外贸易政策的目的是什么？

2．既然自由贸易有贸易保护所不具有的诸多好处，为什么到目前为止没有任何一个国家实行完全的自由贸易？你认为何时"自由贸易时代"会到来？

3．简述关于幼稚产业选择标准的理论观点。

4．英国在工业生产上的世界第一地位在 19 世纪末被美国所取代。美国在 1776 年独立时还是一个落后的农业国，但在 19 世纪上半期就广泛发展起了使用机器的工业化生产，19 世纪 60 年代的美国内战之后到第一次世界大战之间，美国工业取得了惊人的发展，到 19 世纪 80 年代初，美国的工业生产已经跃居世界首位，而到 1913 年，美国的工业产量已经占整个世界工业生产的 36%。在这样高速的工业发展过程中，美国一直实行着高额的保护关税。

值得注意的是，正是在英国转向自由贸易政策的 19 世纪 20 年代，美国开始真正实行培植本国制造业的保护关税政策。到 19 世纪 60 年代，英国已经实行了进口关税接近于 0 的自由贸易政策，美国却在 1857 年的大恐慌之后转而不断提高保护性的关税。在 19 世纪后半期到 20 世纪前期，美国都是以高关税保护本国产业的代表。

问题：

（1）试用国际贸易理论分析 19 世纪后半期到 20 世纪前期，英美两国实行不同外贸政策的主要原因。

（2）根据国际贸易理论对贸易现象分析的结论，中国政府加入世界贸易组织的选择意味着什么？

4 国际贸易措施

主要教学内容

本章介绍关税的概念及种类、征收方法和标准、海关税则、报关程序以及关税的经济效应，介绍非关税措施的特点以及非关税措施的主要种类。

教学目标及要求

通过本章的学习了解关税的概念、种类和征收方法，掌握非关税壁垒的特点和种类，了解鼓励出口的主要措施及出口管制的原因和形式。

章前导读

碳关税也称边境调节税。它是对在国内没有征收碳税或能源税、存在实质性能源补贴国家的出口商品征收特别的二氧化碳排放关税，主要是发达国家对从发展中国家进口的排放密集型产品，如铝、钢铁、水泥和一些化工产品征收的一种进口关税。碳关税目前世界上并没有征收范例，但是欧洲的瑞典、丹麦、意大利，以及加拿大的不列颠和魁北克在本国范围内征收碳税。2009年6月底，美国众议院通过的一项征收进口产品"边界调节税"法案，实质就是从2020年起开始实施"碳关税"——对进口的排放密集型产品征收特别的二氧化碳排放关税。我国商务部2009年7月3日表态称，在当前形势下提出实施"碳关税"只会扰乱国际贸易秩序，中方对此坚决反对。征收"碳关税"违反了世界贸易组织的基本规则，是以环境保护为名，行贸易保护之实。这种做法违反了世界贸易组织基本规则，也违背了《京都议定书》确定的发达国家和发展中国家在气候变化领域"共同而有区别的责任"原则，严重损害发展中国家利益。商务部称，中国政府在应对气候变化问题上一向持积极主动和负责任的立场。

4.1 关 税 措 施

4.1.1 关税概述

关税是最传统的贸易政策工具，第二次世界大战之后，关税在贸易政策工具中的地位下降，但仍然是市场经济条件下政府调节对外经济关系的有效手段。

1. 关税的概念

关税（customs duties/ tariff）是指一个国家或地区的海关对经过其关境的进出口商品征收的一种税。征收关税是通过海关来执行的。海关是设置在关境上的国家行政管理机构，一般设在沿海口岸和陆地边境，它是贯彻执行本国有关进出口政策、法令和法规的重要机构。

2. 关税的性质、特点和作用

（1）关税的性质。关税是国家财政收入的一个重要组成部分。与其他税收相同，关税具有：

1）强制性。关税由海关凭借国家权力依法征收，纳税人必须无条件服从；

2）无偿性。海关代表国家单方面从纳税人处征收，国家无需给予任何补偿；

3）预定性，也称固定性。海关根据国家预先规定的法律和规章加以征收，海关和纳税人双方都不得随意变动。

（2）关税的特点。

1）关税是一种间接税。关税的主要征收对象是进出口商品，其税负是由进出口商先行垫付，而后将它计入商品价格，转嫁给最终消费者，因而关税属于间接税。

2）关税是一国对外贸易政策的重要手段，具有涉外性。关税体现着一国的对外贸易政策。关税税率的高低直接影响着一国进出口，影响一国同其他国家经济贸易关系的发展，从而影响着一国经济贸易的发展。

（3）关税的作用。关税作为对外贸易政策执行的重要手段，对国民经济会产生重大影响。具体来看，关税可以起到以下作用：

1）增加财政收入。征收关税可以增加国家的财政收入，这对某些发展中国家特别重要。

2）保护国内产业和国内市场。出于保护目的征收的关税可削弱国外产品的竞争力，起到保护本国产品市场占有率的作用。

3）调节进出口商品结构和国内经济。进出口商品的种类和数量在关税的调解下可以有效地保持市场供求平衡，稳定国内市场价格，保持国际收支平衡。

4）关税还是进行国际经济斗争和政治斗争的手段。主权国家可以运用关税来调整本国和其他国家的经济贸易，从而影响政治关系。

4.1.2 关税的种类

关税的种类繁多，按照不同的标准主要有以下几类。

1. 按照征收对象或商品流向分类

按照征收对象或商品流向，可以将关税分为进口税、出口税和过境税。

（1）进口税（import duties）。进口税是进口国的海关对进口货物向本国进口商所征收的一种正常税，又称进口关税。进口税是关税中最重要的税种，也是保护关税的主要手段。通常所说的关税壁垒，就指高额进口税。进口税按差别待遇或税率的高低不同，主要分为最惠国税和普通税。

1）最惠国税。最惠国税主要适用于签订了包含最惠国待遇条款（most-favored nation treatment clause）贸易协定的国家和地区之间的商品贸易。最惠国待遇条款是多边和双边贸易中的主要法律条款，"缔约国一方现在或将来给予任何第三国的一切特权、优惠及豁免，也同样给予缔约对方"，即缔约一方在缔约另一方享有不低于任何第三国所享有的待遇。因此，最惠国税通常又被称为正常关税（normal tariff）。

2）普通税。普通税主要适用于未签订包含最惠国待遇条款贸易协定的国家和地区之间的商品贸易。普通税为各国税则中的基本税率，税率较高，使用较少，通常比最惠国税率高 1~5 倍。

（2）出口税（export duties）。出口税是出口国海关在本国的出口商品输往国外时，对出口商所征收的一种关税。征收出口税势必会抬高本国出口商品的成本和在国外市场上的销售价格，降低竞争能力，不利于扩大出口，因此出口国对本国大多数出口商品都不征收出口税或征收极低的出口税。但有时为了限制一些商品出口或限制跨国公司的掠夺经营，也会征收一些出口税。

（3）过境税（transit duties）。过境税又称通过税，是一个国家对通过其关境的国外货物所征收的关税。过境商品对过境国的市场没有影响，因此，大多数国家废除了过境税，只对过境货物征收少量的准许费、印花税、登记费和统计费等。

2. 按差别待遇和实施情况分类

根据差别待遇和特定的实施情况，关税又可分为进口附加税、差价税、普惠制税和特惠税。

（1）进口附加税。一个国家对进口商品除征收正常进口税外，还往往根据某种特定目的再加征部分进口税，称为进口附加税（import surtaxes）。进口附加税通常是限制进口的临时性措施，征收的目的主要有：应付国际收支危机，维持进出口平衡；防止外国商品低价倾销；作为贸易歧视或贸易报复的手段。因此，进口附加税又称特别关税。进口附加税主要有反倾销税、反补贴税、紧急关税、惩罚关税和报复关税。

1）反倾销税（anti-dumping duty）是对于实行商品倾销的进口商品所征收的一种进口附加税。其目的在于抵制商品倾销，保护本国工业和市场。征收反倾销税的重要条件是进口商品以低于正常价值的价格进行销售，并对进口国的同类产品造成重大损害。

2）反补贴税（anti-subsidies duty）又称抵消税、反津贴税或补偿税，是对直接或间接地接受奖金或补贴的进口商品所征收的一种进口附加税。征收反补贴税的条件是进口商品在生产制造、加工、买卖、输出过程中接受了直接或间接的资金或补贴，并使进口国生产的同类产品遭受重大损失。反贴补税的税额一般按"补贴数额"征收，其目的在于增加进口商品的成本，抵消出口国对该商品所做补贴的鼓励作用，征税期限不得超过 5 年。

3）紧急关税。紧急关税是为了消除外国商品在短期内大量进口对国内同类产品生产造成重大损害或产生重大威胁而征收的一种进口附加税。

4）惩罚关税。惩罚关税是指当出口国某商品违反了与进口国之间的协议，或未按进口国海关的规定办理进口手续时，由进口国海关向该进口商品征收的一种进口附加税。这种关税具有惩罚或罚款的性质。

5）报复关税。报复关税是指一国为了报复他国对本国商品、船舶、企业、投资或知识产权等方面的不公正待遇，对从该国进口的商品所课征的一种进口附加税。通常在对方取消不公正待遇时，报复关税也相应取消。

（2）差价税（variable levy）。差价税又称差额税，是指当某种本国生产产品的国内价格高于同类商品价格时，为削弱进口商品的竞争力，保护国内生产和市场，按国内价格和进口价格间的差额征收的一种关税。因差价税是随着国内价格和进口价格之间的差额变动而滑动的，故也称为滑动关税。欧盟曾为实施其共同农业政策对农产品征收差价税，这是欧盟实行共同农业政策的过渡措施，已于 1968 年停止。

（3）特惠税（preferential duties）。特惠税又称优惠税，是对来自特定国家和地区的全部进口商品或部分商品给予特别优惠的低关税或免税待遇，其他国家和地区不得根据最惠国待遇原则安排享受这种优惠待遇。实际上，在目前许多区域经济一体化组织成员之间所达成的取消贸易壁垒协议中，区域经济一体化组织成员之间相互给予的关税减免，也是一种特惠税。这种特惠税是世界贸易组织最惠国待遇原则所允许的例外。

（4）普惠税（generalized system of preferences，GSP）。普惠税是普惠制下的税率，普惠制即普遍优惠制，它是发展中国家在联合国贸发会议上进行长期斗争的结果，于 1968 年通过，1971 年正式实施。普惠制的主要内容是发达国家承诺对从发展中国家和地区输入的商品，特别是制成品和半制成品给予普遍的、非歧视的和非互惠的关税优惠待遇。普惠税比最惠国税低。

3. 依照关税的征税目的进行分类

按照关税的征税目的进行分类，关税可分为财政关税、保护关税。

（1）财政关税（revenue tariff）。财政关税又称"收入关税"，是指以增加国家财政收入为目的而征收的关税。为达到财政收入目的，对进口商品征收财政关税时，须具备三个条件：①征税的进口货物必须是国内不能生产或无代用品的商品，以避免对国内市场形成冲击；②征税的进口货物在国内必须有大量消费；③关税税率必须适中，否则达不到增加财政收入的目的。目前多为发展中国家采用。

（2）保护关税（protective tariff）。保护关税是指以保护本国工业或农业发展为目的而征收的进口关税。为达到保护的目的，保护关税的税率通常比较高，有的保护关税税率高达 100%以上，等于禁止进口，称为"禁止关税"（prohibited duty）。目前，关税用于保护本国产业和国内市场的作用在下降，发达国家的平均关税率为 5%，发展中国家约为 15%。

4. 按征税标准分类

按照关税的征税标准进行分类，主要有从价税、从量税、复合关税和滑准税等征收方法。

（1）从价税（ad valorem duties）。从价税是以进口商品的价格为标准计征的关税。征收从价税的优点主要有：其一，税负合理，同一商品，质高价高税额也高，质次价低税额也低；其二，物价上涨时，税额相应增加，关税的财政作用和保护作用都不受影响；其三，从价税率以百分数表示，便于各国在关税水平、关税保护程度上进行衡量、比较。缺点则是当某一种进口商品的国际价格大幅度下跌时，或人为故意低瞒报价进口和低价倾销时，从价税不能有效地起到保护国内相关工业或防止逃漏税款的作用。

从价税计算公式为

进口关税税额=进口货物完税价格×进口从价关税税率

（2）从量税（specific duties）。从量税是以商品的计量单位为标准所征收的关税。计量单位有质量、数量、容积、长度、面积等。其中，商品的量大多以重量为基础计征。征收从量税的优点主要有：征收手续简便，只需核对商品的名称和数量，容易计算，并能抑制廉价商品或故意低瞒报价商品的进口。缺点在于税率固定，税负不合理。目前大多数国家对大部分进出口商品采用从价税，完全采用从量税的发达国家只有瑞士。

从量税计算公式为

应征税额=进口货物数量×单价税额

（3）复合关税（compound duties）。复合关税是指对某种进口商品同时征收从价税和从量税的一种计征关税方式。复合关税综合了从量税和从价税的优点，使税负更合理、适度。在进口商品价格变动时，既可以保证有稳定的财政收入，又可以起到一定的保护作用。但是复合关税中从价税与从量税的比例难以确定。

复合关税计算公式为

应征税额=进口货物数量×单价税额+进口货物完税价格×进口从价关税税率

（4）滑准税（sliding duties）。滑准税又称滑动税，是对进口税则中的同一种商品按其市场价格标准分别制订不同价格档次的税率而征收的一种进口关税。其中高档商品价格的税率低或不征税，低档商品价格的税率高。

滑准税计算公式为

$$从价应征关税税额＝完税价格×暂定关税税率$$
$$从量应征关税税额＝进口货物数量×暂定从量税率$$

4.1.3 海关税则和报关程序

1. 海关税则

（1）海关税则（custom tariff）的含义。海关税则又称为关税税则，是一国对进出口商品征收关税的规章和对进出口商品系统分类的一览表，具体是指国家根据其关税政策和总体经济政策，以一定的立法程序制定和颁布实施的应税商品和免税商品的种类划分及按商品类别排列的关税税率表（tariff schedule）。海关税则是一国海关凭以征收关税的依据，并具体表现一国的关税政策。海关税则一般包括两部分：海关课征关税的规章条例；商品分类及关税税率一览表。关税税率一览表包括税则序列（tariff No./ heading No./ tariff item，简称税号）、货物分类目录（description of goods）、税率（rate of duty）三类。

（2）海关税则的种类。海关税则分为单一税则（single tariff）和复式税则（complies tariff）两种，大多数国家实行复式税则。单一税则指一个税目只有一个税率，适用于来自任何国家的同类商品的进口，不存在差别待遇；复式税则是指对应一个税目有两个或两个以上的税率，不同的税率适用于来自不同国家的商品。目前大多数国家采用这种规则，有二、三、四、五栏不等，设有普通税率、最惠国税率、协定税率、特惠税率等。

（3）海关税则的货物分类。海关税则的货物分类主要是根据进出口货物的构成情况，对不同商品使用不同的税率以便于贸易统计和贸易管理而进行系统的分类。1983 年 6 月由海关合作理事会正式批准了《协调商品名称及编码制度的公约》，形成了《协调商品名称和编码制度》（the harmonized commodity description and coding system，HS），简称《协调制度》。目前，世界上有 204 多个国家和地区以 HS 为基础制定本国的海关税则。

HS 的分类原则是按商品的原料来源、加工程度、用途以及所在的工业部门来分类。HS 将商品分为 22 类，类下再分三层：第一层为章，共 98 章；第二层为品目，共有 1241 个品目；第三层为子目，共有 5113 个子目。每项以 6 位数编码的独立商品组组成。项目号列为 4 位数码，前两位是项目所在章，后两位是在有关章的排列顺序。例如：52.02 是废棉，52 表示在第 52 章，02 表示在该章的第 2 个项目。在项目下分商品组，有 6 位数表示商品的编码（code），如 5202.10 为废棉纱线，5202.91 为回收纤维，5202.99 为其他。

HS 允许采用 HS 的国家根据自身的需要将商品进一步地细化分类。中国于 1992 年 1 月 1 日起按此制度进行关税税则分类，并在 HS 6 位数编码的基础上加列到 8 位数。2014 年 1 月 1 日调整后的进口税则总税目分为 8277 个。

2. 报关程序

报关程序即指关税的征收程序，又称通关手续或报关手续，是指进出境运输工具负责人、货物和物品的收发货人或他们委托的代理人（统称报关人）在通过海关监管口岸时，依法进行申报并办理有关手续的过程。各国海关对进出境货物的监管通常都包括企业申报、海关查验、海关征税和海关放行四个环节。

（1）企业申报。出口货物的发货人或其他代理人应在货物装运前24小时以内向海关申报，进口货物的收货人或其代理人应自载运该货物的运输工具申报进境之日起 14 天内向海关办理进口货物的通关申报手续。申报时报关人须持已填好的货物报关单及相关的货运和商业单据、单证向海关申报。

（2）海关查验。除海关总署特准以外，进出货物都应接受海关查验。查验的目的是核对报关单证所报内容与实际到货相符。

（3）海关征税。海关征税即海关根据国家有关政策、法规对进出口货物征收税款等费用。

（4）海关放行。海关经过审核进出口货物有关报关单据，查验实际货物，并依法办理了征收货物税费手续或减免手续后，即在有关单据（进口在提货单、出口在装运单）上签盖放行章，货物的所有人或其代理人才能装运或提取货物。此时，海关对进出口货物的监管结束。

4.1.4　关税的有效性和保护程度

目前，各国一般以平均关税水平来比较各国之间关税高低，以名义保护率和有效保护率来表示对某种或某类商品的保护程度。其中，平均关税水平是指一国的平均进口税率，可以大致衡量或比较一个国家进口税的保护程度。

1．名义关税率

名义关税率（nominal tariff）是指某种进口商品进入该国关境时海关根据海关税则所征收的关税税率，即由于实行对某一商品保护而引起的国内市场价格超过国际市场价格的部分与国际市场价格的百分比，也称为名义关税率，用于衡量一国对某一类商品的保护程度。如果是从量税，则相应的名义关税率=税额/（含税价–税额）×100%=［（国内市场价格－国际市场价格）/国际市场价格］×100%。如果是从价税，则相应的名义关税率即为税则中公布的税率。在其他条件相同或不变的条件下，名义关税率越高，对本国同类产品的保护程度越高。

2．有效关税率

有效关税率（effective tariff 或 rate of effective protection）也称为有效保护关税率、实际保护关税率，是指受保护行业的单位产品附加值与自由贸易附加值相比增值的百分比。关税的有效关税率不但受关税对产品价格的影响，也受投入品（原材料或中间产品）因征收关税而增加的价格的影响，也就是由于整个关税制度而引起的国内增值的提高部分与自由贸易条件下增值部分相比的百分比。计算公式为

$$E=（V'-V）/V=（T-Pt）/（1-P）$$

其中，E 为有效保护率；V' 为商品的含税附加值（受保护行业的国内加工增值）；V 为商品不含税附加值（自由贸易下国外加工增值），即自由贸易条件下的附加值；T 为进口最终产品的名义关税税率；P 表示原材料在最终产品中所占的比重；t 表示进口原材料的名义关税税率。因此，有效关税率计算的是某项加工工业中受全部关税制度影响而产生的增值比，是对一种产品的国内外增值差价与国外增值的百分比。

有效关税率比名义关税率更能真实地反映一国贸易壁垒对本国工业的实际保护效果。

4.1.5　关税的经济效应

关税的经济效应是指一国对进口商品征收关税对本国国内价格、贸易条件、生产、消费、进出口、税收、再分配以及国民福利等方面产生的综合影响。这里采用局部均衡分析方法分析完全竞争条件下进口关税的经济效应。在分析关税的经济效应时，将参与贸易的国家分为贸易小国和贸易大国。其中，贸易小国是指在国际市场上份额很小，其进出口变动不会影响

国际市场价格的国家。而贸易大国是指在国际市场上所占份额很大，其进出口变化会引起国际市场价格涨跌的国家。

1. 小国进口关税的局部均衡分析

进口小国在国际市场上只是价格的接受者，该国进口商品数量的变动不会影响到世界市场上该种商品的价格。小国征收进口税之后，直接的结果就是使国内市场上外国商品的价格提高，并对国内的生产、消费、进口和收入分配等产生广泛影响。

图 4-1 为小国征收进口关税的局部均衡。在左图中，横轴代表一国 X 商品的数量 Q，纵轴代表 X 商品的价格水平 P，S 是 X 商品的国内供给曲线，D 是 X 商品的国内需求曲线。在自由贸易条件下，国内市场价格等于国际市场价格 P_W。此时，国内对 X 商品的总需求量为 OQ_D，其中，OQ_S 为国内生产的数量，Q_SQ_D 为进口量（等于右图中的 OM）。该国对 X 商品征收 t 单位的进口关税后，进口商品价格的上升会降低进口需求。由于该国是小国，它所面对的外国供给曲线是一条水平线（S_X），所以其进口需求的下降不改变国际市场价格（仍为 P_W），此时该国国内市场价格上升为 P_W+t，国内对 X 商品的需求量则下降为 OQ_D'，其中，国内生产 OQ_S'，进口 $Q_S'Q_D'$（等于右图中的 OM'）。

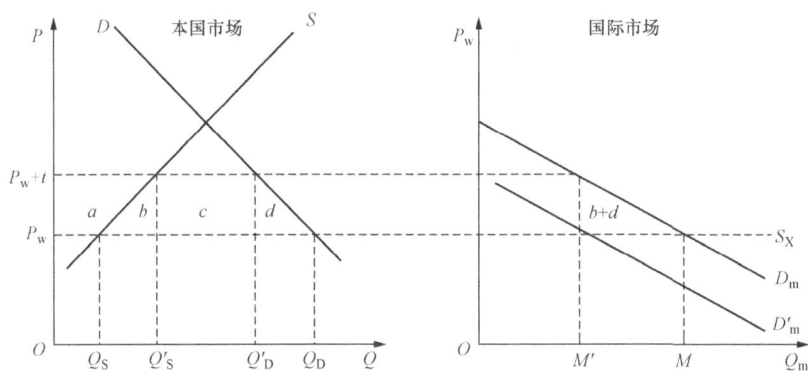

图 4-1　小国征收进口关税的局部均衡

小国征收进口关税的经济效应有：

（1）价格效应。进口关税的价格效应是指征收关税对进口国价格的影响。进口商品被征收关税后，不可避免地要相应提高价格。进口小国价格提高的幅度等于所征收的关税，关税主要由国内消费者负担。

（2）消费效应。进口关税的消费效应即征收关税给消费者福利带来的损失。消费者福利的损失首先表现在由于进口商品价格提高而导致的消费量减少；其次，消费者福利的损失还表现为消费者剩余减少了，图 4-1 中的 $a+b+c+d$ 部分的面积大小。

（3）生产效应。进口关税的生产效应也称替代效应或保护效应，即关税引起的国内生产增值，替代了部分国外生产，生产者剩余增加了图 4-1 中面积 a。然而，征税后国内生产者虽然可以扩大再生产，却是一种缺乏效率的生产。由于关税的保护，迫使资源从效率较高的用途转移到了效率较低的用途。

（4）贸易效应。进口关税的贸易效应指征税引起的进口量的下降。

（5）财政效应。进口关税的财政效应即由于征收关税而对国家财政收入产生的影响。征收关税后，政府从中受益，获得了关税收入（图 4-1 中的 c）。

（6）再分配效应与国民净损失。进口关税的再分配效应即收入从国内消费者转移给国内生产者和政府。从以上分析可以知道，征收关税增加了生产者剩余和政府关税收入，同时也减少了消费者剩余，收入分配发生转移，即消费者损失的福利中 a 转移给生产者，c 转移给政府。这种再分配效应最后导致征税国遭受福利净损失 $b+d$。其中，b 是由于本国的生产资源从效率较高的部门转移到效率较低的部门而带来的福利损失，d 是由于征税后进口国商品价格的上涨，消费者减少消费所带来的福利损失。

2. 大国进口关税的局部均衡分析

贸易大国不是世界市场价格的被动接受者，其进口商品数量的变动会影响到世界市场价格。

图 4-2 为大国征收进口关税的局部均衡。在左图中，S 是 X 商品的国内供给曲线，D 是 X 商品的国内需求曲线。在自由贸易条件下，国内市场价格等于国际市场价格 P_W。此时，国内对 X 商品的总需求量为 OQ_D，其中，OQ_S 为国内生产的数量，Q_SQ_D 为进口量（等于右图中的 OM）。该国对 X 商品征收 t 单位的进口关税后，进口商品价格的上升会降低进口需求。由于该国是贸易大国，其面对的外国供给曲线是一条向右上方倾斜的曲线（S_X），所以其进口需求的下降会使国际市场价格下降（由 P_W 降到 P'_W），此时该国国内市场价格将上升到 P'_W+t，国内对 X 商品的需求量下降为 OQ_D'，其中，国内生产 OQ_S'，进口 $Q_S'Q_D'$（等于右图中的 OM'）。

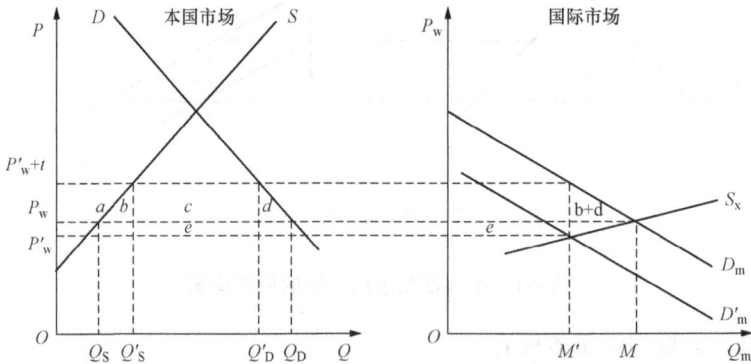

图 4-2　大国征收进口关税的局部均衡

大国征收进口关税的经济效应主要包括：

（1）贸易条件效应。进口关税的贸易条件效应是指征收关税对进口国贸易条件的影响。对进口大国来讲，假定出口商品价格不变，而向进口商品征税，使其国内价格上涨，其结果是国内消费需求减少，进口量减少。由于大国的进口量占世界进口量的比重较大，其进口量的减少势必导致该商品在国际市场上供大于求，从而导致其国际市场价格下跌，由此该国贸易条件得到改善（图 4-2 中国际市场价格由 P_W 降到 P'_W），这实际上是将部分关税负担（图4-2 中的 e）转嫁给出口国。进口大国贸易条件改善的程度取决于进口国对进口商品的需求价格弹性及出口国的供给价格弹性。进口对进口商品的需求价格弹性越大，由于征税对进口国进口量削减的程度越大，就越能压低其国际市场价格，从而更大程度地改善进口国的贸易条件。出口国的供给弹性越小，出口国供应商对国际市场上供过于求的应变能力越差，出口的减少也越能压低商品价格，从而更大程度地改善进口国的贸易条件。

（2）价格效应。由于进口大国征收关税使国际市场价格下降，因此尽管进口大国的国内价格也会提高，但是其价格上涨幅度要小于同样条件下进口小国价格的上涨幅度。

（3）消费效应。由于征税后进口大国国内市场价格上涨幅度小于相同条件下进口小国国内市场价格上涨幅度，因此其消费量减少的幅度小于相同条件下的进口小国消费量减少的幅度，消费者剩余减少的幅度（图 4-2 中 $a+b+c+d$ 的部分）小于进口小国消费者剩余减少的幅度。

（4）生产效应。由于征税后进口大国国内价格上涨幅度小于同样条件下进口小国国内价格上涨的幅度，因此其国内产量提高的幅度小于同样条件下的进口小国，生产者剩余增加的幅度（图 4-2 中的 a 部分）也小于进口小国。

（5）贸易效应。由于征税后进口大国国内价格上涨幅度小于同样条件下进口小国国内价格上涨的幅度，因此其进口量下降的幅度小于同样条件下的进口小国。

（6）财政效应。由于征税后进口大国进口量下降的幅度小于同样条件下进口小国进口量下降的幅度，因此政府关税收入增加的幅度要大于进口小国。

（7）再分配效应与国民净损失。进口大国征收关税后，收入分配发生转移，消费者损失的福利中 a 转移给生产者，c 转移给政府。值得注意的是，大国再分配效应的最后结果并不一定是福利净损失，它也存在由于本国的生产资源从效率较高的部门转移到效率较低的部门而带来的福利损失 b，以及由于征税后消费者减少消费所带来的福利损失 d，但同时还获得了出口国承担的税负 e，所以其净福利效果为 $e-(b+d)$。

由以上分析可知，进口大国征收关税有可能带来收益。只有在适当的关税税率条件下，进口国才有可能使净收益达到最大，这个能够使征税国的经济收益达到最大的适当税率就叫做"最优关税税率"。最优关税税率选择的原则是，从这一税率上的任何变动所引起的额外收益与额外损失正好相等。

4.2 非关税措施

4.2.1 非关税措施概述

1. 非关税措施的含义

非关税措施是指除了关税以外的一切管理和规范进出口的措施，也被称为非关税壁垒（non-tariff barriers，NTBs）。随着越来越多的国家和地区加入世界贸易组织，世界各国的关税水平大幅度下降，关税的保护作用越来越弱，这使得各种非关税措施越来越成为各国进行贸易保护的主要手段。

2. 非关税措施的特点

（1）名目繁多，既有直接的限制措施（进口配额制、进口许可证制、"自愿"出口配额制等对进口时间和数额直接限制），又有间接的限制措施（进口押金制、最低限价制、技术标准等通过各种规则和条例进行限制）。

（2）比关税具有更大的灵活性，因而更有针对性。税则的调整一般须交法律程序，而非关税措施通常采用行政程序。后者的制定和实施更简单快捷，可以根据需要做必要的调整与变动，因而针对性较强。

（3）比关税作用更直接有效。如一旦超过配额则禁止进口，或征收极高的关税，措施更严厉有效。

（4）更具隐蔽性和歧视性。关税措施往往以法律的形式公开，通常明确具体。而非关税措施以行政命令或法令条例的名义出现，可以在具体执行过程中加以针对性的限制。人们往往难以辨识和有力反对这种措施，因而具有较强的隐蔽性，并因此具有更强的歧视性。

4.2.2 有关进口贸易的非关税措施

1. 直接的非关税措施

在非关税限制贸易的政策工具中，"数量限制"的保护效果最大且直接。数量限制是将某些特定的商品和劳务，在一定时期内严格限制在一定的价格和数量之内，超量禁止进口或征收高额关税。

（1）进口配额制（import quota）。进口配额制是指一国政府对一定时期某些商品的进口数量或金额规定的直接限额。在限额以内的该商品可以进口；超过限额则不允许进口，或者对其征收高额关税或处以罚款后才允许进口。进口配额按其实施方式不同，可分为两大类：

1）绝对配额（absolute quotas）。绝对配额是指对商品的进口规定一个最高限额，超过限额则不允许进口。绝对配额按配额分配方式的不同又可分为全球配额和国别配额。

其中，全球配额（global quotas or unallocated quotas）是指依申请的先后顺序发放一定的配额，直到总配额发完为止。不限制进口商品的来源地，在实施贸易限制过程中，仍然贯彻了非歧视原则。国别配额（country quotas）是指将总配额按国家或地区分给一定的额度。为了区分来自不同国家的商品，在进口时必须提交原产地证。国别配额进一步区分为两种分配方式：自主配额（autonomous quotas），即由进口国单方自主规定从某国进口某种商品的数量，不必征求出口国的同意；协议配额（agreement quotas）由进口国或出口国通过协议所确定的配额，往往是各国谈判、迫使对方让步的砝码。

2）关税配额（tariff quotas）。关税配额是指对限额内商品进口给予低税、减税或免税待遇，对超过限额的商品征收高关税、附加税或罚款。

（2）"自动"出口配额（voluntary export restraints，VERS）。"自动"出口配额又称"自动"出口限额，是指出口国或地区迫于进口国的压力，"自动"对某些商品向该进口国的输出，在一定时期内（3～5年）进行限制，超过限额的禁止出口。目的在于避免本国的这些商品出口过多而严重损害进口国生产者的利益，招致进口国采取严厉措施限制从该国进口。"自动"出口限额一般又分两种：

1）协定自动出口配额，是指进出口双方之间签订有"自限协议"（self-restrain agreement）或称"有秩序销售协定"（orderly marketing agreement），对出口配额的管理实施出口许可证或出口配额签证制（export visa）。

2）非协定自动出口配额，是指进出口双方之间没有协定约束，而是由出口国单方面规定的出口配额。这种形式表面上是出口国的自愿行为，实际上是受到进口国的压力才做出的。

（3）进口许可证制（import licence system）。进口许可证是一种凭证进口的制度。为了限制商品进口，国家规定某些商品进口必须领取许可证。进口许可证也是一种进口数量限制，是运用行政管理措施直接干预贸易行为的手段。

根据进口许可证是否有配额，可以将进口许可证分为：

1）有定额的进口许可证，是指与配额相结合的许可证，当局预先规定有关商品的进口配额，然后在配额的限度内，根据进口商的申请逐笔发放具有一定数量或金额的许可证，配额用完即停止发放。

2）无定额的进口许可证，主要根据临时的政治或经济的需要发放，没有公开的配额数量依据。由于没有公开标准，在执行上具有很大的灵活性，起到的限制作用更大。

根据进口商品的性质，可以将进口许可证分为：

1）自动进口许可证，又称公开一般许可证（open general license，OGL）。这种许可证的申领没有限制，一般只要填写即可得，主要用于统计目的。但是申领仍增加了进口的成本，从而在事实上构成了进口限制。

2）特种许可证（specific license），这种许可证的申领必须经过特定的程序，并且通常与进口数量限制有关。

2. 间接的非关税措施

20世纪70年代以来，非关税措施发展非常迅速，除传统的直接限制进口数量的措施以外，形形色色的间接限制进口措施被广泛运用，并且不断创新，主要有以下十种。

（1）外汇管制（foreign exchange control）。外汇管制是指一国政府通过法令对国际结算和外汇买卖进行管制，以实现国际收支平衡和本国货币稳定的一种制度。负责外汇管理的机构一般都是政府授权的中央银行（如英国的英格兰银行），但也有些国家另设机构，如法国设立外汇管理局担负此任。

（2）对外贸易的国家垄断。对外贸易的国家垄断是指国家指定的机构和组织集中管理、经营某些商品的贸易。国家通常对以下商品实施垄断经营：

1）能取得巨大财政收入的商品，如烟、酒等；

2）关系国计民生的产品，如农产品；

3）关系国家安全的产品，如武器。

（3）歧视性的政府采购政策（discriminatory government procurement policy）。歧视性的政府采购政策是指国家通过法令，规定政府机构在进行政府采购时要优先采购本国商品，从而导致对外国商品的歧视，限制进口。世界上许多国家都或多或少实施了该种政策。

（4）最低限价和禁止进口。最低限价和禁止进口是指进口国家就某一商品进口规定一个最低价格，如果在进口时低于该价格，则不允许进口或征收附加税。进口国有时将最低限价定得很高，进口商品若以最低限价进口则无利可图。当数量限制和最低限价仍不能奏效时，一些国家往往颁布法令禁止某些商品进口。

（5）反倾销和反补贴措施（anti-dumping and counter vailing）。为了避免外国商品倾销和受补贴的商品进口对本国市场和生产造成重大伤害，进口国可以对实施倾销和补贴的进口商品征收反倾销税和反补贴税等附加税，实行正当的保护措施。但是20世纪70年代以来，反倾销和反补贴措施被西方发达国家滥用，成为了一种变相的保护措施。

（6）海关估价制度（customs valuation）。海关估价制度是指在征收从价税和关税税率一定的条件下，海关通过提高海关估价来增加进口商品的赋税，从而达到限制进口的目的。针对海关估价制度的滥用，世界贸易组织（《海关估价协议》正式名称为《关于实施关税与贸易总协定第七条的协议》）就海关估价的依据和估价时应考虑的因素作了原则上的规定，规定了6种依次采用的新估价法：进口商品的成交价；相同商品成交价；类似商品成交价；倒扣法；计算价格法；其他合理办法。我国海关自2002年1月1日起施行《中华人民共和国海关审定进出口货物完税价格办法》。

（7）进口押金制和进口存款制（advanced deposit）。进口押金制和进口存款制是指规定进口商在进口商品之前，必须在规定的时间内在指定的银行预先按进口金额的一定比例存入现金，方能获准报关进口。其作用是政府可以从进口商处获得一笔无息贷款，进口商却因周转金减少并损失利息收入而成本增大，从而起到了限制进口的作用。

（8）国内税收和商业限制。国内税收和商业限制即通过对进口货物和国内生产货物的差别税收，使进口商品的国内税收负担增加，包括消费税、增值税、临时附加税等。这是一种比关税更灵活、更易于伪装的贸易政策手段。

（9）技术性贸易壁垒（technical barriers to trade，TBT）。技术性贸易壁垒是指以维护国家安全，保护人类、动植物的生命及健康，阻止欺诈，保护环境，保护质量为目的，或以贸易保护为目的而采取的技术性措施。这些措施在主观或客观上成为自由贸易的障碍，主要包括广泛而严格的工业产品的技术标准（technical standard）、食品等的卫生检疫（health and sanitary regulation）及商品包装和标签（packing and labeling regulation）。

（10）环境标准。环境标准主要表现为近年来出现在国际贸易中的绿色壁垒措施。20 世纪 70 年代以来，一些发达国家通过国内立法实施种种环保贸易壁垒措施，如征收进口附加税，颁布保护特定物种的法律规章，为进口产品确定硬性环保指标，对达不到该标准者、限制或禁止进口，实行绿色标志、再生标志认证的市场准入制度。

4.2.3 有关出口贸易的非关税措施

1. 鼓励出口的政策措施

鼓励出口政策也是贸易保护主义的一种，只是形式上较进口限制更隐蔽。

（1）出口补贴（export subsidies）。出口补贴是指一国政府为了增强出口商品在国际市场上的竞争力，给予该种商品的出口商现金补贴或财政资助和优惠。出口补贴分为直接补贴（direct subsidies）和间接补贴（indirect subsidies）。直接补贴是直接付给出口商品的现金补贴，即按出口价格与国内价格之间的差价进行补贴。间接补贴是指政府对某些商品的出口给予财政上的优惠。

（2）出口退税（tax drawback）。出口退税是指政府对本国产品征收的货物税或加工出口前所缴纳的原料进口税，在制成品出口时予以退还，是间接补贴的一种方式。出口退税有两个主要目的：一是增强出口产品的国际竞争能力；二是降低外销成本，鼓励出口，以带动国内工业的发展。

（3）出口信贷和出口信贷国家担保制。出口信贷是指出口国银行向本国出口商、国外进口商或国外银行提供的贷款，目的在于鼓励本国商品的出口，增强商品的竞争力。出口信贷按货款期限长短可分为短期信贷（180 天到 1 年）、中期信贷（1～5 年）和长期信贷（5～10 年或更长）。按出口信贷借贷方的不同可分为卖方信贷和买方信贷。卖方信贷（supplier's credit）是指出口方银行向出口商提供的贷款。买方信贷（buyer's credit）是指出口方银行向外国进口商或进口方银行提供的贷款。

出口信贷国家担保制是指由国家设立专门机构对出口商或出口方银行所提供的信贷给予的一种担保，保证在借贷方无力或拒绝偿还时，给予一定的补偿。担保的风险和损失有：政治风险，包括政治暴乱、战争、禁运、冻结资金或限制外汇支付等政治原因造成的损失；经济风险，包括破产、货币贬值等经济原因造成的损失。担保的金额政治风险为合同金额的85%～95%，经济风险为 70%、80%或 100%。

（4）商品倾销和外汇倾销（exchange dumping）。商品倾销是指以远低于国际价格、国内批发价格甚至以低于生产成本的价格向国外抛售商品，从而打击竞争者占领市场的一种手段。

外汇倾销指政府利用本国货币对外贬值的机会争夺国外市场的一种手段。实施外汇倾销的条件为：第一，货币贬值幅度要大于国内物价上升幅度；第二，外汇倾销不引起其他国家同时实行同等程度的货币贬值或采取其他报复手段。

（5）经济特区（special economic zone）。经济特区是指一个国家或地区在其境内划出一定的区域，在这个区域内建立一些必要的基础设施，实行各种特殊的优惠政策，吸引国内外企业进行投资，发展出口加工贸易、转口贸易，促进本国经济和对外贸易的发展。经济特区的主要形式有自由港或自由贸易区、出口加工区、保税区等。

1）自由港或自由贸易区（free port/free trade zone）。自由港或自由贸易区是经济特区最常见的形式。自由港又称自由口岸，一般设置在港口城市或地区。其特征是：对商品的输出输入不征收关税或仅对少数商品征税（如烟、酒等），不必办理有关手续；一般准予在港口内自由进行改装、加工、装卸、展览、贸易等业务活动。自由港的设立主要是为了发展过境贸易，吸引外国船只或货物过境，从中获取运费、堆栈费、加工费等收入。

自由贸易区又称免税贸易区，是划在关境以外，准许外国商品自由免税进出的地区。自由贸易区一般依靠河、山等天然屏障把其与其他受海关管辖的部分隔离开来，允许在区内进行贸易、加工及劳务等。

2）保税区（bonded zone）。保税区是由国家海关所设置的或经海关批准设置的特定地区和仓库。保税区的功能基本类似于自由贸易区，各国一般都规定除某些特殊商品外，一般商品可以自由进出保税区。进入保税区的外国商品可以暂不缴纳进口税，如再出口，也不必缴纳出口税。进入保税区内的商品可以进行储存、改装、分类、展览、加工和制造等。保税仓库的设立有利于货主选择有利的交易时机，以及贸易业务的开展和促进转口贸易。

3）出口加工区（export processing zone）。出口加工区是自由贸易区转口贸易功能弱化，出口加工功能强化的产物。出口加工区一般设置在港口或邻近港口、国际机场的地方，提供基础设施以及免税与优惠待遇，主要目的是引进国外资金、技术和经营管理办法，利用本国的劳动力资源与国际市场，发展出口加工工业，扩大设区国的出口贸易，增加劳动就业和外汇收入，促进本国经济的发展。

（6）其他鼓励和促进出口的措施。成立专门的促进进出口组织和机构，研究和制定出口战略扩大出口；建立商业情报网，及时向出口商提供商业信息和资料；组织贸易中心和贸易展览会，推销本国产品；组织贸易代表团互访，帮助出口商建立商品进入国际市场的渠道；提高外汇留成比例等。

2. 限制出口的措施——出口管制

世界经济发展的一般趋势和各国对贸易实行干预政策的基本特点是鼓励出口和限制进口，并且越来越偏重于鼓励出口。但是，许多国家为了一定的政治、军事和经济目的往往对某些特定商品的出口实行管制。出口管制往往是一国实行贸易歧视的重要手段。

各出口国家实行出口管制的目的主要有：

（1）政治目的。出口国为了干涉和控制进口国的政治、经济局势，在外交活动中保持主动，限制或禁止某些战略性物资或可用于军事的高技术产品的出口，或通过管制手段对进口国施加经济制裁，迫使其在政治上妥协就范。

（2）经济目的。为了保护稀缺资源或不可再生资源，维护国内市场的正常供应，促进国内有关产业部门或加工工业的发展，保持国际收支平衡，稳定国际市场的价格，避免本国贸易条件恶化等。

出口管制的管制形式主要分为：

（1）单方面出口管制。一国根据本国的需要和外交关系的考虑，制定本国的出口管制方案，设定专门的执行机构，实行出口管制。

（2）多边出口管制。几个国家政府出于共同的政治和经济目的，通过一定的方式建立国际性的多边出口管制机构，编制经济出口管制清单，规定管制方法等，以协调彼此的管制政策和措施。

本章小结

（1）本章介绍分析了包括关税措施和非关税措施在内的各种国际贸易措施。对进口商品征收关税，是贸易保护的主要手段之一。无论大国小国，无论本国有无能力影响国际市场价格，征收关税的结果都会导致产品国内价格上升，生产增加，进口减少，消费缩减，但影响的程度则会由于本国在国际市场上的地位不同而不同。

（2）关税可以达到保护国内进口竞争工业的目的，并给政府带来可观的关税收入，但代价是消费者利益和社会效率的损失，小国征收关税造成社会经济净损失，而大国征税有可能提高国民收益。理论上存在能使大国的经济收益达到最大的适当税率，称之为"最优关税税率"。

（3）"有效保护率"的概念考虑了某一行业的生产结构及对其制成品和中间投入产品的保护程度等多个因素，更为合理地反映一个行业的实际保护程度。

（4）小国征收关税对整个经济的影响可以概括为：增加进口品的生产，减少出口品的生产；减少进出品的消费；减少贸易量；降低社会的福利水平。

（5）大国征收关税对经济的影响可以概括为：增加进口品的生产，减少出口品的生产；进口产品的相对价格下降，贸易条件改善；社会的福利水平下降，但也有可能上升。

（6）非关税措施与关税措施相比具有更大的灵活性、针对性、隐蔽性和歧视性，更能达到限制进口和鼓励出口等目的。

章后习题与思考

1．实行进口配额与征收关税对限制进口有哪些不同？

2．非关税措施主要有哪几种？与关税措施相比具有哪些特点？

3．设中国是汽车进口的小国，对汽车的需求和供给分别为

$$D_c = 2000 - 0.02P$$
$$S_c = 1200 + 0.03P$$

并设国际市场上汽车的价格为 10 000 美元，请用数字和图形说明下列问题：

（1）自由贸易下，说明中国汽车的产量及进出口量，自由贸易对国内消费及厂商的福利影响。

（2）中国对汽车征收每辆 3000 美元的进口税，说明国内汽车的产量及贸易量；与自由贸易相比，说明消费者和厂商的福利变化。

（3）中国为汽车进口设定 150 单位的配额限制，说明国内汽车的价格、产量及贸易量；与自由贸易相比，说明消费者、政府、厂商的福利变动。

（4）中国给国内汽车制造商每辆 3000 美元的生产补贴，说明这时国内汽车的产量、贸易量；与自由贸易相比，说明消费者、政府、厂商的福利变动。

（5）上述三种政策都是保护国内汽车制造业，你认为政府应该实行哪一种政策？在实践中会有什么问题？

（6）如果国际汽车市场价格降为 8000 美元，分析关税（仍为 3000 美元）和配额（仍为 150 单位）对国内价格、进口量、消费者、政府、厂商的福利影响。

4．假设表 4-1 是中国 20 英寸（1 英寸=0.0254 米）电视的供给与需求状况。世界市场价格是 500 美元。

表 4-1　　　　　　　　　　　中国 20 英寸电视的供给与需求状况

项　目	数　量					
价格（美元）	100	200	300	400	500	600
需求（台）	140	130	120	110	100	90
供给（台）	80	90	100	110	120	130

如果政府决定促进本国电视机产业的生产并征求你的意见，以下两种政策你会推荐哪一种（请说明理由）（假定中国是电视机出口小国）？

（1）对每一台出口的电视机给予 100 美元的退税；

（2）企业每生产一台电视机给予 100 美元的补贴；

（3）对该产业承诺 600 美元的保护价。

5 区域经济一体化与国际贸易

主要教学内容

通过本章学习，掌握区域经济一体化的主要形式及产生的经济效应，熟悉三大区域经济一体化组织的发展进程，了解区域经济一体化对多边贸易体制的影响，为实际的外贸工作奠定一定的理论基础。

教学目标及要求

能够理解区域经济一体化的含义及其与全球化的关系，能够区分区域经济一体化的不同形式。

章前导读

随着世界经济一体化和生产国际化的发展，准确认定进出口货物的"国籍"变得更为重要。因为确定了出口货物的"国籍"，就确定了其进口国的贸易政策所使用的关税和非关税的待遇。原产地的不同决定了进口商品所享受的待遇不同。原产地认定标准包括完全获得标准和实质性改变标准。在认定货物的原产地时，会出现以下两种情况：一种是货物完全是在一个国家（地区）获得或生产制造，另一种是货物由两个或两个以上国家（地区）生产或制造。目前，世界各国（地区）原产地规则，无论是优惠原产地规则还是非优惠原产地规则，都包含这两种货物的原产地认定标准。

为加强我国优惠原产地的统一管理，海关总署于 2009 年 1 月发布了《中华人民共和国进出口货物优惠原产地管理规定》（以下称《优惠原产地管理规定》）。《优惠原产地管理规定》与各项自由贸易协定和优惠贸易安排的原产地管理方法，初步构成了我国优惠原产地管理的基本框架。表 5-1 为我国目前实施的各个优惠贸易协定"实质性改变"标准的基本判定标准比较表。

表 5-1   我国目前实施的各个优惠贸易协定"实质性改变"标准的基本判定标准比较表

相关协定	"实质性改变"标准的基本判定标准比较表
《亚太贸易协定》	不小于 45%区域价值成分
《中国-东盟自由贸易协定》	不小于 40%区域价值成分
香港/澳门 CEPA	以清单列出具体标准（包括加工或制造工序，4 位税号归类改变标准，超过 30%加工增值标准、其他标准或混合标准）
《中国-新加坡自由贸易协定》	不小于 40%区域价值成分
《中国-巴基斯坦自由贸易协定》	不小于 40%区域价值成分
《中国-智利自由贸易协定》	不小于 40%区域价值成分

续表

相关协定	"实质性改变"标准的基本判定标准比较表
《中国-新西兰自由贸易协定》	以清单列出具体标准（包括税则归类改变标准及区域价值成分标准、加工工序标准）
《中国-秘鲁自由贸易协定》	以清单列出具体标准（包括税则归类改变标准及区域价值成分标准、加工工序标准）
对最不发达国家特别关税优惠措施	4位数级税则归类改变或者不小于40%区域价值成分
台湾ECFA	以清单列出具体标准（包括税则归类改变标准及区域价值成分标准、加工工序标准）
《中国-哥斯达黎加自由贸易协定》	以清单列出具体标准（包括税则归类改变标准及区域价值成分标准、加工工序标准）

5.1　区域经济一体化概述

5.1.1　区域经济一体化的内涵

区域经济一体化指地理上相邻或相近的若干个国家或地区为了实现一些共同的经济贸易利益和非经济利益，通过签订多边经济贸易条约的方式，共同制定和执行统一的经济贸易政策，消除商品、要素、金融等市场的人为分割和限制，进而实现市场的开放化和统一化以及贸易和投资的自由化，这种将各国或各地区的经济融合起来形成一个区域性经济联合体的过程即为区域经济一体化。

区域经济一体化需要各成员国让渡部分的国家主权，由一体化组织共同行使以实行经济的国际干预和调节。区域经济一体化组织的各成员国相互制定的经济政策和措施的内容，可以分为内部经济政策和外部经济政策两个方面。前者为成员国之间实行的统一的经济贸易政策，后者为对非成员国的统一的经济贸易政策。参与一体化的国家往往先在成员国之间逐步实施统一的内部经济政策，取消贸易和其他经济活动的阻碍，然后实现外部经济政策的统一。

5.1.2　区域经济一体化的形式

区域经济一体化的形式主要有优惠贸易安排、自由贸易区、关税同盟、共同市场、经济同盟、完全的经济一体化等。依照成员国内部贸易壁垒取消的程度和合作的深入程度，上述各种形式表现出了一些不同的特点。

（1）优惠贸易安排（preferential trade arrangement）。这是最低级的经济联系，最松散的区域经济一体化形式。它是指地理上相邻或相近的几个国家通过多边条约方式相互给予特别优惠的关税待遇和通商条件，使本地区成员国之间的进出口贸易更加自由化一些，其他的经济贸易政策仍然保持各自的独立性。

（2）自由贸易区（free trade area，FTA）。这种国家集团的成员国通过签订多边自由贸易条约，各个成员国相互之间废除关税和非关税贸易壁垒，使本地区成员国之间的商品贸易实现完全的自由化。但是，成员国对各自的非成员国经济贸易政策仍然保持各自的独立性。

（3）关税同盟（customs union）。这种国家集团的成员国不仅取消了相互之间的关税和非关税贸易壁垒，而且统一了对非成员国的关税和非关税贸易政策。虽然成员国之间的商品贸易实现了完全自由化，但是，生产要素的跨国自由流动仍然受到各国的限制。

（4）共同市场（common market）。这种国家集团的成员国之间相互实现完全的自由贸易，统一了对非成员国的关税及非关税贸易政策，更加突出的特征是允许成员国之间的生产要素跨国自由流动，即产品市场和要素市场实现完全的统一。

（5）经济联盟（economic union）。这种国家集团的成员国之间产品贸易和要素贸易实现完全自由化，建立了统一的大市场，统一了对外的经济贸易政策，而且各成员国之间开始制定和执行共同的国内经济政策（财政税收政策、货币政策、外资政策等）和社会政策（劳动就业政策、社会福利政策和社会保障政策等），区域性国家经济集团开始向一个庞大的经济实体转化。

（6）完全的经济一体化（perfect economic integration）。这是经济一体化程度最高级的国家集团，各个成员国的内外经济政策和社会政策将实现完全统一，地区性国家集团实质上变成了一个国家性经济实体，原来各成员国的中央政府在经济功能上可能变成地方政府一类的机构，国家集团成为一个"大国家"。

5.1.3 当代区域经济一体化的发展

（1）区域经济一体化发展加速。第二次世界大战以后，区域经济一体化的发展一直是世界经济的一个重要特征。然而，近十几年来，区域经济一体化的发展出现了明显的加速趋势，各种类型的区域经济一体化协议和组织的数量增长迅速，呈席卷全球之势。

（2）区域经济一体化组织交叉重叠。传统的经济一体化组织边界清晰，成员关系单一。然而，随着区域经济一体化的蓬勃发展，区域一体化的组织结构和形态日益复杂化。一些较大区域经济组织内部出现了若干较小范围的次级区域经济圈，有的国家既参加某一大区域组织，又成为其中某一个或某几个次级区域组织的成员，形成一种"大圈套小圈，小圈扣小圈，圈圈连环套"的格局。

（3）南北型区域经济一体化组织发展引人注目。世界上第一个最典型的南北型区域经济一体化组织——北美自由贸易区，于1994年1月在美洲正式启动。这种南北型合作模式通过发达国家与发展中国家的区域内垂直分工，同样实现了规模经济，其成员在经济、贸易方面存在的互补性，不仅有利于解决发达国家资金相对过剩和市场狭窄的问题，而且有利于解决发展中国家就业和经济增长的问题。

（4）全球跨地区、跨洲的双边自由贸易成为新的亮点。以往的区域和次区域经济一体化组织在地理位置上基本是连成一片的或者是近邻的。经济体的相邻曾经被认为是构成贸易集团的"天生"条件。然而，20世纪90年代以来，区域经济合作的构成基础发生了较大变化，打破了狭义的地域相邻概念，出现了跨洲、跨洋等跨地区的区域经济合作组织，使得区域经济一体化中的"区域"变得有名无实。

（5）区域经济一体化继续向纵深发展。传统的自由贸易区绝大多数仅涉及货物贸易，如今自由贸易区尤其是双边自由贸易区已经大大超越了传统 FTA 所涵盖的内容，区域经济一体化呈现出向纵深化发展的态势。随着经济一体化程度的加深，自由贸易区的内容不再仅限于传统的货物贸易自由化，而且还包括服务贸易自由化、农产品贸易自由化、投资自由化、贸易争端解决机制、统一的竞争政策、知识产权保护标准、共同的环境标准、劳工标准，甚至还要求具备共同的民主理念等，区域贸易自由化的程度已经大大超越了世界贸易组织的管辖范围。

5.2 区域经济一体化的基本理论

5.2.1 关税同盟理论

对关税同盟理论研究最有影响的是经济学家范纳（Jacok Viner）和李普西（R. G. Lipsey）。按照范纳的关税同盟理论，完全形态的关税同盟应具备以下三个特征：第一，完全取消各成员国间的关税；第二，对来自成员国以外的国家和地区的进口设置统一的关税；第三，通过协商方式在成员国之间分配关税收入。这种自由贸易和保护贸易相结合的结构，使得关税同盟对整个世界经济福利的影响呈现双重性，即贸易创造和贸易转移并存。关税同盟理论主要研究关税形成后关税体制的变更，即对内取消关税、对外设置共同关税对国际贸易的静态和动态经济效应。

1. 关税同盟的静态经济效应

关税同盟的特点是不仅在同盟内成员之间相互取消关税，而且各成员国实行对非成员国的统一关税。这种区域经济一体化的形式具有以下的静态经济效应：

（1）贸易创造效应。关税同盟的贸易创造效应是指缔结关税同盟后，因成员国之间相互减免关税而带来的同盟内部的贸易规模扩大与生产要素重新优化配置所形成的经济福利水平提高的效果。

设有 A、B、C 三国，三国生产同种产品 X。封闭经济下各国国内产品 X 的价格分别为 P_A、P_B、P_C，$P_A>P_C>P_B$，如图 5-1 所示，曲线 S 为 A 国国内厂商的供给曲线；曲线 D 为 A 国国民的需求曲线，不存在关税同盟且 A 国实施关税保护。设 A 国的单位商品进口关税为 t，且 t 恰好使 P_B 上升为 P_B^1，即单位商品关税 t 满足：$t=P_B^1-P_B$。由于 $P_A>P_C>P_B$，因此在 A 国征收的单位商品进口关税为 t 时，B 国的厂商仍然具有成本优势，从而 A 国与 B 国发生国际贸易，即 B 国厂商将以价格 P_B^1 向 A 国出口产品 X。P_B^1 即为 A 国国内产品 X 的价格。此时，A 国国内总需求为 Q_3。其中，A 国国内厂商的供给量为 Q_2。(Q_3-Q_2) 的部分则由 B 国厂商供给，即 (Q_3-Q_2)

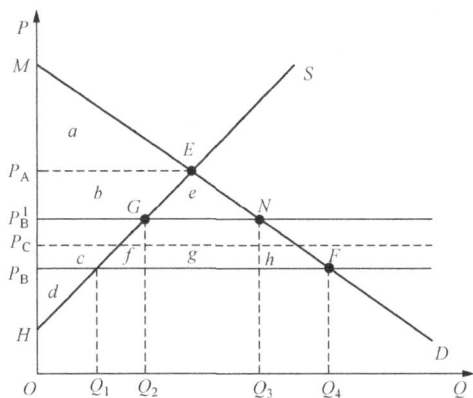

图 5-1 关税同盟的贸易创造效应

为 B 国对 A 国的出口量。则 A 国的总福利 $W_1=S_{\triangle P_B^1 NM} + S_{\triangle HP_B^1 G} + g$。其中，$S_{\triangle P_B^1 NM}$ 为 A 国的消费者剩余，$S_{\triangle HP_B^1 G}$ 为 A 国的生产者剩余，g 为 A 国政府的进口关税收入。

A、B 组建关税同盟后，A、B 间的贸易实际上回归自由贸易，则 A 国以价格 P_B 从 B 国进口产品 X，A 国国内的价格也为 P_B，即由 B 国的生产商以价格 P_B 供给整个关税同盟 X 产品。此时，A 国国内总需求为 Q_4。其中，A 国国内厂商的供给量为 Q_1。(Q_4-Q_1) 的部分则由 B 国厂商供给，即 (Q_4-Q_1) 为 B 国对 A 国的出口量。则 A 国总福利 $W_2=S_{\triangle PBFM} + d$。其中，$S_{\triangle PBFM}$ 为 A 国的消费者剩余，d 为 A 国的生产者剩余。由于 A、B 组建关税同盟，B 国的生产商供给 A 国 X 产品时无须缴纳关税，故 A 国政府损失了关税收入。

在组建关税同盟前后，A、B 两国的国际贸易量由（Q_3-Q_2）上升为（Q_4-Q_1）。（Q_4-Q_1）－（Q_3-Q_2）=$Q_1Q_2+Q_3Q_4$ 即体现了关税同盟的贸易创造效应。由于关税同盟的贸易创造效应，A 国的净福利也增加了。A 国净福利的增加量为 W_2-W_1=（$S_{\triangle PBFM}+d$）－（$S_{\triangle P_B^1 NM}+S_{\triangle HP_B^1 G}+g$）=（$f+h$）。

贸易创造效应通常被视为一种正效应。因为 A 国国内商品生产成本高于 A 国从 B 国进口的商品生产成本。关税同盟使 A 国放弃了一部分商品的国内生产，改为由 B 国来生产这部分商品。从世界范围来看，这种生产转换提高了资源配置效率。具体而言，关税同盟的贸易创造效果主要有以下内容：

1）降低生产成本，提高生产效率。由于取消关税，成员国由原来生产并消费本国高成本产品，转向购买其他成员国的低成本产品。从同盟整体看，生产从高成本的地方转向低成本的地方，同盟内部的资源得以重新优化配置，提高了要素的利用效率。

2）可能形成规模经济效应。建立同盟后，一方面，由于市场扩大，生产规模因而扩大，提高了生产专业化水平，并进一步降低生产成本；另一方面，由于市场扩大，从而可能提高市场的交易效率，降低单位交易费用。

（2）贸易转移效应（trade diversion effect）。贸易转移效应是指由于关税同盟对内取消关税，对外实行统一的保护关税，关税同盟国将原来从同盟外非成员国低成本的产品进口，转换为从同盟内成员国高成本生产的产品进口，从而发生了贸易转移。其效果包括：

1）由于关税同盟，阻止从外部低成本进口，而以高成本的供给来源代替低成本的供给来源，使消费者由原来购买外部的低价格产品转向购买成员国的较高价格产品，增加了开支，造成损失，减少福利。

2）从全世界的角度看，这种生产资源的重新配置导致了生产效率的降低和生产成本的提高。由于这种转移有利于低效率生产者，使资源不能有效地分配和利用，使整个世界的福利水平降低。如图 5-2 所示，假设有 A、B、C 三国，均生产和消费某种商品，在建立关税同盟前，A、B、C 三国无贸易，A 国自给自足，A、B 国成立关税同盟后，内部实行自由贸易，对外执行共同关税。在图 5-2 中，P 和 Q 分别表示该商品的价格和数量，D 和 S 分别表示 A 国对该商品的需求和供给曲线，E 表示该商品不进行国际贸易时的均衡点，P_A、P_B、P_C 分别表示封闭状态下 A、B、C 三国的该商品价格。假设 P_A 高于 P_B，P_B 高于 P_C，因此，在没有成立关税同盟时，A 国将从 C 国进口商品。设单位关税为 $P_C P_{1c}$，则进口商品价格为 P_{1c}。在进口竞争下，A 国企业生产的商品只能按 P_{1c} 出售。在这种价格下，其国内产量将为 OQ_2，需求量为 OQ_3，两者的差额 Q_2Q_3 表示 A 国从 C 国的进口量。在这种情况下，A 国的福利总量由消费者剩余 $MP_{1c}N$、生产者剩余 $P_{1c}GH$ 和关税收入（$a+b$）三部分组成。

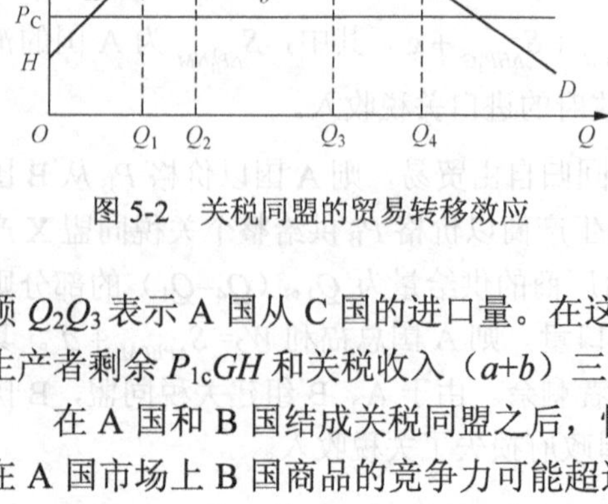

图 5-2 关税同盟的贸易转移效应

在 A 国和 B 国结成关税同盟之后，情况发生很大变化。由于 A 国取消对 B 国的关税，在 A 国市场上 B 国商品的竞争力可能超过 C 国，如果出现这种情况，A 国会将进口由 C 国转向 B 国。在 P_B 这种价格下，A 国产量为 OQ_1，需求量为 OQ_4，进口量为 Q_1Q_4。在 Q_1Q_4 的进口中，原有的 Q_2Q_3 是贸易转移，新增的 $Q_1Q_2+Q_3Q_4$ 是贸易创造。在这种情况下，A 国的福利总量由消费者剩余 MFP_B、生产者剩余 P_BKH 两部分组成。贸易创造可以使净福利增加（$d+e$）部分，而贸易转移会使福利水平下降，由于进口由 C 国转向 B 国，A 国丧失了（$a+b$）这一部分关税收入。其中，a 部分转化为该国的消费者剩余，还不属于福利的净损失。但是，b 部分关税收入是一种福利净损失，因为 B 国的成本高于 C 国，关税同盟助长了这种缺乏效率的资源转移。

（3）社会福利效应（social welfare effect）。社会福利效应是指关税同盟的建立对一国的社会福利带来的影响。如图 5-2 所示，进口国 A 国消费剩余增加（$a+e+c+d$），生产者剩余减少 c。另外，原来从 C 国进口的关税收入（$a+b$）现在因为改从同盟国进口而丧失。综合来看，关税同盟对 A 国净福利效应=（$a+e+c+d$）$-c-$（$a+b$）=（$e+d$）$-b$。

（$e+d$）为贸易创造的福利效应。其中 d 表示因同盟内成本低（B 国）的生产替代了成本高（A 国）的生产而导致的资源配置效率的改善，e 表示同盟内废除关税后进口价格下降，国内消费扩大而导致的消费者福利的净增加；b 则表示贸易转移的福利效应。因贸易转移意味着同盟内成本高的生产替代了原来来自同盟外成本低的生产，故 b 表示这种替代所导致的资源配置扭曲，即贸易转移减少了 A 国的福利。这样，关税同盟对 A 国福利的净影响可表示成贸易创造的福利效应减去贸易转移的福利效应。加入关税同盟对 A 国是否有利，取决于贸易创造的福利效应能否抵消贸易转移的福利效应。

2. 关税同盟产生的动态经济效应

关税同盟的建立，对同盟成员国的经济必将产生较大的影响。关税同盟的动态经济效应，主要是指关税同盟对同盟成员国经济各方面影响，主要表现在以下几个方面：

（1）优化专业化分工和生产配置。关税同盟的建立使成员国间的市场竞争加剧，专业化分工向广度和深度拓展，使生产要素和资源配置更加优化。

（2）获取规模经济利益。关税同盟成立后，成员国国内市场向统一的大市场转换，自由市场扩大，从而使成员国在适当生产规模条件下，获取专业与规模经济利益。

（3）刺激投资。关税同盟的建立，市场的扩大，投资环境的大大改善，会吸引成员国厂商扩大投资，也能吸引非成员国的资本向同盟成员国转移。对同盟成员国而言，为提高商品竞争能力、改进产品品质、降低生产成本则需增加投资。对非成员国而言，为了获得关税消除的益处、突破同盟成员国的歧视性贸易措施，会以扩大投资方式提高自己厂商的竞争能力。

（4）促进技术进步。关税同盟建立后，由于市场扩大、竞争加强、投资增加、生产规模扩大等因素，均会使厂商增加研究与开发投资，导致技术不断革新。

（5）提高要素的流动性。关税同盟成立后，市场趋于统一，生产要素可在成员国间自由移动，提高了要素的流动性，促进要素的合理配置。

（6）加速经济发展。关税同盟建立后，由于生产要素可在成员国间自由移动，市场趋于统一并且竞争加剧，投资规模扩大，促进了研究与开发的扩大，技术进步提高，加速了各成员国经济的发展。

5.2.2 大市场理论

共同市场与关税同盟相比较，其一体化程度较之关税同盟又进了一步。共同市场的目标是消除保护主义的障碍，将被保护主义分割的每一个国家的国内市场统一成为一个大市场，通过大市场内的激烈竞争，实现专业化、批量化生产等方面的利益。共同市场的理论基础是动态的大市场理论。其代表人物是西托夫斯基（T. Scitovsky）和德纽（J. F. Deniau）。

大市场理论的提出者认为，以前各国之间推行狭隘的只顾本国利益的贸易保护政策，将市场分割得狭小而又缺乏适度的弹性，这样只能为本国生产厂商提供狭窄的市场，无法实现规模经济和大批量生产的利益。大市场理论的核心是：通过国内市场向统一的大市场延伸，通过市场扩大，创造激烈的竞争环境，进而达到实现规模经济和技术利益的目的。

5.2.3 协议性国际分工理论

日本学者小岛清在分析了经济共同体内部分工的理论基础以后，提出国际分工新的理论依据。他认为，以前的国际经济学所分析的只是在成本递增情况下，通过竞争达成国际分工和平衡，而对成本递减或成本不变的情况却没有论及。然而，这种成本递减的情况是一种普遍现象。这是因为经济一体化的目的就是要通过大市场化来实现规模经济，这实际上就是成本长期递减的问题。实行协议性分工的条件是：

（1）必须是两个（或多数）国家的资本、劳动禀赋比率没有太大差异，工业化水平和经济发展阶段大致相等，协议性分工的对象商品在哪个国家都能进行生产。

（2）作为协议性分工对象的商品，必须是能够获得规模经济的商品。因此产生出以下的差别，即规模经济的获得，在重化工业中最大，在轻工业中较小，而在第一产业几乎难以得利。

（3）无论对哪个国家，生产协议性分工的商品的利益都应该没有很大差别，即自己实行专业化的产业和让给对方的产业之间没有优劣之分，否则不容易达成协议。

5.3 主要区域经济一体化组织

据统计，目前全球主要有 33 个区域一体化组织，共有 150 多个国家或地区参加，其中影响最大的一体化组织有欧盟、北美自由贸易区和亚太经济合作组织。

5.3.1 欧盟

欧盟即欧洲联盟（European Union，EU），是目前世界上一体化进程程度最高的经济一体化组织。其前身是欧洲共同体（European Economic Community，EEC）。欧洲共同体是欧洲煤钢共同体、欧洲经济共同体和欧洲原子能共同体的统称。1951 年 4 月，法国、德国、意大利、荷兰、比利时、卢森堡六国签署了欧洲煤钢共同体条约。欧洲煤钢共同体在建立和正常运转后，1957 年 3 月 25 日，西欧六国政府在意大利罗马签订了《建立欧洲原子能共同体条约》和《欧洲经济共同体条约》，这两个条约统称为《罗马条约》。《罗马条约》于 1958 年 1 月 1 日生效，欧洲原子能共同体和欧洲经济共同体正式成立。1965 年 4 月，六国签订了《布鲁塞尔条约》，决定将上述三个机构合为一体，统称"欧洲共同体"，条约于 1967 年 7 月 1 日生效。欧洲共同体自成立以来成员不断扩大：英国、丹麦和爱尔兰于 1973 年 1 月 1 日加入；希腊于 1981 年 1 月 1 日加入；西班牙和葡萄牙于 1986 年 1 月 1 日加入；1994 年 1 月 1 日《马斯特里赫特条约》正式生效后，欧洲共同体改称欧盟。1995 年 1 月 1 日，奥地利、瑞典、芬兰正式加入欧盟。根据 2002 年 12 月欧盟成员国和候选国领导人在哥本哈根首脑会议上的决议，2004 年 5 月 1 日，塞浦路斯、捷克、爱沙尼亚、拉脱维亚、立陶宛、马耳他、匈牙利、波兰、斯洛文尼亚和斯洛伐克 10 国为欧盟正式成员国。这使欧盟在原来的 15 国的基础之上扩大到了 25 国。欧盟东扩后，实行统一的对外贸易政策，包括关税、设限和技术标准等，同样适用于中东欧的新成员国。截至 2013 年，欧盟有 28 个成员国，总面积为 4 324 782 平方千米，人口为 5 亿，GDP 为 17.36 万亿美元。欧盟的宗旨是，"通过建立无内部边界的空间，加强经济、社会的协调发展和建立最终实行统一货币的经济货币联盟，促进成员国经济和社会的均衡发展，通过实行共同外交和安全政策，在国际舞台上弘扬联盟的个性"。

5.3.2　北美自由贸易区

美国、加拿大和墨西哥三国于 1992 年 8 月 12 日就《北美自由贸易协定》达成一致意见，并于同年 12 月 17 日由三国领导人分别在各自国家正式签署。1994 年 1 月 1 日，协定正式生效，北美自由贸易区宣布成立。北美自由贸易协定第一条明确规定，墨西哥、加拿大、美国根据关税和贸易总协定的基本原则，正式建立一个自由贸易区。其成立宗旨是取消贸易障碍，创造公平竞争的条件，增加投资机会，对知识产权提供适当的保护，建立执行协定和解决争端的有效程序，以及促进三边的、地区的及多边的合作。三个会员国彼此必须遵守协定规定的原则和规则，如国民待遇、最惠国待遇及程序上的透明化等来实现其宗旨，以消除贸易障碍。在权利方面，自由贸易区内的国家，货物可以互相流通并减免关税，但对贸易区以外的国家，则仍然维持原关税及障碍。北美自由贸易区的诞生是世界第一个由最富有的发达国家和发展中国家组成的区域经济贸易集团。这将促进美国与拉美国家的双边或多边贸易协定的谈判，为实现美国"所有拉美国家贸易自由化"，建立"美洲自由贸易区"的倡议计划，迈出了重要的一步。

5.3.3　亚太经济合作组织

亚洲经济合作组织简称亚太经合组织（asia pacific economic cooperation，APEC），是亚太区内各地区之间促进经济成长、合作、贸易、投资的论坛，始设于 1989 年，现有 21 个成员经济体❶。APEC 是经济合作的论坛平台，其运作是通过非约束性的承诺与成员的自愿，强调开放对话及平等尊重各成员意见，不同于其他经由条约确立的政府间组织。APEC 宗旨是为本地区人民的共同利益而保持经济增长与发展，促进成员间经济的相互依存，加强开放的多边贸易体制，减少区域贸易和投资壁垒。

自 1989 年 APEC 在澳大利亚首都堪培拉正式成立以来，APEC 经历了三个不同的发展阶段。

1. 初期发展阶段（1989—1992 年）

这一阶段 APEC 建立了它作为一个区域性经济组织的基本构架。第一、二届双部长会议上，各方就致力于地区自由贸易与投资和技术合作达成了某些共识，确定设立 10 个专题工作组开展具体合作。1991 年召开的汉城会议通过了《汉城宣言》，它作为 APEC 的基本章程，首次对该论坛的宗旨、原则、活动范围、加入标准等做了规定。1992 年的曼谷会议决定在新加坡设立 APEC 秘书处，由各成员国认缴会费，使 APEC 在组织结构上进一步完善。

2. 快速发展阶段（1993—1997 年）

自 1993 年 APEC 从部长级会议升格到经济体领导人非正式会议，发展进程加快。1993—1997 年，每年都有新的进展，解决了区域合作所面临的不同问题，是 APEC 进程的"五步曲"。例如，1993 年——解决"APEC 不应该做什么"；1994 年——解决"APEC 应该做什

---

❶　21 个成员经济体分别是澳大利亚、文莱、加拿大、智力、中国、中国香港、中国台湾、印尼、日本、韩国、马来西亚、墨西哥、新西兰、巴布亚新几内亚、秘鲁、菲律宾、俄罗斯、新加坡、泰国、美国、越南。

么"；1995 年——解决"APEC 应该怎么做"；1996 年——制定具体的合作蓝图；1997 年——实现与加速。

3. 调整阶段（1998 年至今）

亚洲金融危机直接影响到 APEC 进程，1998 年和 1999 年，APEC 进入一个巩固、徘徊和再摸索的调整阶段。2000 年非正式领导人会议重申了应坚持《茂物宣言》确定的贸易投资自由化目标，并加强人力、基础设施和市场等方面的能力建设活动。近 20 年间，APEC 从仅是一个拥有 12 个成员的咨询性质的地区论坛，发展到拥有 21 个成员的区域经济一体化组织。APEC 成员人口总数占全球总人口的 40%以上，经济总产值和贸易总额分别占全球总量的56%和 48%。更加难得的是，APEC 是亚太地区唯一将众多发达成员国和发展中成员国联系在一起的区域经济合作组织，在推进地区贸易和投资自由化方面发挥了不可替代的作用。

思考时间 区域经济一体化对多边贸易体制的有利影响和不利影响分别有哪些？

本章小结

（1）区域经济一体化是指地理上相邻或相近的若干个国家或地区为了实现一些共同的经济贸易利益和非经济利益，通过签订多边经济贸易条约的方式，共同制定和执行统一的经济贸易政策，消除商品、要素、金融等市场的人为分割和限制，进而实现市场的开放化和统一化以及贸易和投资的自由化。

（2）区域经济一体化的形式主要有优惠贸易安排、自由贸易区、关税同盟、共同市场、经济联盟、完全的经济一体化等。区域经济一体化的基本理论包括关税同盟理论、大市场理论和协议性国际分工理论等。

（3）目前世界上的区域经济一体化组织非常多，其类型主要有三种：①北北型，即由发达国家组建的经济一体化组织，典型的如欧盟；②南北型，即由发达国家和发展中国家共同组建的经济一体化组织，如北美自由贸易区、APEC；③南南型，即由发展中国家组成的一体化组织。

（4）区域经济一体化的发展在促进贸易自由化和推动经济发展方面能发挥重要作用，然而也可能与世界贸易组织的多边贸易体制发生冲突，需要协调两者的关系。

章后习题与思考

1. 区域经济一体化的主要形式有哪些？
2. 试分析区域性经济合作迅猛发展对全球化进程的影响。
3. 有人认为 APEC 是世界三大自由贸易区之一，你如何评价？
4. 简述关税同盟的静态经济效应。

6　多边贸易体制

主要教学内容

通过本章学习，了解多边贸易体制的形成，世界贸易组织成立后其法律地位、宗旨、职能及基本原则，世界贸易组织的组织机构和争端解决机制以及管辖范围；在从事对外贸易工作时，能够灵活运用所学的多边贸易体制的相关知识。

教学目标及要求

重点掌握世界贸易组织的原则、组织机构、决策机制、争端解决机制、管辖领域的各种协议；理解关税及贸易总协定（GATT）和世界贸易组织之间的联系和区别。

章前导读

世界贸易组织成立后，中国的复关谈判转为加入世界贸易组织的谈判。1995 年 7 月 11 日，中国正式提出加入世界贸易组织的申请，自此从复关转为入世。1996 年 3 月，世界贸易组织中国工作组第一次正式会议在日内瓦召开，中国代表团出席了会议。1999 年后，中国入世进程明显加快。1999 年 4 月，朱镕基总理访问美国，与美国在市场准入谈判方面取得实质性进展，双方签署了中美双边协议中最重要的《中美农业合作协议》，并就中国加入世界贸易组织问题发表联合声明。1999 年 9 月 11 日，江泽民主席和克林顿总统在新西兰亚太地区经济合作组织领导人非正式会议上举行会晤，同意两国恢复谈判。1999 年 11 月 10 日，美国贸易代表团访华，与中国就中国入世问题进行双边谈判，最终在 11 月 15 日双方签署了《中美关于中国加入世界贸易组织的双边协议》，这标志着中国与美国就此正式结束双边谈判，也为中国与其他主要贸易伙伴的谈判奠定了基础。2000 年 5 月 19 日，中国与欧盟达成双边协议。2001 年 9 月 17 日，世界贸易组织中国工作组第 18 次会议举行正式会议，通过了中国入世的所有法律文件，其中包括中国工作组报告书、入世议定书以及货物贸易减让表和服务贸易减让表等附件，同时也结束了世界贸易组织中国工作组的全部工作。2001 年 11 月 10 日，在多哈举行的世界贸易组织第四次部长级会议上审议并批准了中国加入世界贸易组织，我国随即递交了全国人大常委会批准中国加入世界贸易组织议定书的通知书。按照世界贸易组织的规则，一个月后，中国于 2001 年 12 月 11 日正式成为世界贸易组织成员。

6.1　关税与贸易总协定主导下的贸易自由化进程及局限性

6.1.1　关税与贸易总协定产生的历史背景

第二次世界大战结束以后，恢复国民经济，重建国际经济秩序迫在眉睫，许多国家都强烈地意识到，各国亟待解决的问题主要有三个：首先是金融方面，重建国际货币制度，维持各国间汇率稳定和国际收支平衡已成为当务之急；其次是国际投资方面，亟须创建处理长期国际投资问题的国际组织；最后是贸易方面，针对战后各国纷纷奉行的关税壁垒和非关税壁垒，亟须恢复和重建国际贸易新秩序，扭转贸易保护主义和歧视性贸易政策，促进国际贸易自由化。国际货币基金组织（international monetary fund）和国际复兴开发银行（international bank of reconstruction and development，又称世界银行）相继成立，金融问题和国际投资问题逐步得以解决。与此同时，联合国经济与社会理事会成立了筹备委员会，着手筹建国际贸易组织，以解决国际贸易问题。1947 年 4—10 月举行了包括英国、法国、荷兰、比利时、中国等 23 个国家参加的关税减让谈判，签署了一项关于商品关税减让的多边协定，即"关税和贸易总协定"（以下简称"关贸总协定"）。

6.1.2　关贸总协定主持下的多边贸易谈判特点与局限性

迄今为止，国际社会通向贸易自由化的最大进展是通过关贸总协定主持下的多边谈判实现的，关贸总协定的前几轮回合都致力于降低关税。关贸总协定的贸易回合见表 6-1。

表 6-1　　　　　　　　　　　　关贸总协定的贸易回合

年代	地点	参加国	主　题
1947	瑞士、日内瓦	23	关税减让
1949	法国、安纳西	33	关税减让
1951	英国、托奎	38	关税减让
1956	瑞士、日内瓦	26	关税减让
1960—1961	瑞士、日内瓦（迪龙回合）	26	关税减让
1964—1967	瑞士、日内瓦（肯尼迪回合）	62	关税减让与反倾销措施
1973—1979	瑞士、日内瓦（东京回合）	102	关税减让、非关税措施和"框架性"协定
1986—1993	乌拉圭（乌拉圭回合）	123	关税减让、非关税措施、规则、服务、知识产权、争端解决、纺织品与服装、农产品，建立世界贸易

关贸总协定自签订以来，它的职能得到不断完善，促进了国际贸易发展及其规模的不断扩大。然而，关贸总协定毕竟只是一个多边贸易协议而非一个国际贸易组织，并不具备法律上的法人地位，所以具有一定的局限性：

（1）关贸总协定仅是根据《关贸总协定临时适用议定书》生效的临时协议，并不是正式生效的国际公约。关贸总协定没有自己的组织基础，仅是一个政府间的行政协议。

（2）关贸总协定各缔约方同意临时接受关贸总协定的法律义务，并且还同意"在不违背现行立法的最大限度内临时接受关贸总协定第二部分"（即关于国民待遇、取消数量限制等规定）。

（3）关贸总协定仅管辖货物贸易，但农产品和纺织品、服装不受关贸总协定自由化的约束。

（4）关贸总协定争端解决机制在作出决策时要求所有缔约方"完全协商一致"作出决策，即只要有一个缔约方不同意争端解决专家小组的仲裁结果，则该争端解决专家组报告不能通过。

（5）关贸总协定是各缔约方在经济贸易利益关系调整过程中妥协的产物，它是由一些"原则"和一系列"例外"所组成。

随着国际经济贸易形势的发展，关贸总协定的一些条款已不能适应新形势的变化。1994年4月15日，在摩洛哥的马拉喀什市举行的关贸总协定乌拉圭回合部长会议决定成立更具全球性的世界贸易组织，以取代成立于1947年的关贸总协定。1995个1月1日起，由世界贸易组织取代关贸总协定。至此，一个国际贸易领域的正式组织——世界贸易组织宣告成立。截至2011年12月20日，世界贸易组织共有157个成员。世界贸易组织是多边贸易体制的法律基础和组织基础，是众多贸易协定的管理者，是各成员贸易立法的监督者，是就贸易进行谈判和解决争端的场所，是当代最重要的国际经济组织之一，其成员间的贸易额占世界贸易额的绝大多数，被称为"经济联合国"。

6.2 世界贸易组织的宗旨、职能和原则

6.2.1 世界贸易组织的宗旨

世界贸易组织的宗旨是提高生活水平，保证充分就业和大幅度、稳步提高实际收入和有效需求；扩大货物和服务的生产与贸易；坚持走可持续发展之路，各成员方应促进对世界资源的最优利用、保护和维护环境，并以符合不同经济发展水平下各成员需要的方式，加强采取各种相应的措施；积极努力确保发展中国家，尤其是最不发达国家在国际贸易增长中获得与其经济发展水平相适应的份额和利益；建立一体化的多边贸易体制。

6.2.2 世界贸易组织的职能

1. 管理监督职能

管理和监督各成员方达成的协议与安排的贯彻和实施，并为执行上述各项协议提供统一的体制框架，以保证世界贸易组织宗旨和目标的实现。

2. 谈判职能

为多边谈判提供场所和论坛，并为多边谈判的结果提供框架。

3. 解决贸易争端职能

按有关诉讼程序提起诉讼，解决贸易争端。

4. 监督和审议职能

监督和审议成员的贸易政策和规章，促进贸易体制一体化。

5. 协调职能

协调世界贸易组织与其他世界组织的关系，以保障全球经济决策的一致性和凝聚力。

6.2.3 世界贸易组织的原则

1. 最惠国待遇原则

（1）最惠国待遇的定义。1978年8月，联合国国际法委员会经过十多年的努力拟出了《最惠国条款最后草案》，该草案第5条将最惠国待遇定义为："给惠国给予受惠国或者与该受惠国有确定关系的人或物的优惠，不低于该给惠国给予第三国或者与该第三国有同样关系的人或物的待遇。"简言之，即一国给予另一国的待遇不得低于给予第三国的待遇。

（2）国际经贸关系中最惠国待遇的几种形式。

1）无条件的与有条件的最惠国待遇。无条件的最惠国待遇是指缔约一方现在或将来给予任何第三方的一切优惠、豁免或特权应立即无条件地、无补偿地、自动地适用于缔约对方。有条件的最惠国待遇是指缔约方一方给予第三方的待遇、豁免或特权，不能自动地、无偿地

给予缔约的另一方，而只有在另一方给予它同样的补偿的情况下才能给予。

2）无限制的与有限制的最惠国待遇。无限制的最惠国待遇指对最惠国待遇的适用范围不加以任何限制，不仅适用于商品进出口征收的关税及手续、方法，也适用于移民、投资、商标、专利等各个方面。有限制的最惠国待遇是将其适用范围限制在经济贸易关系的某些领域，规定仅在条约规定的范围内适用，在此范围外则不适用。

3）互惠的与非互惠的最惠国待遇。互惠的最惠国待遇指缔约双方给予的最惠国待遇是相互的、同样的。非互惠的最惠国待遇则指缔约国一方有义务给予缔约国另一方以最惠国待遇，即单方面给予，而无权从另一方享有最惠国待遇。

（3）世界贸易组织规定的最惠国待遇原则。

1）货物贸易方面的最惠国待遇。在货物贸易方面，世界贸易组织的《1994 年关税与贸易总协定》及其他协议在有关条款中规定了成员之间应相互给予最惠国待遇，即一成员对于原产于或运往其他成员的产品所给予的利益、优惠、特权豁免都应当立即无条件地给予原产于或运往所有其他成员的相关产品。最惠国待遇要求在世界贸易组织成员间进行贸易时彼此不能歧视，大小成员要一律平等，只要其进出口的产品是相同的，则享受的待遇也应该相同，不能附加任何条件，并且是永久的。

2）服务贸易方面的最惠国待遇。《服务贸易总协定》第 2 条规定世界贸易组织在服务和服务的提供者方面，各成员应该立即和无条件地给予任何其他成员的服务及服务提供者相同的待遇。

3）与贸易有关的知识产权方面的最惠国待遇。《与贸易有关的知识产权协定》将最惠国待遇规定为其成员必须普遍遵守的一般义务和基本原则。该协定第 4 条规定，在知识产权保护方面，某一成员提供给其他成员国民的任何利益、优惠、特权或豁免，均应立即无条件地给予全体世界贸易组织其他成员的国民。

2. 国民待遇原则

（1）国民待遇原则的含义。国民待遇又称平等待遇，具体指一个国家给予在其国境内的外国公民、企业和商船民事权利方面与其国内公民、企业和商船享有同等的待遇，即专指外国自然人、法人、商船等在民商事方面而非政治方面的待遇。

（2）《1994 年关税与贸易总协定》的国民待遇原则及适用范围。

1）《1994 年关税与贸易总协定》国民待遇原则。

第一，该协定规定，某成员领土的产品输入到另一成员时，另一成员不能以任何直接或间接的方式对进口产品征收高于对本国相同产品所征收的国内税或其他费用。

第二，给予进口产品的有关国内销售、分销、购买、运输、分配或使用的法令、规章和条例等的待遇，不能低于给予国内相同产品的待遇。

第三，任何成员不能以直接或间接方法对产品的混合加工或使用有特定数量或比例的国内数量限制，或强制规定优先使用国内产品。

第四，成员不得用国内税、其他国内费用或定量规定等方式，从某种意义上为国内工业提供保护。

2）国民待遇原则实施中形成的一些原则。

第一，国民待遇不考虑某一产品是否受到关税约束的事实。

第二，国民待遇必须在每宗进口产品案中都得到履行。

第三，当某种产品在一国内不同地区享有不同待遇时，其中最优惠的待遇应给予进口相同产品。

3)《服务贸易总协定》的国民待遇原则。《服务贸易总协定》规定，在不违反本协定有关规定而与承诺细目表上的条件和要求相一致的条件下，一成员应该在所有影响服务供给的措施方面，给予其他成员的服务和服务提供者以不低于其给予国内服务或服务提供者的待遇。

3. 互惠互利原则

互惠互利是多边贸易谈判及建立世界贸易组织共同的行为规范、准则过程中的基本要求。世界贸易组织的互惠原则主要通过以下几种形式体现：

第一，通过举行多边贸易谈判进行关税或非关税措施的削减，对等地向其他成员开放本国市场，以获得本国产品或服务进入其他成员市场的机会，即所谓"投之以桃，报之以李"。

第二，当一国或地区申请加入世界贸易组织时，由于新成员可以享有所有老成员过去已达成的开放市场的优惠待遇，老成员就会一致地要求新成员必须按照世界贸易组织现行协定、协议的规定缴纳"入门费"，即开放申请方商品或服务市场。

第三，互惠贸易是多边贸易谈判及一成员贸易自由化过程中与其他成员实现经济贸易合作的主要工具。任何一个成员在世界贸易组织体系内不可能在所有领域都是最大的获益者，也不可能在所有领域都是最大的受害者。

4. 贸易自由化原则

世界贸易组织一系列协定或协议都要求成员分阶段逐步实行贸易自由化，以此扩大市场准入水平，促进市场的合理竞争和适度保护，让投资者有较为透明、稳定的市场环境。主要表现在：

（1）《1994年关税与贸易总协定》要求各成员逐步开放市场。《1994年关税与贸易总协定》要求其成员降低关税和取消对进口的数量限制，以允许外国商品进入本国市场与本国产品进行竞争。

（2）其他货物贸易协议也要求各成员逐步开放市场。《农业协议》要求各成员将现行的对农产品贸易的数量限制（如配额、许可证等）进行关税化，并承诺不再使用非关税措施管理农产品贸易和逐渐降低关税水平。《进口许可程序协议》要求各成员尽量不要使用许可证管理贸易。

（3）《服务贸易总协定》要求各成员逐步开放服务市场。《服务贸易总协定》要求各成员在非歧视原则基础上，通过分阶段谈判，逐步开放本国服务市场，以促进服务及服务提供者间的竞争，减少服务贸易及投资的扭曲。

（4）有利于扩大市场准入的其他基本原则。各成员还可利用争端解决机制解决在开放市场方面的纠纷和摩擦，积极保护自己；同时，贸易体制的透明度也有利于扩大市场准入。

5. 关税保护原则

为了用关税作为主要保护手段，世界贸易组织一般禁止采用数量限制，但在某些情况下可以例外。而这些例外允许的数量限制，也必须遵守非歧视原则。这是因为在非关税贸易壁垒中，数量限制最为普遍，对国际贸易危害最大，而它缺乏透明度，保护效果难以估量；数量限制隐蔽，代价难以估计，容易使贸易发生扭曲；使企业缺乏正确的国际市场导向，不利于市场经济的发展；滞缓贸易自由化的进程，使谈判复杂化。

6. 促进公平竞争与贸易原则

世界贸易组织认为各国发展对外贸易不应该采取不公正的贸易手段进行竞争，尤其是不能以倾销和补贴的方式销售本国的商品。《1994 年关税与贸易总协定》第 6 条、16 条规定某一缔约方以倾销或补贴方式出口本国的产品而给进口国国内工业造成了实质性的损害，或有实质性损害的威胁时，受损害的进口国可以征收反倾销税和反补贴税来对本国工业进行保护。

7. 经济发展原则

经济发展原则也称鼓励经济发展与经济改革原则，该原则以帮助和促进发展中国家的经济迅速发展为目的，针对发展中国家和经济转轨国家而制订，是给予这些国家的特殊优惠待遇，如允许发展中国家在一定范围内实施进口数量限制或是提高关税的"政府对经济发展援助"条款，仅要求发达国家单方面承担义务而发展中国家无偿享有某些特定优惠的"贸易和发展条款"，以及确立了发达国家给予发展中国家和转型国家更长的过渡期待遇和普惠制待遇的合法性。

8. 贸易政策法规透明度原则

透明度原则是指世界贸易组织成员方应公布所制订和实施的贸易措施及其变化情况，没有公布的措施不得实施，同时还应将这些贸易措施及其变化情况通知世界贸易组织。此外，成员方所参加的有关影响国际贸易政策的国际协定，也应及时公布和通知世界贸易组织。

9. 对发展中国家特殊待遇

世界贸易组织对发展中国家予以照顾的原则包括：

（1）允许发展中成员方用较长的时间履行义务，或有较长的过渡期。

（2）允许发展中成员方在履行义务时有较大的灵活性。

（3）规定发达国家成员对发展中国家成员提供技术援助。

10. 允许例外和实施保障措施

世界贸易组织考虑到成员方经济发展水平的不一致，为减少经济发展中出现的不稳定和突发因素的破坏作用，故允许成员方采取例外和保障措施。同时，世界贸易组织还规定了区域优惠安排的例外，这实际上是世界贸易组织最重要的允许例外，但实施时也要遵守约束条件和无歧视原则。

6.3　世界贸易组织的组织结构和运行规则

6.3.1　世界贸易组织的组织机构

世界贸易组织是一个独立于联合国的永久性国际组织，其前身为关贸总协定，但世界贸易组织不同于关税总协定，它是一个世界性的法人组织，有一整套的组织机构。

1. 部长会议

部长会议由所有成员方的代表参加，至少每两年举行一次会议。部长会议应一个成员方的要求，就任何多边贸易协议的全部事务作出决定。

2. 总理事会

总理事会由所有成员方的代表组成，定期召开会议。总理事会在部长休会期间，承担其职能。下设争端解决机构、贸易政策机制评审机构和其他附属机构，如理事会等。

3. 理事会

理事会为总理事会附属机构。其中货物贸易理事会、服务贸易理事会、知识产权理事会为最重要的理事会，由所有成员方代表组成。每一理事会每年至少举行8次会议。

4. 专门委员会

总理事会下设有五个专门委员会，包括贸易与发展委员会、贸易与环境委员会、国际收支限制委员会、区域贸易协议委员会以及预算、财务和行政委员会。上述委员会的成员对所有成员方代表公开。

5. 多方贸易协议设置的机构

多方贸易协议设置的机构职能由多方贸易协议赋予，在世界贸易组织体制框架内运作，并定期向总理事会通告其活动。

6. 秘书处

秘书处为世界贸易组织的日常办事机构。它由部长会议任命总干事领导。总干事的权力、职责、服务条件和任期由部长会议通过规则确定。秘书处设在日内瓦，拥有500多名工作人员。

6.3.2 世界贸易组织的运行规则

1. 成员加入程序

任何国家或单独关税区均可申请加入世界贸易组织。《马拉喀什建立世界贸易组织协定》第12条规定："任何国家或在处理对外贸易关系及本协定和多边贸易协定规定的其他事项方面拥有完全自主权的单独关税区，可按它与世界贸易组织协议的条件加入本协定"。加入世界贸易组织的程序包括：

（1）提出申请与受理。

1）申请加入方首先要向世界贸易组织总干事递交正式信函，表明加入世界贸易组织的愿望。

2）世界贸易组织秘书处负责将申请函散发给全体成员，并将审议加入申请列入总理事会会议议程。

3）总理事会审议加入申请并设立相应工作组，所有对申请加入方感兴趣的世界贸易组织成员都可以参加工作组。总理事会经与申请加入方和工作组成员磋商后，任命工作组主席。

（2）对外贸易制度的审议和双边市场准入谈判。

（3）多边谈判和起草加入文件。

（4）表决和生效。在世界贸易组织接到申请加入方表示接受的文件之日起第30天，有关加入文件开始生效，申请加入方成为世界贸易组织正式成员。

2. 世界贸易组织成员退出程序

任何成员都可以退出世界贸易组织。在世界贸易组织总干事收到书面退出通知之日的6个月期满后，退出生效。退出应同时适用于《马拉喀什建立世界贸易组织协定》和其他多边贸易协定。退出以后，与其他世界贸易组织的经贸关系从多边回到双边，不再享受世界贸易组织成员的权利，同时也解除了作为世界贸易组织成员应尽的义务。

3. 世界贸易组织的决策机制

世界贸易组织采用合意决策的做法，即如果任何一个与会的成员方对拟通过的决议不正式提出反对，就算达成合意。如通过合意未达成决定时，以投票决定。在部长会议和总理事会上，成员方均有一票投票权，除非另有规定，通常以多数票为准。部长会议和总理事会拥有对世界贸易组织各项协议的解释权，运用解释作出的决定以成员方 3/4 投票为准。如要免除成员方义务，需部长会议以 3/4 投票方式表决。

6.4　服务贸易总协定

随着服务对一国经济发展与增长的重要性日益加强，许多国家力求通过单边、双边、区域性或多边谈判的方式推进服务贸易的自由化进程。在发达国家的积极推动下，服务贸易自由化被纳入了多边贸易体制之下，1986 年 9 月"服务贸易"新议题被列入乌拉圭回合多边贸易谈判议程，由此拉开了服务贸易多边谈判的序幕。关贸总协定乌拉圭回合关于服务贸易经过七年的艰难谈判和多边协调，直至 1994 年 4 月 15 日《服务贸易总协定》才最终得以通过。该协定作为乌拉圭回合一揽子协议的组成部分和世界贸易组织对国际贸易秩序的管辖依据之一，于 1995 年 1 月 1 日与世界贸易组织同时生效。

1.《服务贸易总协定》概述

《服务贸易总协定》有广义和狭义之分。广义的《服务贸易总协定》指与服务贸易有关的附件及补充协议等，包括以下五个部分：

（1）适用于所有成员的一般规则与纪律的原则性框架文件，即协定条款。

（2）作为《服务贸易总协定》有机组成部分，涉及各个具体服务部门特殊情况的附件共八项，包括第二条豁免附件，根据本协议自然人提供服务活动的附件、空运服务附件、金融服务附件、金融服务第二附件、海运服务附件、电信服务附件、基础电信谈判附件。

（3）附在《服务贸易总协定》之后的，初步自由化承诺的具体承诺表。

（4）关于服务贸易自由化的九项有关决议。

（5）世界贸易组织框架下后续谈判过程中达成的三项协议，即《全球金融服务协议》、《全球基础电信协议》和《信息技术协议》。

狭义的《服务贸易总协定》仅指协定正文及其附件。《服务贸易总协定》条款的内容包括六个部分，29 项具体条款。正文之前的简短"序言"确定了各成员参加及缔结《服务贸易总协定》的目标、宗旨及原则。第一部分（第一条）为"范围和定义"，其内容是就协定中的服务贸易予以界定。第二部分（第 2～15 条）为"一般义务与纪律"，确定了服务贸易应遵循的基本原则，是各成员在服务贸易中各项权利和义务的基础。第三部分（第 16～18 条）为"具体承诺"，是该协定的中心内容，包括"市场准入"和"国民待遇"两个方面，规定了各成员应承担的特定义务。第四部分（第 19～21 条）为"逐步自由化"，主要确定服务贸易自由化的进程安排和具体承诺表制定的标准，规定各成员尤其是发展中国家服务贸易自由化的原则及权利。第五部分（第 22～26 条）为"组织条款"，主要内容有协商机制、争端解决与执行、服务贸易理事会、技术合作及与其他国际组织的关系等。第六部分（第 27～29 条）为"最后条款"，内容是就该协定中的重要概念作出定义，并规定了各成员可拒绝给予该协定各种利益的情形。《服务贸易总协定》的五项附件为：第二条（最惠国待遇）豁免的附件，提供服务的自然人流动附件，以及金融、电信和航空运输三个部门附件。本书仅介绍《服务贸易总协定》正文及主要附件。

2.《服务贸易总协定》正文

（1）序言：确定了各成员参加及缔结《服务贸易总协定》的目标、宗旨及原则。

（2）服务贸易的定义及其范围。该协定第一条第二款将服务贸易定义为通过以下四种方式提供的服务：过境服务、境外消费、商业存在和自然人流动。另外，《服务贸易总协定》第一条第三款还指出，其所规范的服务指除政府当局为实现职能所需的服务之外的所有部门的一切服务。

（3）世界贸易组织成员在服务贸易领域的一般责任与纪律。"一般责任与纪律"规定了各成员必须遵守的责任和纪律，其中最主要的有以下几点：

1）最惠国待遇。最惠国待遇不仅是关贸总协定对货物贸易所确立的首要原则，也是服务贸易的基本原则。第二条第一款规定："每一成员方给予任何其他成员方的服务或服务提供者的待遇，应立即无条件地以不低于前述待遇给予其他任何成员方相同的服务或服务提供者。"

与货物贸易原则一样，《服务贸易总协定》规定边境贸易可以成为最惠国待遇的例外。这样就防止各成员方利用边境贸易的例外，过分扩大边境贸易的规模与范围以规避多边原则，取得额外收入。该条款体现了《服务贸易总协定》的灵活性。

2）透明度原则。第三条规定，各成员方在服务贸易领域中的各种法律与管制措施应具有透明度，具体规定为：立即公布相关措施；每年向理事会报告新的或更改的措施；设立咨询点。

对于透明度原则，《服务贸易总协定》有例外规定，即所谓"紧急状态下"的豁免。但是，即使由于《服务贸易总协定》认可的原因，使得一成员不能按照要求公布"所有措施"，该成员也应公布这一消息以使各方了解此情况，便于做出相应决策。

3）发展中国家更多参与。第四条规定，各成员方要通过谈判具体承诺的方式来促进发展中国家的更多参与，承诺涉及以下内容：着重通过商业基础上的技术准入方式提高发展中国家的国内服务能力及其效率和竞争力；改进发展中国家的销售渠道和信息网络；对于发展中国家具有出口利益的各部门和供给方式给予市场准入的自由化；发达的成员方在世界贸易组织协定生效后的两年内，应建立向发展中成员方的服务提供者提供信息的联络点；其他的成员方在可能的范围内也应如此；为最不发达的成员方参与服务贸易规定了优惠条件。

4）促进经济一体化原则。第五条对如何促进全球服务贸易一体化发展作出了具体规定。

5）国内规章。第六条为成员方的国内规章规定了一般纪律：各成员方在其作出具体承诺的领域，应保证各种有关服务的一般适用措施以合理、客观和公正的方式实施；各成员方应尽可能维持或建立司法、仲裁、行政法庭或程序，以便应有关服务提供者的请求及时审查影响服务贸易的行政决定，并为服务提供者提供公正、适当的补偿；当一项具体承诺中的服务供应需经授权时，成员方应在合理的期间内，如认为服务提供者的申请符合国内法律或规章，将其决定通知申请者；为确定成员方有关资格与程序、技术标准与执照不对服务贸易构成不必要的障碍，服务贸易理事会制定必要的纪律；各成员方在涉及服务方面已作出具体承诺的领域，应制定核实任何其他成员方职业人员能力的适当程序。

6）对限制竞争行为的约束。第八条"垄断及专营服务提供者"和第九条"商业惯例"对限制竞争的行为作出了约束。

（4）世界贸易组织成员可援引的例外。灵活性是《服务贸易总协定》的特征之一，主要表现为例外条款（4）世界贸易组织成员可援引的例外，包括以下几项。

1）紧急保障措施。主要指世界贸易组织成员在由于没有预见到的变化，或由于某一具体承诺而使某一服务进口数量太大，以至于对本国的服务提供者造成严重损害或产生严重损害的威胁时，可以部分或全部地中止此承诺以减缓或消除损害。

2）为保障国际收支平衡的例外条款。允许世界贸易组织成员在其国际收支严重失调和对外财政困难或因此受到威胁的情况下，就其作出具体承诺开放市场的服务贸易采取限制性措施，或对于这种服务贸易有关的支付或货币转移作出限制，尤其对金融地位比较脆弱的发展中国家，为实现其发展目标而维持其外汇储备的要求给予充分的考虑。

3）政府采购与补贴。《服务贸易总协定》规定，原则上该协定有关国民待遇和市场准入的各项规则不适用于成员方涉及政府采购的法律、规章和要求，不过政府采购只能是为政府的目的，用于商业转售或为商业销售提供服务的政府采购不在其内。

4）一般例外和安全例外。《服务贸易总协定》规定的一般例外和安全例外条款的基本内容源于关贸总协，同时也是世界贸易组织几乎所有多边协定的一般规定。《服务贸易总协定》允许成员方出现以下原因对服务贸易采取必要的限制措施：为维护公共道德或维持公共秩序；为保护人类、动植物的生命和健康；为防止欺诈与假冒行为或处理合同的违约事情；保护个人隐私和有关个人资料的处理与扩散，以及保护个人记录和账户的秘密及安全问题等。

5）此外，《服务贸易总协定》还有两款关于征税问题的例外。

（5）《服务贸易总协定》的具体承诺。对市场准入和国民待遇的具体承诺是《服务贸易总协定》制度下各成员方的特定义务，根据《服务贸易总协定》的规定，市场准入和国民待遇不是自动适用于各服务部门，而是要通过谈判由各成员方具体确定其适用的服务部门；各成员方的承诺表分为两个单独栏目，将能够开放的部门、分部门及给予国民待遇的资格、条件等分别列出。

1）市场准入。《服务贸易总协定》规定，在服务贸易中的市场准入方面，每个成员给予其他任何成员的服务和服务提供者的待遇，不得低于其承诺表中所同意和明确规定的期限限制和条件。

2）服务贸易领域的国民待遇不是一般义务，而是一项特定义务，各成员方只在自己承诺开放的服务部门中给予外国服务和服务提供者以国民待遇。

此外，《服务贸易总协定》就国民待遇的规定还涉及本国服务提供者与外国服务提供者的公平竞争机会问题，但这一概念十分宽泛，发达国家往往借此将触角伸入发展中国家的国内政策领域。例如，许多发展中国家对外国银行在其境内提供银行服务往往有业务范围和地域的限制，而发达国家则认为在发展中国家营业的该国银行与当地银行处于不公平的竞争地位，因而认为没有得到国民待遇。

3）具体承诺表的制定与修改。《服务贸易总协定》第20条规定，各成员方应根据《服务贸易总协定》第三部分制定各自的具体承诺表。在已作出承诺的部门，承诺表应具体包括以下内容：有关市场准入的内容限制和条件；有关国民待遇的条件和要求；有关其他具体承诺的履行；各项承诺实施的时间框架；各项承诺生效的日期。《服务贸易总协定》第21条为具体承诺表的修改作出了规定。其中指出，一成员方在具体承诺生效的三年后的任何时候可修改或撤销其承诺表中的任何承诺；但是，修改成员方应至少在实施修改或撤销前三个月将此项意向通知服务贸易理事会；还规定，受此修改或撤销影响的成员方可请求修改成员方给予必要的补偿调整，而修改成员方应就此举行谈判。在此谈判和协商中，有关成员方应努力维持互利义务的总体水平不低于谈判前具体承诺表中所规定的标准。

（6）《服务贸易总协定》的争端解决机制。乌拉圭回合达成的《关于争端解决规则与程序谅解》（以下简称《谅解》）所确立的统一的争端解决机制适用于服务贸易领域的争端解决，同时《服务贸易总协定》第 22 条"磋商"和第 23 条"争端解决和实施"作为专门针对服务贸易争端解决的条款，是上述统一争端解决机制的补充。

6.5　世界贸易组织争端解决机制

争端解决机制是乌拉圭回合的一个重要成果，其标志就是《谅解》的达成。该机制适用于多边贸易体制所管辖的各个领域。

6.5.1　机构设置

设立专门的争端解决机构是世界贸易组织争端解决机制区别于关贸总协定争端解决机制的一个显著特点。广义的争端解决机构包括世界贸易组织争端解决机构本身、专家组、上诉机构及世界贸易组织秘书处和总干事。

1. 争端解决机构

争端解决机构的职能是统一主管世界贸易组织贸易争端解决事宜，因此，它有权成立专家小组，通过专家小组上诉报告，保持对裁决和建议的执行及监督。《谅解》第 2 条规定，为管理争端解决原则与程序及有关协议中争端解决的专门条款，设立争端解决机构。它直接隶属于部长会议，设有自己的主席、工作人员、工作程序等。应当注意的是，根据《谅解》第 1 条第 1 款的规定，在处理涉及只适用于部分成员方的诸边贸易协议的争端时，只有该协议的签字方才可参与争端解决机构，对该争端采取决定和行动。根据《谅解》第 2 条的规定，争端解决机构应向世界贸易组织各有关理事会和委员会通报与其有关协议相关的各项争端的进展情况。争端解决机构可根据需要召开会议，以期在规定时限内完成争端处理的任务。争端解决机构在就贸易争端作出决定时，应采取协商一致的方式进行。

2. 专家组

专家组是解决争端实体问题最主要的机构。《谅解》对它的设立、组成及其职权做了较详细的规定。专家组不是一个常设机构，它是在某一具体争端中应当事方的请求而专门设立的。根据《谅解》第 6 条的规定，争端双方经 60 天的磋商未能解决争端时，任一当事方可向争端解决机构提出设立专家组的请求。请求应以书面形式提出，内容包括：是否已经进行磋商；争端所指向的具体措施；简要说明该项投诉的法律依据；如果请求设立的专家组具有标准职权范围以外的特殊职权，则书面申请应包括该特殊职权的建议文本。

争端解决机构最迟应在将该请求列入正式议题的会议之后的下一次会议上成立专家组，但如果会议成员经协商一致不同意成立专家组的则属例外。

3. 上诉机构

《谅解》第 17 条规定，争端解决机构应设立一个受理上诉的常设机构，处理争端当事方对专家小组决定不服提出的上诉请求。上诉机构由 7 名成员组成，任何一件上诉案件将由其中的 3 人审理。上诉机构的成员任职期限为 4 年，可连任一次。但在《马拉喀什建立世界贸易组织协定》生效后第一批被任命的 7 人中，有 3 人的任期是两年。这样可以保持上诉机构人员的轮换，而不会发生一次更换全部 7 名人员的情况。上诉机构一般由具有公认的权威并在法律、国际贸易及各有关协议所涉及的专门领域内具有专业知识的人员组成，他们与任何政府没有关系，不受任何当事方的影响。

　　4. 世界贸易组织秘书处

　　世界贸易组织秘书处的职能是协助专家组工作，向专家组提供资料和技术帮助、法律专家、法律帮助和咨询。《谅解》第 27 条规定了世界贸易组织秘书处在争端解决中的责任。具体内容包括：

　　（1）秘书处有责任协助专家组工作，特别是在被处理问题的法律、历史和程序方面向专家组提供资料和帮助，并在文秘和技术方面提供支持。

　　（2）应各成员方请求在争端解决方面提供协助，特别是为发展中成员方提供额外的法律咨询和协助。在发展中成员方提出请求时，秘书处应从世界贸易组织的技术合作处中选派一名合格的法律专家，该专家应以确保公正的方式帮助该发展中成员方处理争端。

　　（3）秘书处应开设有关争端解决程序和实践的培训班，以使各成员方中研究与解决贸易争端问题的专家更加了解这方面的知识。

　　5. 世界贸易组织总干事

　　《谅解》第 5 条第 6 款规定，世界贸易组织总干事以其职务资格进行斡旋、调解或调停，以协助各成员方解决争端。这一规定是对关贸总协定有关总干事参与争端解决程序的继续，总干事凭借对事实和法律知识的权威，在斡旋、调解程序中可以充分发挥作用。

6.5.2　世界贸易组织争端解决机制的基本程序

　　世界贸易组织争端解决机制的基本程序包括磋商、专家组审理、上诉机构审理、裁决的执行及监督等。

　　1. 磋商

　　《谅解》规定，争议各方首先要通过磋商解决争议。当一成员认为另一成员违反或不符《马拉喀什建立世界贸易组织协定》，从而使自己遭受损害时，可要求对方进行磋商，同时应通知争端解决机构和有关理事会或委员会。被要求磋商的成员应在接到磋商请求之日后的 10 天内作出答复，并应在接到请求之日后不超过 30 天的时间进行磋商。磋商应在被要求方接到磋商请求之日后 60 天内完成。《谅解》规定 60 天的期限是希望争端各方在此期限内能够通过外交磋商的友好方式解决争端。如果该成员方在接到请求之日后 10 天内没有答复，或在接到请求之日后 30 天内没有进行磋商，或在接到磋商请求 35 天后双方均认为达不成磋商一致，或者在接到磋商请求之日后 60 天内未达成磋商一致，投诉方可以向争端解决机构提出申请成立专家组。争议各方也可不通过磋商，直接要求成立专家小组。

　　一方提出磋商要求时，应说明对方违反了世界贸易组织哪一个协议的哪一个条款，并提出法律依据。若某一第三方认为正在进行的磋商与自己的贸易利益有关，也可以以第三方的身份参加磋商。但第三方须在得到磋商通知之日后 10 天内通知磋商当事各方参加磋商的请求。若磋商各方认为该问题与第三方没有贸易利益关系，也可以拒绝第三方参加磋商。

　　2. 专家组审理

　　在双边磋商未果，或经斡旋、调解和调停后仍未解决争端的情况下，投诉方可以向争端解决机构提出成立专家组的请求。一旦此项请求被列入争端解决机构会议议程，专家组最迟应在这次会后的争端解决机构会议上予以设立，除非争端解决机构一致决定不成立专家组。

由于世界贸易组织争端解决机制实行反向协商一致原则，争端解决机构有关会议一致反对成立专家组的可能性很小，因此专家组的设立几乎不会成为问题。如果一个以上的成员就同一个事项请求成立专家组，则尽可能由一个专家组审查这些申诉。若成立一个以上专家组审查与同一事项有关的各种申诉，则各专家组应该尽可能由相同的人士组成，各专家组的审理进度也应该进行协调。

《谅解》第 8 条就专家组的组成作了详细规定。专家组一般由 3 名专家组成，特殊情况下也可由 5 名专家组成，但必须从专家组设立之日起 10 天内得到各争端当事方的同意。争端解决机构应在专家组成立后立即将其组成情况通知各成员方。世界贸易组织秘书处应向争端各当事方推荐专家组的人员提名，除非有令人信服的理由，争端各当事方应当接受秘书处的提名。如果在决定设立专家组后 20 天内未就其人员组成达成协议，任一当事方可提出请求，由总干事与争端解决机构主席、争端所涉及的有关委员会或理事会主席协商，任命其认为最合适的人选担任专家小组成员。争端解决机构主席应在收到请求后 10 天之内，向各成员方通报专家组的组成情况。专家组成员应以个人身份而不是作为政府代表或任何组织的代表履行职能。各成员方不能以任何方式影响专家组执行处理争端的职权。

专家组设立后，一般应在 6 个月内（紧急情况下 3 个月内）完成全部工作，并提交最终报告。如专家组不能如期提交报告，则应书面通知争端解决机构，说明延误的原因和提交报告的预期时间，但最长不得超过 9 个月。应申诉方的请求，专家组可以暂停工作，但期限不得超过 12 个月。如超过 12 个月，设立专家组的授权则终止。

3. 上诉机构审理

为了使当事方有进一步申诉案情的权利，使争端解决机制更具有准确性和公正性，世界贸易组织争端解决机制常设了上诉机构。《谅解》第 17 条规定，争端解决机构设立常设上诉机构，受理对专家组最终报告的上诉。上诉机构由 7 人组成，通常由其中的 3 人共同审理上诉案件。该机构成员由争端解决机构任命，任期 4 年，可连任一次。为保证上诉机构的权威性和公正性，其成员应是法律、国际贸易和世界贸易组织协定或协议方面的公认权威，并有广泛的代表性。该机构成员不得从属于任何政府，也不得参与审议可能对他们有直接或间接利益冲突的争端。1995 年 11 月 29 日争端解决机构从 23 个国家所推荐的 32 位候选人中，任命了常设上诉机构的 7 名成员。

上诉机构对专家组报告的审议，自争端一方提起上诉之日起到上诉机构散发其报告之日，一般不超过 60 天。如遇有紧急情况，上诉机构应尽可能地缩短这一期限。上诉机构如果认为不能在 60 天内提交报告，则应将延迟的原因及提交报告的预期时间书面通知争端解决机构，但提交报告时间最长不得超过 90 天。争端解决机构应在上诉机构报告散发后的 30 天内通过该报告，除非争端解决机构经过协商一致决定不予通过。

4. 裁决的执行及其监督

上诉机构报告一经通过，其建议和裁决即对争端各当事方产生约束力，争端当事方应该无条件地接受。

（1）裁决的履行。《谅解》第 21 条规定，在上诉机构报告通过后 30 天内举行的争端解决机构会议上，有关成员应将执行争端解决机构建议和裁决的意愿通知该机构。有关建议和裁决应该迅速执行，如果不能迅速执行，则应该确定一个合理的执行期限。"合理期限"由有关成员提议，并需经过争端解决机构批准；如未能够获得批准，由争端各方在建议和裁决通过后45天内协商确定期限；如果经过协商也无法确定时，则由争端各方聘请仲裁员确定。

（2）补偿。如果被诉方的措施被认定违反了世界贸易组织的有关规定，且未在合理的期限内执行争端解决机构的建议和裁决，则被诉方应申诉方的请求，必须在合理期限届满前与申诉方进行补偿谈判。补偿是指被诉方在贸易机会、市场准入等方面给予申诉方相当于它所受损失的减让。根据《谅解》第22条规定，补偿只是一种临时性的措施，即只有当被诉方未能在合理期限内执行争端解决机构的建议和裁决时，方可采用。如果给予补偿，则应该与世界贸易有关协定或协议一致。

（3）授权报复。如申诉方和被诉方在合理期限届满后20天内未能就补偿问题达成一致，申诉方可以要求争端解决机构授权对被诉方进行报复，即中止对被诉方承担的减让或其他义务。争端解决机构应该在合理期限届满后30天内给予相应的授权，除非争端解决机构经协商一致拒绝授权。根据所涉及的不同范围，报复可分为平行报复、跨部门报复和跨协议报复三种。被诉方可以就报复水平的适当性问题提请争端解决机构进行仲裁。报复措施是临时性的，只要出现以下任何一种情况，报复措施就应终止：

1）被认定违反世界贸易组织有关协定或协议的措施已被撤销；

2）被诉方对申诉方所受的利益损害提供了解决办法；

3）争端当事各方达成了相互满意的解决办法。

（4）监督执行。争端解决机构应该监督已通过的建议和裁决的执行情况。在建议和裁决通过后，任何成员都可随时向争端解决机构提出与执行有关的问题，以监督建议和裁决的执行，除非争端解决机构另有决定。在确定执行的合理期限6个月后，争端解决机构应该将建议和裁决的执行问题列入会议议程，并进行审议，直至该问题得到解决。在争端解决机构每一次会议召开的10天前，有关成员应向争端解决机构提交一份关于执行建议和裁决的书面报告。

本章小结

（1）世界贸易组织是多边贸易体制的法律基础和组织基础，是众多贸易协定的管理者，是各成员贸易立法的监督者，是就贸易进行谈判和解决争端的场所，是当代最重要的国际经济组织之一。

（2）世界贸易组织的宗旨是提高生活水平，保证充分就业和大幅度、稳步提高实际收入和有效需求；扩大货物和服务的生产与贸易；坚持走可持续发展之路，各成员方应促进对世界资源的最优利用、保护和维护环境，并以符合不同经济发展水平下各成员需要的方式，加强采取各种相应的措施；积极努力确保发展中国家，尤其是最不发达国家在国际贸易增长中获得与其经济发展水平相适应的份额和利益；建立一体化的多边贸易体制。

（3）《服务贸易总协定》的制定是自关贸总协定成立以来在推动世界贸易自由化发展问题上的一个重大突破，它将服务贸易纳入多边体制，标志着多边贸易体制渐趋完善。

（4）争端解决机制是乌拉圭回合的一个重要成果。其标志就是《谅解》的达成。该机制适用于多边贸易体制所管辖的各个领域。

章后习题与思考

1. 什么是最惠国待遇？它在中美贸易关系中为什么这么重要？

2. 试析世界贸易组织的组织机构。

3. 阐述世界贸易组织的基本原则及其内容。

4. 关贸总协定通过八轮谈判成功地降低了各成员方货物贸易中的关税和非关税壁垒，为什么还要成立世界贸易组织？

7 交易前的准备及交易磋商

主要教学内容

本章主要介绍选择目标市场和交易对象、确定企业进入国际市场的方式、成立贸易谈判小组、制定进出口商品经营方案，以及核算进出口商品交易的经济效益等国际贸易交易前的准备工作，讲授询盘、发盘、还盘和接受四个交易磋商的环节，并通过案例分析，强调交易磋商中需要注意的问题。

教学目标及要求

要求学生通过本章学习能够根据实际业务做好出口前的准备工作，具备准确核算进出口商品交易的经济效益；了解国际贸易合同交易磋商的各项工作，掌握构成发盘和接受的基本条件，还盘的性质，熟悉《公约》对发盘的撤回、撤销及失效、接受的撤销及逾期接受的规定。

章前导读

某年6月25日，我国某公司应荷兰某商号的请求，报出C514某初级产品200公吨，每公吨1950元人民币CIF（成本加保险费加运费在内价）鹿特丹，即期装运的实盘。此后对方一再请求我方增加数量，降低价格，并延长有效期。我方将数量增至300公吨，价格每公吨减至人民币1900元CIF鹿特丹，有效期延至7月25日，荷兰商人于7月22日来电接受该盘。时值该产品主产区遭灾，造成国际市场价格猛涨，我方电称："由于世界市场的变化，货物在收到接受电报前已售出"。荷兰商人7月25日来电坚持要按发盘的条件执行合同，否则提交仲裁解决。

我方于7月29日，又以获得新货源为由，重新发盘给对方200公吨，价格由每公吨1900元人民币CIF鹿特丹调高至2650元CFR（成本加运费在内价）鹿特丹。荷兰商人于7月30日来电，坚持我方按原发盘的条件履行合同，否则，以前后报盘的差价赔偿其23万余元的损失。我方在8月2日去电，强调指出我方发盘没有注明"Firm Offer"字样，并说按照中国的习惯做法，"凡国外订单，要以我方最后确认为准"。这项纠纷经过多次电函往返，争论激烈，最后以我方公司承认合同已成立而告终。

7.1 交易前的准备

在国际贸易中，交易对象多为外国公司或商人，国际市场情况复杂多变，无论是进口商还是出口商，只有在交易之前做好充分的准备工作，才能更好地保证交易磋商和合同签订的顺利进行，提高交易的成功率和经济效益，为后期的合同履行奠定良好的基础。进出口商品交易的准备工作主要包括选择目标市场和交易对象、确定企业进入国际市场的渠道、成立贸易谈判小组、制定进出口商品经营方案以及核算进出口商品交易的经济效益。

7.1.1 选择目标市场和交易对象

1. 选择目标市场

在进出口商品交易前，必须从国际市场的调研工作入手，通过全面、深入、准确的调查研究，选择适当的目标市场，并合理地确定市场布局。对出口商来说这意味着选择销售市场，对进口商来说则是选择采购市场。

（1）市场调研的主要内容。

1）国外市场环境信息。国外市场环境信息包括目标市场国的经济、政治、自然、人口、技术、法律以及文化等宏观因素。主要应详细调查一个国家政局的持续稳定性、对外贸易政策、参加的国际公约和协定、对外贸易法律法规、金融管制等政治法律环境，文化背景、风俗习惯、价值观念、宗教信仰、伦理道德、语言文化、教育水平等社会文化环境，人口规模、人口分布、经济发展水平、人均收入和消费、产业结构、市场规模、技术水平等经济人口环境，地理位置、气候条件、自然资源、土地等自然环境。

2）国外市场商品信息。商品信息包括某一类或某一种商品的国际市场和目标国市场的价格、性能、质量、生产技术及工艺的先进程度，市场上的供求关系以及影响供求关系变动的各种因素等具体的微观信息。出口商还必须侧重调研目标市场是否存在竞争产品或替代品及其竞争力如何，自身产品是否具有价格、性能、质量或服务上的独特优势，了解目标市场的产品销售周期等。进口商应仔细比较各个不同市场上商品的品质、规格、性能、种类、生产技术以及工艺的先进程度等，从而选择最需要、价格最合理的商品。

（2）市场调研信息的收集。国外市场调研信息可以直接和间接获取。直接获取第一手资料信息的方法主要有参加对外贸易使团或贸易博览会、展览会或交流会，到国外实地考察，同国外客户直接接触，索要样品或询问相关信息。

间接获取第二手资料信息的方法主要有下列4种：

1）查阅既有公共信息，如商会发布的信息文件、政府及贸易协会的记录、贸易及商业杂志等。

2）通过外交部派驻各国的大使馆、领事馆的商务机构查询。

3）外贸公司和企业在国外的经销商、代理商提供的商业信息。

4）委托专业的咨询调查公司开展调查或购买专业信息服务商提供的信息。

2. 选择交易对象

外贸公司和企业可以选择的交易客户很多，包括进出口商、经销商、代理商、批发商、零售商甚至可能是最终用户。交易客户的身份可以是政府、公司、企业、组织和个人。但无论情况如何，在交易之前，都应对客户的情况尤其是客户的资信情况进行全面调查。对客户的调查主要从客户背景、资信情况、经营范围和经营能力四方面展开，从而优选合适的交易对象。

7.1.2 确定企业进入国际市场的渠道

进出口企业在进行国际市场调研的基础上确定目标市场，之后需要选择恰当的进入模式。企业进入国际市场的渠道多种多样，归纳起来主要有三条，即间接出口、直接出口和国外生产。

1. 间接出口

（1）间接出口的含义。间接出口是指企业通过将产品卖给国内的出口商或委托国内的外贸代理机构向国际市场销售产品的一种市场进入模式。通过间接出口，企业可以在不增加固定资产投资的前提下开始出口产品，费用低，风险小，而且不影响目前的销售利润。

（2）间接出口的适用。企业进入国际市场初期时，为了避免风险，间接出口是一种很好的选择。尤其对于想进入国际市场的中小企业，因其在资金、人才等方面的限制，可选择间接出口作为其主要的国际市场进入策略。一些大企业也可选择间接出口作为某些规模不大或风险较高的目标市场的进入战略。

2. 直接出口

（1）直接出口的含义。直接出口是指企业不通过国内中间商（机构），直接将产品销往国外客户。直接出口有四种方式：

1）在企业内部设立出口部或国际业务部，负责实际的对外销售工作。

2）设立海外销售机构，负责销售分配、经营仓储和促销业务。

3）设立巡回出口销售代表，到国外市场寻找客户进行销售。

4）寻找国外经销商或代理商，前者直接购买企业产品，而后者代表企业在国际市场上推销产品，抽取佣金，不拥有产品的所有权。

（2）直接出口的适用。直接出口方式主要适合一些具备一定能力、又想自己开展国际市场的大中型企业，而对于规模较小的企业并不适合运用直接出口方式。

3. 国外生产

由于企业进入国际市场和开展国际营销活动的复杂性，有可能迫使企业放弃传统的出口方式，而改为在目标市场国家或地区就地生产、就地销售。

国外生产的形式主要有合同制造、交钥匙工程、许可证交易、国际合资经营和海外独资经营五种。

7.1.3 成立贸易谈判小组

参加磋商的人员需要具备下列条件：

（1）熟悉交易双方国家的相关方针政策。

（2）掌握商务知识，如商品知识、市场知识、金融知识和运输、保险等方面的知识。

（3）熟悉法律法规，并了解国际贸易、国际技术转让和国际运输等方面的法律、惯例。

（4）熟练应用外语。

（5）具有较高的政治、心理素质和磋商技巧，善于机动灵活地处理洽商过程中出现的各种问题。

7.1.4 制定进出口商品经营方案

为了更有效地做好交易前的准备工作，使对外洽商交易有所依据，保证经营意图的贯彻和实施，一般都需要事先制定经营计划和方案。并且，随着环境和条件的变化还要及时对经营计划进行调整，具体落实为经营方案。进出口商品经营方案的主要内容大致有五方面：其一，设定最高或最低目标；其二，规划为实现该目标所应采取的策略、步骤和做法；其三，方案内容可繁简不一，但要考虑周全；其四，分清主次，合理安排磋商的先后顺序；其五，准备好在磋商中出现某些变化时所应采取的对策和应变措施。

7.1.5 核算进出口商品交易的经济效益

1. 出口商品的经济效益核算

出口商品经济效益的核算通常涉及出口换汇成本、出口盈亏额、出口盈亏率、外汇增值率四个指标。

（1）出口换汇成本（率）是出口商品获得每一单位外币（通常是美元）的成本，即出口商品净收入1美元所需要的人民币总成本。反映一个时期内出口商品换取外汇的能力，并从换取外汇的成本考核其经济效益。换汇成本高于外汇牌价，出口为亏损；反之则为盈利。公式为

出口换汇成本=出口总成本（人民币）/出口外汇净收入（美元）

其中，出口总成本是企业从生产或供货单位购进货物的价款加上出口前所支付的其他一切费用的总和，通常用人民币表示。出口总成本可以通过以下公式计算

出口总成本=进货成本+国内运费+加工整理费+商品损耗费+杂费+经营管理费+税金

需要注意的是，工业品的进货成本=工厂出厂价格=生产成本（原辅料及燃料费、维修费、折旧费、工资和管理费）+出厂税+利润。而农副土特产品的进货成本=出口企业自行从产地收购的收购价格+其他费用，如果是从外单位购进的，还需加上运输费用、手续费和利润。

出口外汇净收入是指以美元表示的出口商品按FOB（装运港船上交货价）价格销售所得收入总额。

（2）出口盈亏额指出口商品按人民币计算的出口外汇净收入减去人民币出口总成本的余额，正值为盈利，负值为亏损。公式为

出口盈亏额=出口销售净收入（人民币）-出口总成本（人民币）

（3）出口盈亏率指出口商品盈亏额与出口总成本的比率。公式为

出口盈亏率=（出口盈亏额/出口总成本）×100%

【例7-1】某公司出口亚麻底鞋26 000双，出口价为每双0.6美元CIF伦敦，CIF总价为15 600美元，其中，海运费2400美元，保险费160美元。每双亚麻底鞋进货成本为4元人民币，则该批货进货成本共计为104 000元人民币（含17%增值税）。另外，已知亚麻底鞋适用15%的出口退税率，该批货的费用定额率为7%。当时银行美元买入价为1美元=6.86元人民币。试分析并计算该公司出口亚麻底鞋的换汇成本、盈亏额及盈亏率。

解：（1）计算该公司出口麻底鞋换汇成本。

出口换汇成本=出口总成本（人民币）/出口外汇净收入（美元）

=｛进货成本-［进货成本/（1+增值税率）×退税率］

+（进货成本×7%）｝/（出口销售外汇收入-运费-保险费）

=｛104 000-［104 000/（1+17%）×15%］+（104 000×7%）｝/（15 600-2400-160）

=（104 000-13 333.33+7280）/13 040

=97 946.67/13 040

=7.5112元/美元

因为麻底鞋换汇成本高于当时的外汇牌价，所以该笔业务亏损。

（2）该公司出口麻底鞋亏损额。

出口盈亏额=出口销售净收入（人民币）-出口总成本（人民币）

=出口销售净收入（美元）×美元买入价-出口总成本（人民币）

=13 040×6.86-97 946.67

=89 454.4-97 946.67

=-8492.27（元）

因此，该公司麻底鞋出口亏损额为 8492.27 元人民币。

（3）出口亏损率=（出口盈亏额/出口总成本）×100%

=8492.27/97 946.67=8.67%

因此，该公司麻底鞋出口亏损率为 8.67%。

（4）外汇增值率又称创汇率，它直接反映以外汇购进原料（包括辅助原料），经加工成成品（包括未成品）出口的创汇效果。它与一般商品出口换汇的区别在于必须先支出外汇，才能创收外汇，反映新创收的外汇和为创收外汇而支出的外汇之间的比率。适用于进料加工产品。计算公式为

外汇增值率 =外汇增值额÷进口原料外汇支出×100%

= [成品出口外汇净收入–进口原料外汇支出（CIF 价）]

÷进口原料外汇支出（CIF 价）×100%

若计算结果为正，则表示外汇增值；若为负，说明"倒贴外汇"。

【例 7-2】 山东某公司以每公吨 1248 英镑 CIF 青岛进口铜 50 公吨，加工铜锁 25 000 打出口，每打 3.40 英镑 CIF 达累斯萨拉姆，每 25 打装一箱，毛重 30 千克，尺码 0.0396 立方米，铜锁按 W/M10 级计算运费，青岛至东非航线 10 级货基本费率 135 元人民币，货币贬值附加费 35.8%，燃油附加费 27%，投保一切险和战争险合计费率 2.04%，已知当时的外汇牌价为 1 英镑兑人民币 9.1193 元。试计算进料加工的外汇增值率。

解：（1）进口铜需付出外汇= 1248×50 = 62 400 英镑

（2）出口铜锁收入外汇= 25 000×3.40=85 000 英镑

（3）保险费 I= 85 000×110%×2.04% =1907.4 英镑

（4）因为重量吨 W=0.03 公吨，尺码吨 M=0.0396 立方米，$W<M$，所以按 M 计算运费，则运费 F=（25 000÷25）×0.0396×135×（1+35.8%）×（1+27%）÷9.1193=1011.05 英镑

（5）成品出口外汇净收入= 85 000–1907.4–1101.05= 82 081.55 英镑

（6）外汇增值率 =（82 081.55–62 400）÷62 400×100% =31.54%

2. 进口商品的经济效益核算

进口商品的经济效益核算是对进口商品国内销售收入和进口成本进行比较。如果进口商品的销售收入大于进口成本，意味着进口业务有盈利；如果进口商品的销售收入小于进口成本，则意味着进口业务有亏损。核算的指标主要有以下两种：

（1）进口商品盈亏率。进口商品盈亏率是用来反映进口商品盈亏程度的指标，计算公式为

进口商品盈亏率= [国内销售收入（人民币）

–进口成本（人民币）] /进口成本（人民币）×100%

进口总成本=FOB 合同价+运费+保险费+进口货物国内总费用+关税+消费税+增值税

=CFR 合同价+保险费+进口货物国内总费用+关税+消费税+增值税

=CIF 合同价+进口货物国内总费用+关税+消费税+增值税

（2）进口每美元赔赚额。该指标核算企业每进口 1 美元商品的获利能力，计算公式为

进口每美元赔赚额= [国内销售收入（人民币）

–进口成本（人民币）] /商品进口价格（美元）

在进行以上两个指标的核算时需要注意，在进口业务中，国际运输费和货物国际运输保

险费总是由进口方支付的，无论是否包含在进口商品价格中，都要计入进口成本。

7.2 交 易 磋 商

7.2.1 交易磋商的形式

交易磋商的形式可以分为口头和书面两种，可以交叉使用。目前，中国企业采取走出去、请进来的形式日益增多。但是，日常交易仍以书面磋商为主。

口头磋商主要是指在谈判桌上面对面地谈判，例如，参加各进出口公司举办的专业性小型交易会、中国进出口商品交易会或国际博览会等各种交易会、洽谈会，派遣贸易小组出访、邀请客户来访洽谈等。另外，还包括双方通过电话进行的交易措施。这种形式灵活，但是费用较高。

书面磋商主要是指通过信件、电报、电传、传真及国际互联网等通信方式来洽谈交易。这种形式不够灵活，但是费用较低。

7.2.2 交易磋商的内容

交易磋商的内容即各种交易条件，涉及进出口合同的各项条款，包括品名、品质、数量、包装、价格、装运、保险、支付以及检验、索赔、不可抗力、仲裁、法律适用等。

在实际业务中，并非每次洽商都需要将上述条款一一列出、逐条商讨。对于品名、品质、数量、包装、价格、装运、保险、支付等主要交易条件往往逐一进行仔细磋商，但是对于检验、索赔、不可抗力、仲裁、法律适用等一般交易条件则往往事先拟就，多数情况下不必一一讨价还价。这对于缩短洽商时间和节约费用开支都是有益的。

7.2.3 交易磋商的步骤

交易磋商一般包括询盘（Inquiry）、发盘（Offer）、还盘（Counter offer）和接受（Acceptance）四个环节，其中，发盘和接受是达成交易、合同成立不可缺少的两个基本环节和必经的法律步骤。

1. 询盘

（1）询盘的含义。询盘在国际贸易业务中又称为"询价"，而在国际商法中称为邀请发盘Invitation to Offer），是指交易的一方计划购买或出售某种商品，向对方发出的探询买卖该项商品的有关交易条件，或就该项商品/交易提出有保留条件的建议。询盘对发盘人和受盘人都没有约束力，属于调查研究、试探市场动态的重要手段。但在商业习惯上，被询盘一方接到询盘后应尽快给予答复。询盘有两种：一是买方询盘，例如，请报中国东北大豆 FOB 大连的最低价；二是卖方询盘，又称"索盘"，例如，可供中国东北大豆，请递盘。

（2）询盘的注意事项。询盘时应注意下列问题：

1）可以向一个或数个交易对象同时询盘。我国外贸公司一般采取"订一询三"做法。

2）询盘可以采用口头方式，也可以采用书面方式，如使用信件、电报、电传、询价单等。

3）询盘的内容可以涉及价格、规格、品质、数量、包装、交货期以及索取样品、商品目录等，但多数是询问价格。询盘内容要简单明了，注意策略性。

4）应注意保管好有关询盘的资料，以备处理交易双方争议时有所参考。

2. 发盘

（1）发盘的含义。发盘在合同法中称为"要约"，是指交易的一方（发盘人）向另一方（受盘人）提出购买或出售某种商品的各项交易条件，并表示愿意按这些条件与对方达成交易、订立合同的行为。发盘是买卖双方达成交易必不可少的基本环节，对发盘人具有约束力。发盘有两种：一是卖方发盘，即"售货发盘"；二是买方发盘，即"购货发盘"，常称"订货"或"递盘"。

在实际业务中，交易条件往往由卖方提出，因而发盘常是卖方发盘的简称。例如，兹发盘 1000 打运动衫，规格按 3 月 1 日样品，每打 CIF 纽约 80 美元，标准出口包装，5～6 月装运，以不可撤销信用证支付，限 4 月 20 日复到有效。

（2）发盘的构成要件。根据《联合国国际货物销售合同公约》的规定："向一个或一个以上特定的人提出订立合同的建议，如果十分确定，并且表明发盘人在得到接受时承受约束的意旨，即构成发盘。一个建议如果写明货物并且明示或默示地规定数量和价格，或者规定如何确定数量和价格，即为十分确定。"

根据《联合国国际货物销售合同公约》的规定，一项有效的发盘应具备三个条件：①发盘要向特定的受盘人（Specific Person）提出；②发盘内容必须十分确定，至少应包括三个基本要素；③发盘要表明一经接受，发盘人即受约束的意旨。

（3）发盘的有效期。

1）表示接受的时间限制。例如，对于函电发盘，国际上常用的规定方法有三种：一是规定最迟接受的期限，例如"发盘限 5 月 1 日复到我方有效"，"发盘有效至我方时间星期五"；二是规定一段接受的期限，例如"发盘有效期为 10 天"；三是不明确规定有效期限，例如"在合理时间内有效"。

2）具体列明有效期时，受盘人应在合理时间内接受才能有效。根据《联合国国际货物销售合同公约》的规定，采用口头发盘时，除发盘人发盘时另有声明外，受盘人只能当场表示接受，方为有效。在实际业务中，为了防止发生争议，我国一般明确规定有效期，并规定以某时间复到我国有效。

> 思考时间　一法国商人于某日上午走访我国外贸企业洽购某商品。我方口头发盘后，对方未置可否，当日下午法商再次来访表示无条件接受我方上午的发盘，此时，我方已获知该项商品的国际市场价格有趋涨的迹象。对此，你认为我方应如何处理为好？为什么？

（4）发盘的生效时间。根据《联合国国际货物销售合同公约》的规定："发盘于送达受盘人时生效"。我国合同法也采取到达主义。我国合同法还对采用数据电文方式的到达时间如何确定作出了具体规定："采用数据电文形式订立合同，收件人指定特定系统接收数据电文的，该数据电文进入特定系统的时间，视为到达时间；未指定特定系统的，该数据电文进入收件人的任何系统的首次时间，视为到达时间"。

（5）发盘的撤回。发盘的撤回是指发盘在发出之后但是在到达受盘人之前，即发盘尚未生效时被取消。根据《联合国国际货物销售合同公约》的规定："一项发盘，即使是不可撤销也可以撤回，如果撤回的通知在发盘到达受盘人之前或同时到达受盘人。"发盘人可用更迅速的通信方法，将发盘撤回或更改的通知赶在受盘人收到该发盘之前或同时送达受盘人，则发盘即可撤回或修改。

（6）发盘的撤销。发盘的撤销是指发盘到达受盘人之后，即发盘已经生效后，发盘人取消该发盘、解除其效力的行为。

《联合国国际货物销售合同公约》关于发盘能否被撤销的规定：

1）在未订立合同之前，如果撤销的通知与受盘人发出接受通知之前送到受盘人，发盘可以撤销。

2）但在下列情况下，发盘不得撤销：①发盘中写明发盘的有效期限或以其他方式表明发盘是不可撤销的，如 Firm，Irrevocable 等；②受盘人有理由信赖该发盘是不可撤销的，而且受盘人已本着对该发盘的信赖行事。

（7）发盘的失效。将拒绝的通知送到发盘人手中时，原发盘就失去效力，发盘人不再受其约束。根据有关法律及贸易惯例的解释，一项发盘通常在六种情况下失效：①发盘被受盘人拒绝；②受盘人作出还盘；③发盘中规定的有效期届满；④发盘人依法撤销发盘；⑤由于不可抗力事故造成发盘失效，如政府禁令或限制措施；⑥发盘被接受以前，当事人丧失行为能力、死亡或法人破产等。

（8）发盘时应注意的问题。

1）发盘可以采用口头方式，也可以采用书面方式，如使用信件、电报、电传、报价单等。

2）要符合发盘的基本要求，主要交易条件完备，内容清楚确切。

3）明确规定接受的有效期限，并明确以收到时间为准。

3. 还盘

（1）还盘的含义。还盘是指交易一方在接到另一方的一项发盘后，对原发盘的主要交易条件不完全同意，向发盘人提出修改建议或新的限制性条件，以进一步洽商交易。从性质上看，还盘是对原发盘的拒绝，实际上是要求原发盘人答复是否同意原受盘人提出的新的交易条件。还盘有两种：一是还实盘与还虚盘；二是实质性还盘与非实质性还盘。

（2）还盘时应注意的问题。

1）还盘可以用口头方式或书面方式表达，一般与发盘采用的方式相符；可以针对价格，也可以针对支付方式、品质、数量、交货期等其他重要条件提出修改意见。

2）可以明确使用"还盘"字样，也可以不使用。

3）注意所接还盘是虚盘还是实盘。

4）注意是实质性还盘还是非实质性还盘。

> 思考时间　我出口公司向国外出售一批初级产品，该公司在6月15日向外商发盘，限对方在6月23日答复。外商在6月16日电告，只要提前装运期就可接受，我公司未予答复。6月19日外商又来电表示不改装运期也完全接受6月15日的发盘。此项交易是否成立？我公司对此应如何处理？

4. 接受

（1）接受的含义。接受在合同法中称为"承诺"，是指受盘人接到对方的发盘或还盘后，同意对方提出的条件，愿意与对方达成交易，并及时以声明或行为表示出来。接受是买卖双方达成交易必不可少的基本环节，接受产生的重要法律后果是交易达成、合同成立，从而对交易双方都具有约束力。

（2）接受的构成要件。一项法律上的接受，必须具备的条件有：①接受必须由受盘人做出；②接受的内容必须与发盘相符，接受应是无条件的接受；③接受必须以声明或其他行为形式表示出来；④接受必须在发盘的有效期内作出。

> **思考时间**　欧洲某中间商 A 对某商品向我方询盘，我方于 5 月 20 日向 A 商发盘，并要求 5 月 31 日前复到。26 日我方突然收到美商 B 按我方发盘的规定开来的信用证。随后又收到 A 商的电报称："你方 20 日发盘已转 B 商"。当时，该商品的价格正在上涨。我公司将信用证退回，又按调整后的价格直接向 B 商发盘。但 B 商来电称信用证于有效期内送到我方，是以行为表示的接受，所以合同已经成立，并拒绝接受新的报价。请问 B 商的意见是否合理？

（3）接受的生效。

1）英美法系采用投邮生效原则。

2）大陆法系采用到达生效原则。

3）《联合国国际货物销售合同公约》关于接受生效的规定：①以函电方式表示接受的，函电到达时生效；②以口头方式表示接受，立即生效；③以行为方式接受，行为作出时生效。《联合国国际货物销售合同公约》规定，如根据发盘或依照当事人业已确定的习惯做法或惯例，受盘人可以作出某种行为来表示接受，并须向发盘人发出接受通知。例如，发盘人在发盘中要求"立即装运"，受盘人可作出立即发运货物的行为对发盘表示同意，这种以行为表示的接受，在装运货物时立即生效，合同即告成立。

（4）逾期接受（Late Acceptance）。逾期接受是指在法律上，受盘人的接受通知晚于发盘人规定的有效期送达。一般逾期接受无效，发盘人不受其约束，但有例外的情况。《联合国国际货物销售合同公约》规定过期的接受在下列两种情况下仍具有效力：

1）如果发盘人毫不迟延地用口头或书面形式将此种意思通知受盘人。

2）如果载有逾期接受的信件或其他书面文件表明，它在传递正常的情况下是能够及时送达发盘人的，则这项逾期接受仍具有接受的效力，除非发盘人毫不迟延地通知受盘人，认为该发盘已经失效。

> **思考时间**　我出口企业对意大利某商人发盘限 10 日复到有效，9 日意商人用电报通知我方接受该发盘，由于电报局传递延误，我方于 11 日上午才收到对方的接受通知，而我方在收到接受通知前获悉市场价格已上涨，对此我方应如何处理？

（5）接受的撤回或修改。

1）英美法系规定，接受不能撤回；

2）大陆法系规定，接受是可以撤回的；

3）《联合国国际货物销售合同公约》规定，如果撤回通知于接受生效之前或与接受通知同时送达发盘人，则接受可以撤回。

> **思考时间**　中国 A 公司于 2014 年 7 月 16 日收到法国巴黎 B 公司发盘："马口铁 500 公吨，每吨 545 美元 CFR 中国口岸，8 月份装运，即期信用证支付，限 20 日复到有效"。A 公司于 17 日复电："若单价为 500 美元 CFR 中国口岸可接受 500 公吨马口铁，履约中如有争议在中国仲裁"。B 公司复电"市场坚挺，价格不能减，仲裁条件可接受，速复。"此时马口铁价格确实趋涨。A 公司于 19 日复电"接受你 16 日发盘，信用证已由中国银行开出，请确认"。但法国厂商 B 未确认并退回信用证。问合同是否成立？我方有无失误？

（6）接受的撤销。接受是不可以撤销的。如果一项接受已经送达发盘人，则接受已经生效，合同已经成立。如果受盘一方单方面撤销接受，则相当于毁约。

（7）接受时应注意的问题。

1）我方表示接受时，要注意：①分析对方的递盘或还盘是否为实盘；②表示接受之前，对来往函电认真核对。

2）对国外客户的接受，要注意：①分析对方的接受是接受还是还盘；②判断是实质性变更还是非实质性变更；③对接受的变更做明确表态。

本章小结

（1）国际贸易交易前准备工作主要包括对目标市场和交易对象进行选择，确定企业进入国际市场的渠道，成立贸易谈判小组以及制定进出口商品的经营方案，并进行交易的经济效益核算。

（2）交易磋商指买卖双方就某项商品的交易条件进行协商以求一致意见、达成交易的整个过程，一般包括询盘、发盘、还盘和接受四个环节。其中发盘和接受是达成一笔交易所不可缺少的两个基本环节。

章后习题与思考

1. 国际货物买卖合同商订的四个环节是什么？必经环节是什么？

2. 按照《联合国国际货物销售合同公约》的规定，发盘在什么情况下撤回和撤销？

3. 某公司向加拿大出口某商品，单价为每公吨 500 美元 CIF 温哥华，支付运费为 70 美元，保险费为 6.5 美元。如果该公司收购该商品的收购价为每公吨 1800 元人民币，且国内直接和间接费用增加 17%，试计算该商品的出口总成本、出口销售外汇净收入和出口换汇成本。若当期银行外汇牌价为 1 美元合 7.39 元人民币，试计算该笔出口交易的盈亏率。

4. 某年 2 月 10 日，中国某粮食出口公司电告日本某商贸公司，欲以 CIF 条件向日本出口一批丝绸，总价款为 50 万美元，用不可撤销的跟单信用证支付价款。2 月 16 日收到日本商贸公司复电，同意购买，但要求降低到 48 万美元，中国出口公司于 2 月 19 日电告对方同意其要求，日本商贸公司 2 月 20 日收到其电报，随后，出口公司将货物运至上海港，交由中国某远洋运输公司承运，整批货物分装在三个集装箱内。3 月 10 日承运船舶在公海航行时，由于船员的疏忽，船上发生火灾，出口公司托运的一个集装箱被火焚毁，其余两个则完好无损。3 月 15 日货物运至东京港，但日本商贸公司拒绝接受货物，并向中国出口公司提出索赔，双方诉至上海某法院。请回答：

（1）双方的合同争议是否可以适用《联合国国际货物销售合同公约》解决？

（2）根据有关法律规定，该合同于何时成立？为什么？

（3）该批粮食的运输保险应由哪一方当事人办理？保险费由哪一方负担？

（4）根据 CIF 交货条件，货物的风险在何时由卖方转移给买方？

8 国际货物买卖合同

主要教学内容

本章主要介绍国际货物买卖合同的特点、形式、成立的要件以及合同的基本内容，同时，结合合同样本重点讲授国际货物买卖合同的约首、基本条款及约尾三个构成部分。

教学目标及要求

通过本章学习，要求学生了解国际货物买卖合同的特点及形式，掌握国际货物买卖合同的三部分内容，掌握并正确理解国际贸易合同成立的条件。

章前导读

我国温州 A 企业作为出口商与澳大利亚 B 企业作为进口商，双方之间签订有长期贸易协议，协议中有一条规定："卖方必须在收到买方订单后 15 天内答复，若未答复则视为已接受订单。"2014 年 5 月 10 日，A 企业收到 B 企业订购 20 000 套服装的订单，但直到 7 月 5 日 A 企业才通知 B 企业不能供应 20 000 套服装。但 B 企业认为双方之间的合同在 5 月 26 日就已经成立，坚持要求 A 企业供应 20 000 套服装。试分析此案中 A 企业和 B 企业之间的合同是否成立？为什么？

8.1 国际货物买卖合同的特点、形式及成立的条件

8.1.1 国际货物买卖合同的特点

国际货物买卖合同是进出口双方当事人依照法律通过协商，就各自在贸易商的权利和义务所达成的具有法律约束力的协议。

国际货物买卖合同有以下特点：

（1）国际货物买卖合同主体具有外国因素。

（2）国际货物买卖双方当事人所在国政策的影响和制约。

（3）国际货物买卖合同应遵循国际通行的贸易惯例。

（4）法律适用问题是国际货物买卖合同的显著特点。

8.1.2 国际货物买卖合同的形式

（1）书面形式。国际货物买卖合同的书面形式包括合同书、信件以及数据电文（如电报、电传、传真、电子数据交换和电子邮件）等可以有形地表现所载内容的形式。书面形式的合同最为常见，比较有利。

1）正式合同（Contract）。正式合同即出口或进口合同（销售或购买合同），内容比较全面、完整，是繁式合同，适用于大宗货物或成交金额较大的交易。

2）销售或购买确认书（Confirmation）。销售或购买确认书的内容较为简化，一般仅列明

主要条款，而对于一般性条款则依照惯例，是简式合同，适用于成交金额不大、批次较多的轻工产品、土特产品，或者已经订有代理、包销等长期协议的交易。销售或购买确认书通常一式两份，由双方合法代表分别签字后各执一份，作为合同订立的证据和履行合同的依据。

正式合同和确认书形式的合同具有相同的法律效力。

（2）口头形式。国际货物买卖合同的口头形式即指当事人通过当面谈判或通过电话方式达成协议而订立的合同。

（3）其他形式。在国际货物买卖合同中，除了有书面形式和口头形式外，还有以行为表示而订立的合同。

需要注意的是，从总体上看，上述三种形式都是合同的法定形式，具有相同的法律效力，当事人可根据需要进行选择。

8.1.3 国际货物买卖合同成立的条件

（1）合同成立。国际货物买卖合同的成立是否有效，要看是否具备以下要件：当事人必须在自愿和真实的基础上达成协议；当事人应具有相应的行为能力；合同的标的和内容都必须合法；必须是互为有偿的；合同的形式必须符合法律规定的要求。

（2）合同生效。合同成立与合同生效是两个不同的概念。合同成立的判断标准是接受是否有效；合同生效是指合同是否具有法律上的效力。有时，合同虽然成立，但却不立即产生法律效力，而是需要其他条件成立时，合同才开始生效。

根据各国法律的规定，一项有效的合同必须具备的条件有：

1）当事人必须具有订立合同的行为能力。

2）当事人必须在自愿和真实的基础上达成协议。

3）合同必须有对价（英美法系）和合法的约因（法国法系）

4）合同的标的和内容必须合法。

5）合同的形式必须符合法律的规定。

8.2 国际货物买卖合同的基本内容

国际货物买卖书面合同的内容一般由约首、基本条款和约尾三部分组成。

8.2.1 约首

约首是指合同的序言部分，其中包括合同的名称，订约双方当事人的名称和地址（要求写明全称）。此外，在合同序言部分常常写明双方订立合同的意愿和执行合同的保证。

8.2.2 基本条款

基本条款是合同的主体部分，具体规定了买卖双方各自的权利和义务，一般通称为合同条款，如品名条款、品质条款、数量条款、价格条款、包装条款、交货（装运）条款、支付条款及商检、索赔、仲裁和不可抗力条款等。

8.2.3 约尾

约尾一般列明合同的份数，使用的文字及其效力，订约的时间和地点及生效的时间。合同的订约地点往往要涉及合同准据法的问题，因此要谨慎对待。我国出口合同的订约地点一般都写我国。

本章小结

（1）国际货物买卖合同具有以下特点：合同主体具有外国因素；国际货物买卖双方当事人所在国政策影响和制约；国际货物买卖合同应遵循国际通行的贸易惯例；法律适用问题是国际货物买卖合同的显著特点。

（2）国际货物买卖合同有书面形式、口头形式和以行为表示等的其他形式。从总体上看，这三种形式都是合同的法定形式，具有相同的法律效力，当事人可根据需要进行选择。

（3）国际货物买卖合同的成立是否有效的要件为：当事人必须在自愿和真实的基础上达成协议；当事人应具有相应的行为能力；合同的标的和内容都必须合法；必须是互为有偿的；合同的形式必须符合法律规定的要求。

（4）国际货物买卖书面合同的内容一般由约首、基本条款和约尾三部分组成。约首是指合同的序言部分，基本条款是合同的主体部分，约尾一般列明合同的份数，使用的文字及其效力，订约的时间、地点及生效的时间。

章后习题与思考

1．国际货物贸易合同的特征有哪些？
2．合同成立的要件有哪些？
3．国际货物贸易合同包括哪几部分内容？

9　国际贸易惯例和国际贸易术语

主要教学内容

本章首先介绍与贸易术语有关的《1990 年美国对外贸易定义修订本》（Revised American Foreign Trade Definition 1990）、《1932 年华沙-牛津规则》（Warsaw-Oxford Rules）和国际贸易术语解释通则三种国际贸易惯例。比较了《2000 年国际贸易术语解释通则》（以下简称《2000 通则》）和《2010 年国际贸易术语解释通则》（以下简称《2010 通则》）下的贸易术语类别，重点讲解《2010 通则》下的 11 种贸易术语，比较了 FOB、CFR、CIF 和 FCA、CPT、CIP 六种术语所表示的责任、费用、风险转移界限，介绍了影响贸易术语选择的主要因素。

教学目标及要求

要求学生通过本章学习，掌握与贸易术语有关的三种国际贸易惯例的内容和性质，理解并掌握贸易术语的含义及其运用。其中，着重了解国际商会《2010 通则》对贸易术语的解释。了解在选择贸易术语时应考虑的相关因素。

章前导读

贸易术语是关系双方利益的重要条件

2010 年 5 月，大连某出口公司与英国某进口商签订一份合同，约定交货术语为 CIF 伦敦，交货期为 2010 年 6 月 30 日以前，以 D/A30 方式结算货款。大连公司于 6 月 28 日在大连将货物装船，并取得当日已装船清洁提单。

提单寄到英国代收行，英国公司拒绝承兑并拒收单据，理由是英国公司认为大连公司违约，未按合同规定日期交货。英国公司提出，合同规定是 6 月 30 日前交货，但实际到货是 7 月 10 日，7 月 12 日才正式通知卸货、交货，影响了其生产进度。英国公司认为 6 月 28 日只算装货，不是交货。

大连公司提出反驳意见，认为 6 月 28 日已经把货物装船，符合合同规定的交货期，买方属无理拒付。大连公司首先援引《2000 通则》第 A4 条关于"交货"的规定："在规定的日期或期限内，在装运港将货物交至船上。"即卖方在装运港将货物装上船后，已经完成交货任务。所以在 CIF 条件下，货物在制定装运港将货物完整地装上船就是履行了交货义务。同时，大连公司又指出，根据《1932 年华沙－牛津规则》第五条规定："风险应依照第二条规定从货物装到船上时转由买方承担。"该规定即是指从货装上船以后风险由买方负担，当然从该时间起就是交货了。

大连公司据以上国际惯例反复引证，最终英国公司承认 6 月 28 日已算交货，符合合同规定，支付了货款。

9.1 国际贸易惯例概述

9.1.1 国际贸易惯例的含义

国际贸易惯例又称"国际商业惯例"，一般是指在长期的国际贸易实践中逐渐形成并总结出的、具有普遍意义的习惯做法和行为规范。

在国际贸易中，国际贸易惯例本身不是法律，不具有法律约束力。在订约时，国际贸易惯例由当事人自愿采用，买卖双方有权在合同中做出与某项国际贸易惯例不符的规定。当合同条款与某项国际贸易惯例有冲突时，以合同条款为准。

9.1.2 国际贸易惯例的特点

国际贸易惯例主要有四个特点：①在长期的国际贸易活动中逐渐形成；②具有确定的内容，而且被许多国家和地区认可；③不具有法律的强制性；④内容随着国际贸易的发展不断更新。

9.1.3 国际贸易惯例的选用

国家贸易惯例的选用采用准据法，即根据法律适用规范指示而找出应适用的法律。国际贸易中的法律适用规范采用的原则主要有：①意思自治原则；②客观标志原则；③最密切联系原则。

9.2 贸易术语的含义与作用

9.2.1 贸易术语的含义

贸易术语又称"价格术语"，是在长期的国际贸易实践中产生的，用简明的语言或缩写字母来概括说明交货地点，买卖双方在责任、费用和风险上的划分，以及构成商品价格基础的特殊用语，是国际贸易中定型化的买卖条件。例如：CIF 伦敦。

价格术语不等同于价格，它涉及四个方面的内容：①表示价格构成；②表示交货条件；③由谁办理有关的运输、保险及通关手续，并支付相关的费用；④买卖双方各有怎样的责任。

9.2.2 贸易术语的作用

合理地选用贸易术语，能够简化交易磋商的内容，缩短成交过程，节省费用开支；同时，贸易术语可以部分地表明合同性质，例如 CIF 合同。但是需要注意的是，价格术语不是确定合同性质的唯一因素，判断合同性质还要考虑其他因素。

9.3 与贸易术语有关的国际贸易惯例

目前，国际上影响较大的有关贸易术语的统一解释和规则主要有三种，即《1990 年美国对外贸易定义修订本》、《1932 年华沙-牛津规则》和国际贸易术语解释通则（以《2010 通则》为例）。

9.3.1 《1990 年美国对外贸易定义修订本》

1919 年，美国商会、美国进出口全国协会和全国对外贸易协会等 9 大商业团体的联合委员会制定了《美国出口报价及其缩写条例》（The US Export Quotations and Abbreviations），解释了有关对外贸易定义。1941 年在美国第 27 届全国对外贸易会议上做了修订，改名为《1941 年美国对外贸易定义修订本》（Revised American Foreign Trade Definition 1941）。1990 年再次修订，改称《1990 年美国对外贸易定义修订本》，该修订本以美国贸易中习惯的 FOB 契约条件为基础对 6 种贸易术语作了解释，分别是 EXW、FOB、FAS、CFR、CIF 和 Ex Dock（named port of importation，指定进口港）。在美国、加拿大以及其他一些美洲国家采用较多，它与国际贸易术语解释通则有明显区别，交易时应注意。

（1）产地交货（EXW… named point of origin），如工厂、矿山、农场、仓库交货等按此术语。卖方必须在限定期限内在约定地点将货物交于买方控制。

（2）在运输工具上交货（FOB）：分为 6 种类型，仅第五种解释和《2010 通则》解释类同。

1）在指定启运地交货（FOB…named inland carrier at named inland point of departure）；

2）在内陆指定的启运地指定内陆运输工具上交货，运费预付到指定的出口地点（FOB…named inland carrier at named inland point of departure ，freight prepaid to…named point of exportation）；

3）指定内陆启运工具上交货，并扣除至指定地点的运费（FOB…named inland carrier at named inland point of departure，freight allowed to…named point）；

4）在指定出口地点的指定内陆运输工具上交货（FOB…named inland carrier at named inland point of departure）；

5）在指定装运港船上交货（FOB…vessel…named of shipment）；

6）在进口国指定内陆地点交货（FOB…named inland point in country of importation）。

（3）船边交货（free alongside shipment，FAS）：在指定装运港船边交货。卖方负责将货物交到装运港买方所指定的海轮船边，船上吊钩所及之处，或交到买方指定的码头。

（4）成本加运费（指定目的港）（CFR…named point of destination）：即卖方报价包括将货物运到指定目的地的运输费用在内。

（5）成本加保险费加运费（指定目的港）（CIF…named point of destination）：卖方报价包括货物的成本、海运保险费用和将货物运到目的地的运输费用。

（6）目的港码头交货（Ex Dock…named port of importation）：卖方报价包括货物成本和将货物运到指定进口港码头所需要的全部附加费用，并交纳进口税。

9.3.2 《1932 年华沙-牛津规则》

《1932 年华沙-牛津规则》是国际法协会于 1928 年在波兰华沙开会，以英国贸易习惯及判例为基础，制定的 CIF 买卖合同规则，称为《1928 年华沙规则》。经过历次修订，1932 年在国际商会（International Chamber of Commerce，ICC）的协助下，在牛津会议上进行了修订，定名为《1932 年华沙-牛津规则》，共 21 条；专门解释 CIF 合同，对于 CIF 的性质、买卖双方所承担的风险、责任和费用的划分以及货物所有权转移的方式等问题作了比较详细的解释。在东欧、北欧一些国家采用。

9.3.3 《2010 通则》

国际商会 1936 年制定了《1936 年国际贸易术语》（International Commercial Terms），先后于 1953 年、1967 年、1980 年、1990 年、2000 年和 2007 年进行了修订，最新的版本是《2010 通则》，是国际商会第 715 号出版物（ICC Publication 715），于 2011 年 1 月 1 日起生效。相

比较《2000 通则》，《2010 通则》加强了交货规则，并将规则总量从 13 条减少到了 11 条，并且使得所有规则的表述更加简洁明确，是第一个使得所有在买卖双方中的适用保持中立的国际贸易术语解释版本。《2010 通则》的主要特点有：

（1）新增了 2 个术语，删除了 4 个术语。《2010 通则》删除了《2000 通则》中四个 D 组贸易术语，即 DDU、DAF、DES、DEQ，只保留了 D 组中的 DDP，另外新增了两个 D 组贸易术语，即 DAT 与 DAP。这两个新增术语的交货地点都在指定地发生。

（2）《2010 通则》共解释了两大类 11 种贸易术语。《2010 通则》将贸易术语分为适用于任何运输方式或多种运输方式的 7 种贸易术语和只适用于海洋运输和内河运输的 4 种贸易术语，《2010 通则》中的 11 种贸易术语简表见表 9-1。

表 9-1　　　　　　　　　　《2010 通则》中的 11 种贸易术语简表

类别	贸易术语	中文含义	适用的运输方式
第一类	EXW　（ex works）	工厂交货	任何运输方式或多种运输方式
	FCA　（free carrier）	货交承运人	
	CPT　（carriage paid to）	运费付至	
	CIP　（carriage and insurance paid to）	运费、保险费付至	
	DAP　（delivered at place）	目的地交货	
	DDP　（delivered duty paid）	完税后交货	
	DAT　（delivered at terminal）	目的地或目的港的集散站交货	
第二类	FAS　（free alongside ship）	船边交货	海运及内河水运
	FOB　（free on board）	装运港船上交货	
	CFR　（cost and freight）	成本加运费	
	CIF　（cost，insurance and freight）	成本、保险费加运费	

1）第一类中的七个贸易术语，无论选用何种运输方式，也无论是否使用一种或多种运输方式，均可适用，甚至也适用于没有海上运输的情形。

2）对于第二类术语，交货地点和将货物交至买方的地点都是在港口，因此被划分为"适于海运及内河水运的术语"。在 FOB、CFR 和 CIF 三个术语中，省略了以船舷作为交货点的表述，取而代之的是货物置于"船上"时构成交货，这样的规定更符合当今商业现实。

（3）《2010 通则》中的贸易术语对国际和国内货物买卖合同均可适用。《2010 通则》既适用于国内交易也适用于国际交易。所以，《2010 通则》在一些地方明确规定，只有在适当的时候，才有义务遵从进口或者出口的手续。这一规定使得《2010 通则》更加广泛应用于各类贸易中，企业脱离了以前在国内贸易中引用 INCOTERMS 条款名不正言不顺的窘境。

（4）增加了使用说明。使用说明解释了每个术语的要点，如该术语何时适用、风险何时转移和买卖双方如何分摊费用。这些使用说明不是术语正式规则的一部分，但是它们是用来帮助和引导使用者准确有效地为特定交易选择合适的术语。

（5）赋予电子通信方式完全等同的功效。《2010 通则》中 A1/B1 条款赋予电子通信方式和纸质通信相同的效果，只要缔约双方同意或存在国际惯例。这一规定有利于促进《2010 通则》中新的电子程序的演进。

（6）充分考虑了保险条款的变动。《2010 通则》考虑了 2009 年修订的《伦敦保险协会货物保险条款》，包含了很多关于买卖双方如何分配报关与协助报关责任的条款。卖方和买方分别要帮助对方提供包括与安全有关的信息和单据，并因此向受助方索偿发生的费用。

（7）安检通关及其通关所需信息。《2010 通则》在各术语的 A2/B2 和 A10/B10 条款中，明确了买卖各方间完成或协助完成安检通关的义务。

（8）明确了码头作业费的分摊。《2010 通则》在各术语的 A6/B6 条款中，明确了码头作业费的分摊。

（9）关于连环贸易（String Sales）的补充。与特定产品的销售不同，在商品销售中，货物可能在一笔连环贸易下的运输期间被多次买卖，由于连环贸易中货物由第一个卖方运输，作为中间环节的卖方就无需装运货物。因此，处在销售链中端的卖方不是以运送货物的方式，而是以获得货物的方式，履行其对买方的义务。着眼于贸易术语在连环贸易模式下的应用，《2010 通则》的相关术语中包括了"获得运输中货物"的义务，并以其作为在相关术语中运输货物义务的替代义务。

9.4　《2010 通则》中的 11 种贸易术语

9.4.1　适用于海运及内陆水陆运输的 4 种贸易术语

1. FOB 术语

（1）FOB 术语的含义。FOB 的全文是 Free On Board（…named port of shipment）装运港船上交货（……指定装运港），是指卖方以在指定装运港将货物装上买方指定的船舶，或取得已如此交付的货物，卖方完成交货。货物灭失或损坏的风险在货物交到船上时转移，同时买方承担自该时起的一切费用。

（2）关于买卖双方义务和运输方式的规定。

1）适用的运输方式。FOB 仅适于海运或内河运输方式，不适合集装箱运输方式。

2）货物的交付。FOB 是卖方交货，卖方将货物运送到指定装运港并将货物装载于买方指定的船上（…placing them on board），或配合大宗货物在运送途中的转售，"取得"已如此交付的货物（原货主已将转售货物装船）。

3）FOB 术语卖方主要义务。

a. 货物交付。负责在合同规定的日期或期间内，在指定装运港，将符合合同的货物按港口惯常方式交至买方指定的船上，并给予买方充分的通知；

b. 办理通关。负责办理货物出口所需的一切海关手续，取得出口许可证或其他核准书；

c. 风险转移和费用负担。负责在装运港船上交付货物为止的一切费用和风险，包括办理货物出口所应缴纳的关税和其他通关费。

d. 单据提供。负责提交商业发票、官方及其他正式出口文件、证明货物已交至船上的通常单据或协助买方取得运送单据、协助买方取得进口及过境他国的相关文件。如果买卖双方约定采用电子通信，则所有单据均可被具有同等效力的电子数据交换信息（EDI message）所替代。

4）FOB 术语买方主要义务。

a. 负责按合同规定支付价款；

b．负责租船或订舱，支付运费，并给予卖方关于船名、装船地点和要求交货时间的充分通知；

c．自负风险和费用取得进口许可证或其他核准书，并办理货物进口以及必要时经由另一国过境运输的一切海关手续；

d．负担在装运港船上卖方交付货物后的一切费用和风险；

e．收取卖方按合同规定交付的货物，接受与合同相符的单据。

> 🧭 **思考时间**　　买卖双方签订 FOB 合同，卖方向买方出口一级大米 500 公吨，装船时货物经公证人检验，符合合同规定的品质条件，卖方于装船后及时发出装船通知。货运途中因风浪过大，大米被海水浸泡，品质受到影响，货物运抵目的地后只能按三级大米价格出售。因而买方要求卖方赔偿差价损失。问：卖方是否该负责？为什么？

5）FOB 术语的风险转移问题。买方须按照下述规定承担货物灭失或损坏的一切风险：

a．自货物在指定的装运港交付起。

b．由于买方未按照"买方必须给予卖方有关船名、装船点和要求交货时间的充分通知"的规定通知卖方，或其指定的船只未按时到达，或未接收货物，或比按照 B7 条款通知的时间提前停止装货，则自约定的交货日期或交货期限届满之日起，但以该项货物已正式划归合同项下，即清楚地划出或以其他方式确定为合同项下之货物为限。

6）FOB 术语的费用划分问题。由于买方指定的船只未按时到达，或未接收上述货物，或比按照 B7 条款通知的时间提前停止装货，或买方未能按照 B7 规定给予卖方相应的通知而发生的一切额外费用，但以该项货物已正式划归合同项下，即清楚地划出或以其他方式确定为合同项下之货物为限。

> 🧭 **思考时间**　　有一份 FOB 合同，甲公司出口卡车 500 辆，该批货物装于舱面，其中40 辆是卖给某国乙公司的。货物抵运目的港后由承运人负责分拨。船行途中遇到恶劣天气，有 50 辆卡车被冲进海中。事后甲公司宣布出售给乙公司的 40 辆卡车已在运输途中全部损失。乙公司认为甲公司未履行交货义务，要求赔偿损失，甲公司认为货物已经完整装船，风险已转移，无须赔偿。请判别孰是孰非？为什么？

7）采用 FOB 术语应注意的问题。

a．FOB 合同属"装运合同"。在 FOB 术语下，卖方在装运港将货物装上船，即完成了交货义务。FOB 是典型的象征性交货。

b．"装上船"的要求和风险转移。《2000 通则》中以"船舷为界"作为风险划分的界限，难以作为划分买卖双方承担的责任和费用的界限，因为装船作业是一个连续的过程，包括货物从岸上起吊，越过船舷，装入船舱。如果卖方承担了装船的责任，则必须完成上述作业，而不可能在船舷办理交接。在实际业务中，FOB 合同的卖方往往根据合同规定或双方确定的习惯做法，负责将货物在装运港实际装在船上，并提供清洁已装船提单。

《2010 通则》中要求 FOB 合同的卖方必须在装运港将货物交至船上（deliver on board the vessel）或"装上船"（load on the vessel）。当货物装上船时，风险转移，卖方完成交货。由此可见，FOB 术语的交货点（风险点）为装运港船上。

FOB 的费用划分点与交货点是重合的，都是在装运港船上。FOB 卖方负担一切费用到货物交至船上为止，货物装上船后，由买方负担一切费用。在实际业务中，FOB 术语下买卖双方的费用划分往往按运费的结构、港口习惯或买卖双方的约定作必要的调整，而不严格以装上船为界。

c．装船费用。《2000 通则》通过 FOB 术语的变形来表示，《2010 通则》则在 A6 和 B6 条款中详细规定。

d．买方租船或定舱的责任。

a）船货衔接问题。按照 FOB 含义，买方应负责租船订舱并将船期、船名及时通知对方，而卖方负责在规定期限内将货物装上买方指定的船上。

若买方不按期派船，卖方有权撤销合同并要求赔偿损失，或有权代买方租船装运，或凭装运地仓库单代替提单索取货款；若未经卖方同意，船只提前到达，则卖方不负责支付空舱费或滞期费；若买方按期派船，而卖方未能及时备货按期装船，则卖方应支付由此造成的滞期费和空舱费。

因此，在 FOB 合同中，买卖双方对船货衔接事项，除了在合同中应作明确规定外，在订约后，必须加强联系，密切配合，防止船货脱节。

【案例 9-3】 我国某厂商与美商达成的合同中约定的术语为 FOB 上海，规定的交货时间为 2001 年 3～4 月份，而到 4 月 30 日，买方指派的船只仍未到达上海港。

（1）如果货物在 5 月 2 日因仓库失火而全部灭失，发生灭失的风险应由谁来负担？

（2）如果船于 5 月 2 日到达并装运，由此为保存货物而发生的额外费用由谁负担？

b）卖方代办租船。FOB 条件下，租船订舱是买方的责任。但如果买方要求卖方帮忙办理租船订舱事宜，卖方可以帮其办理，但仅仅是代替买方租船订舱，不承担因租船市场紧张而不能按期租到船订到舱位的责任和风险。

思考时间　　FOB 条件下出口一批食品。合同签订后买方委托我方租船，买方负担相关费用。我方接受委托。时至装运期我方在规定装运港无法租到合适的船，且买方不同意改变装运港，因此，到装运期满时货仍未装船。买方因销售季节即将结束，便来函以我方未按期租船履行交货义务为由撤销合同。我方应如何处理？

8）美国对 FOB 术语的特殊解释。《1990 年美国对外贸易定义修订本》将 FOB 术语分为 6 种，其中只有 FOB Vessel（named port of shipment）（指定装运港船上交货）与《2010 通则》中的 FOB 术语相近。但是在办理出口手续问题上也存在分歧。按《1990 年美国对外贸易定义修订本》规定，只有在买方提出请求，并由买方负担费用的情况下，FOB vessel 的卖方才有义务协助买方取得由出口国签发的、为货物出口或在目的地进口所需的各种证件，并且出口税和其他税捐费用也需由买方负担。这些规定与《2010 通则》FOB 术语关于卖方负责取得出口许可证，并负担一切出口税捐及费用的规定有很大不同。对于这些差异，我国外贸企业在与北美国家的出口商按 FOB 术语成交时应特别注意，最好在合同中具体说明，避免因解释不同而引起争议。

思考时间　　我方某公司以每公吨 242 美元 FOB Vessel 纽约进口 200 公吨钢材。我方如期开出 48 400 美元信用证，但美商来电要求增加信用证金额至 50 000 美元，否则有关出口捐税及签证费应由我方另行电汇。美方此举是否合理？

2. CIF

（1）CIF 术语的含义。CIF 的全文是 Cost，Insurance and Freight（…named port of destination），即成本加保险费、运费（……指定目的港）。成本加保险费、 运费是指卖方必须在合同规定的装运期内在装运港将货物交至运往指定目的港的船上，负担货物装上船为止的一切费用和货物灭失或损坏的风险，并负责办理货运保险，支付保险费，以及负责租船或订舱，支付从装运港到目的港的运费。

（2）CIF 术语卖方主要义务。

1）货物交付。在合同规定的日期或期间内，在装运港将符合合同规定的货物交至运往指定目的港的船上，并给予买方充分的通知。

2）办理通关。办理货物出口手续，取得出口许可证或其他核准书。

3）租船订舱。负责租船或订舱，并支付至目的港的运费。

4）办理保险。负责办理货物运输保险，支付保险费。

5）费用承担和风险转移。负责货物在装运港装上船为止的一切费用和风险。

6）单据提供。负责提供商业发票和证明货物已交至船上的通常单据。

（3）CIF 术语买方主要义务。

1）负责按合同规定支付价款。

2）负责办理货物进口手续，取得进口许可证或其他核准书。

3）负担在装运港船上卖方交付货物后的一切费用和风险。

4）收取卖方按合同规定交付的货物，接受与合同相符的单据。

（4）CIF 术语保险责任。卖方须按照合同规定，自付费用取得货物保险，并向买方提供保险单或其他保险证据，以使买方或任何其他对货物具有保险利益的人有权直接向保险人索赔。保险合同应与信誉良好的保险人或保险公司订立，在无相反明确协议时，应按《伦敦保险协会货物保险条款》或其他类似条款中的最低保险险别投保。保险期限应按照 B5 和 B4 条款的规定。如果能投保战争、罢工、暴乱和民变险，并且在买方要求和买方负担费用的情况下，卖方应加投战争、罢工、暴乱和民变险。最低保险金额应包括合同规定价款另加 10%（即 110%），并应采用合同货币。

> 思考时间　　在80年代，有一出口商同国外买方达成一交易，合同约定的价格条件为 CIF，当时正值海湾地区爆发战争，装有出口货物的轮船在公海上航行时，被一发导弹误中而沉。由于在投保时没有加保战争险，因此不能取得保险公司的赔偿。买方为此向卖方提出索赔是否合理？

（5）CIF 术语保险期限。《2010 通则》CIF 术语的 B5 条款规定，买方必须承担卖方按照 A4 条款规定交货时起的货物灭失或损坏的一切风险。则 CIF 术语的保险也应该从卖方按照 A4 条款规定交完货时刻开始，直到买方收受货物为止。

（6）采用 CIF 术语注意事项。

1）CIF 合同属于"装运合同"。由于在 CIF 术语后注明目的港，加上我国在某些场合曾将 CIF 术语译为"到岸价"，因此 CIF 合同常被误解为"到货合同"。

但是，CIF 以及其他 C 术语（如 CFR、CPT、CIP 等）与 F 术语（FOB、FCA、FAS）一样，卖方在装运地完成交货方面，其性质是相同的，采用这些术语订立的买卖合同均属"装运合同"性质。

2）"单据买卖"和"象征性交货"（Symbolic Delivery）。CIF 合同的重要特点之一是只要单据齐全（主要是提单、保险单和商业发票）和正确（符合合同要求），卖方提交单据即推定为履行交货义务，买方凭单据履行付款义务。按 CIF 单据达成的交易可以认为是一种典型的"单据买卖"和"象征性交货"。

思考时间　　买卖双方按照 CIF 条件即期付款方式签约成交某初级产品一批。卖方根据合同装船，并取得全部无疵单据。在向银行办理托收时，接到船方代理电传通知称，载货轮船中途遇险货物灭失，并已同时通知了收货人。在此情况下，买方可否以货物灭失为由拒付货款？卖方是否也因此不能通过银行交单托收？

3. CFR

（1）CFR 术语的含义。CFR 的全文是 Cost and Freight（…named port of destination），即成本加运费（……指定目的港），是指卖方必须在合同规定的装运期内，在装运港将货物交至运往指定目的港的船上，负担货物装上船为止的一切费用和货物灭失或损坏的风险，并负责租船或订舱，支付抵达目的港的正常运费。

（2）CFR 装船通知规定。根据《2010 通则》CFR 中 A7 条款，卖方必须给予买方说明货物已按照 A4 规定交货的充分通知，以及要求的任何其他通知，以便买方能够为受领货物采取通常必要的措施。

实际业务中，出口企业应事先与海外买方就如何发给装船通知商定具体做法。如果事先未曾商定，则应根据双方已经形成的习惯做法，或根据订约后、装船前买方提出的具体请求（包括在信用证中对装船通知的规定），及时用电讯向买方发出装船通知。

思考时间　　**CFR 条件下，卖方装船后未及时发出装船通知的争议案**

我方按 CFR 价格条件和客户签约成交某出口商品一批，合同规定保险由买方自理。我方于 10 月 1 日凌晨 2 点装船完毕，载货轮船于当日下午起航。因 10 月 1 日为我国法定假日，2 日又逢星期假日，未及时向买方发出装船通知，3 日上班收到买方急电称货轮于 2 日下午 4 时遇难沉没，货物灭失，要求我方赔偿全部损失。我方是否该承担责任？请自行比较 CFR、FOB 和 CIF 三个贸易术语。

4. FAS

（1）FAS 术语的含义。FAS 的全文是 Free Alongside Ship（…named port of shipment），即装运港船边交货（……指定装运港），是指卖方在装运港将货物放置在码头或驳船上靠船边，或为配合大宗货物在运送途中的转售，取得已按上述交付方式的货物，即履行交货义务。买方必须自该时刻起，负担一切费用和风险。

（2）关于买卖双方义务的规定。

1）卖方义务。

a. 在合同规定的时间和装运港将合同规定的货物交到买方所派船只的旁边，并及时通知买方。

b. 承担货交装运港船边的一切费用和风险。

　　c. 自负费用和风险，取得出口许可证和其他官方文件，并办理货物出口的一切海关手续。

　　d. 提交商业发票或具有同等作用的电子信息，并自负费用提供通常的交货凭证。

　　2）买方义务。

　　a. 订立从指定装运港运输货物的合同，支付运费，并将船名、装货地点和要求装货的时间及时通知卖方。

　　b. 在合同规定的时间、地点受领货物，并支付货款。

　　c. 承担受领货物后发生的一切费用和风险。

　　d. 自负费用和风险，取得进口许可证和其他官方文件，并办理货物进口的一切海关手续。

　　(3) 使用 FAS 术语注意事项。

　　1)《2010 通则》与《1990 年美国对外贸易定义修订本》的不同：修订本规定的 FAS 是 Free alongside，适用于各种运输工具，其 FAS vessel 和《2010 通则》的 FAS 基本相同。

　　2) 船货衔接：买方必须将船名、交货地点、时间及时通知卖方；卖方货抵船边后，应通知买方。

　　3) 和 FOB 相比：同属装运港交货；不同点在于 FAS 条件下卖方不负责装船费。

9.4.2　适用于各种运输方式的 7 种贸易术语

　　1. EXW

　　(1) EXW 术语的含义。 EXW 是工厂交货术语，英文全称是 Ex Works（…named place），是卖方在其所在处所（工厂、工场、仓库等）将货物提供给买方时，即履行了交货义务，除非另有约定，卖方不负责将货物装上买方备妥的车辆，也不负责出口清关。买方要负担自卖方所在处所提取货物后至目的地的一切费用和风险。

　　EXW 是卖方责任最小的一种术语。若买方无法办理出口手续，应用 FCA。

　　(2) EXW 术语的主要特点。

　　1) 适用范围。适用于以任何运输方式运送的货物交易，包括全程使用一种以上的运输方式。

　　2) 交货地点。双方议定地点，比如卖方营业场所、卖方工厂或卖方仓库等。

　　3) 卖方履行交货的两个义务：①卖方必须给予买方能够接管货物的充分通知；②将尚未办妥出口通关、尚未装载至买方安排收货的运输工具上的货物交与买方处置。

　　(3) 风险与费用的划分。

　　1) 卖方必须支付货物交到指定地点为止的一切费用，承担货物交至指定交货地点之前的一切灭失或毁损的风险。

　　2) 买方须支付自此交货地点起的费用（通则中未具体规定，但实际包含运费和运输保险费），并承担自此交货地点起的货物灭失或毁损的一切风险。

　　(4) 通关问题。EXW 适合于国内贸易，但当 EXW 用于国际贸易时：①卖方不负责取得出口许可证或其他出口许可条件，也不负责办理相关的出口通关手续；②买方须自负风险和费用，以获得任何出口、进口许可证或其他官方许可，并办理货物出口和进口的一切通关手续。

　　(5) EXW 的其他注意事项。

　　1) 卖方应将交货时间、地点及时通知买方。

　　2) 若买方不按约定收取货物，或交货时间、地点由买方决定时买方没有做出及时决定，交货时间一到，货物风险与费用得以提前转移，但前提是货物已划归本合同项下，而且卖方仍有保全货物数量、质量的义务。

3）包装问题：在买方及时通知卖方运输情况的前提下，卖方应自费作运输包装。

4）卖方不办理主要运输和保险，交易价格未包含主要运费及保险费，但是应买方请求，卖方须提供买方投保所需的信息，但风险和费用在于买方。

2. FCA、CPT 和 CIP

（1）FCA。

1）FCA 术语的含义。FCA 的全文是 Free Carrier（…named place of delivery），即货交承运人（……指定交货地），是指卖方在卖方所在地或其他指定地点将货物交给买方指定的承运人或其他人。FCA 是在 FOB 的基础上发展起来的，适用于各种运输方式，特别是集装箱和多式运输的一种术语。

2）关于买卖双方义务的规定：①卖方须在合同规定的交货期内，在指定地或地点将经出口清关的货物交给买方指定的承运人监管，并负担货物被交由承运人监管为止的一切费用和货物灭失或损坏的风险。②买方须自负费用订立从指定地或地点发运货物的运输合同，并将有关承运人的名称、要求交货的时间和地点充分地通知卖方；负担货交承运人后的一切费用和货物灭失或损坏的风险；负责按合同规定收取货物和支付价款。

使用 FCA 术语时应注意的问题：

a. 交货点和风险转移。FCA 条件下的风险转移以货交承运人为界，但交货地点的选择直接影响到装卸货物的责任划分。但是有特例，比如在卖方明确地将货物划归买方的情况下，因买方责任，使卖方无法按时交货，则自规定交货约定日期起，买方应承担相应费用和风险。

b. 卖方代为安排运输。FCA 条件下卖方无义务安排运输。但是，若买方请求或这是一种商业惯例以及买方未在适当的时间内给予相反的指示，卖方可按通常条件订立运输合同，而由买方负担风险和费用。在任何一种情况下，卖方可以拒绝订立运输合同，若拒绝，则须立即通知买方。

（2）CPT。

1）CPT 术语的含义。CPT 的全文是至 Carriage Paid To（…named place of destination），即运费付至（……指定目的地），是指卖方支付货物运至指定目的地的运费。在货物被交由承运人保管时，货物灭失或损坏的风险，即从卖方转移至买方。

2）关于买卖双方义务的规定：①买方负责由于货物交给承运人后发生的事件引起的额外费用；②卖方负责办理出口清关手续，并支付有关费用和税捐。

3）主要费用的划分。

a. 卖方须负担的费用。CPT 条件下，卖方必须承担的费用主要有：交货点之前货物灭失或毁损的一切风险及相关费用；与运送相关的费用[包括装载费用，如出口地的 THC（Terminal Handling Charge，码头操作费）及根据运输合同由卖方承担的目的地卸货费用]；出口通关费用，及交货前货物须经第三国的转口相关费用。

b. 买方须负担的费用。CPT 条件下，买方必须承担的费用主要有：货物交付地点起货物灭失或毁损的一切风险和费用；卸货费用（如进口地的码头操作费即 THC，运输合同规定由卖方负担的除外）；交货后第三国或进口国的通关费、税金及其他费用。

4）CPT 使用时应注意的问题。

a．风险划分与费用划分点分离。按照 CPT 术语成交，虽然卖方负责订立从起运地到指定目的地的运输合同，并支付运费，但卖方承担的风险并没有延伸到目的地。按照《2010 通则》的解释，货物自交货地到目的地的运输途中的风险由买方承担而不是卖方，卖方只需承担货物交给承运人控制之前的风险。在多式联运情况下，卖方承担的风险自货物交给第一承运人控制时即转给买方。

b．明确双方的责任和费用。

a）明确装运期、装运地点和目的地；

b）当由买方确定交货时间时，买方要及时通知卖方；

c）具体交货地点未确定，卖方可在最适合要求的地点交货；

d）卖方需特别注意的是装运通知问题。在 CPT 贸易术语下，卖方负责安排运输，风险自货物交给第一承运人控制时转由买方承担。为了使买方能及时办理货运保险，卖方在货物装运后要及时向买方发出装船通知，否则卖方要承担货物损坏赔偿责任。

（3）CIP。

1）CIP 术语的含义。CIP 的全文是 Carriage and Insurance Paid to（…named place of destination），即运费、保险费付至（……指定目的地），是指卖方除了须承担在 CPT 术语下同样的义务外，还须对货物在运输途中灭失或损坏的风险取得货物保险，订立保险合同，并支付保险费。

2）CIP 的保险问题。货物运输途中的风险属于买方，但保险责任由卖方承担。卖方应按双方约定险别、保险额投保；若无约定，卖方按最低责任投保，最低保险金额为合同价款加成 10%，并以合同货币投保。

保险合同须给予买方或任何其他与货物保险利益有关者（例如在信用证交易时，保险单经背书转让给开证行），直接向保险人（实务中通常是保险人在进口地的理赔代理）索赔的权利。

3．DAT、DAP 与 DDP

（1）DAT。

1）DAT 术语的含义。DAT 的全文是 Delivered At Terminal（…named terminal at port or place of destination），运输终端交货（……指定港口或目的地运输终端）。DAT 是指卖方应该在指定港口或目的地的指定运输终端将货物从承运的载货工具上卸下并交给买方处置。这里的"运输终端"意味着任何地点，而不论该地点是否有遮盖，例如码头、仓库、集装箱堆积场或公路、铁路、空运货站。卖方应负担将货物运至指定的目的地或目的港集散站的一切风险和费用（进口费用除外）。DAT 术语是《2010 通则》的新增术语，适用于任何运送方式，包含运送全程适用一种以上的运输方式。DAT 术语是实际交货术语，DAT 合同属于到达合同。

2）货物的交付。在 DAT 条件下，卖方必须在合同议定日期或期间交货，要求卖方在（进口地）目的港或目的地的指定运输终端，将已运抵指定地点并从承运的运输工具上完成卸载，但尚未办妥进口通关的货物，交付买方处置时完成交货义务。

3）风险的负担转移。卖方必须承担货物灭失或毁损的一切风险的范围是货物运送至合同指定的目的港或目的地的指定运输终端，并已从抵达的运输工具上完成卸货为止。

特例 1，若买方未能办妥进口通关，则需负担由此导致的货物灭失或毁损的一切风险。

特例 2，若买方未能依据通则规定，将其所决定于议定时间及/或指定目的地接管货物的地点等信息通知卖方，则须承担自合同规定交货日期或交货期届满起的一切风险。

4）运输和保险：①卖方负责与承担至进口地指定终站之前的货物运输和风险；②卖方自负费用订立将货物运送至终站的运输合同；③买卖双方均无义务为对方订立保险契约，但买卖双方因对方请求，均应向对方提供投保保险所需要的信息，但由此产生的风险和费用由对方自己承担。

5）通关。在必须办理进出口通关手续时，进口通关手续由买方办理，其余通关手续均由卖方承担，即卖方必须取得出口许可或其他官方许可，办理货物出口及货物交付前第三国的一切通关手续。买方必须取得进口国进口许可或其他官方许可及办理货物进口通关所需的一切手续。

（2）DAP。

1）DAP 术语的含义。

DAP 的全文是 Delivered At Place （…named place of destination），即目的地交货（……指定目的地）。DAP 术语是指卖方应该在指定目的地将还在运输工具上尚未卸载的货物交由买方处置。按照 DAP 术语交易时，卖方必须承担货物出口所需的海关手续费用，出口应缴纳的一些关税、税款和其他费用，以及货物从他国过境的费用。DAP 也是《2010 通则》的新增术语，与《2000 通则》的 DDU 相当，可适用于任何运送方式，包含运输全程适用一种以上的运输方式。DAP 术语是实际交货术语，属于到达合同。

2）货物的交付。DAP 条件下卖方必须在合同议定日期或期间交货，即在进口地指定目的地，将已运抵指定地点，尚未从承运人的运输工具上卸载但可供卸载（ready for unloading）且未办妥进口通关的货物，交于买方处置时完成交货义务。

3）DAT 与 DAP 的区别：①DAT 条件下卖方须将已运抵并已卸载的货物交与买方，DAP 条件下卖方须将已运抵当尚未卸载的货物交与买方；②DAT 的交货点是在（进口地）目的港或目的地的指定运输终端，如果交货计划在此运输终端之后的另一地点，则应使用 DAP（目的地交货）或 DDP（完税后交货）。

（3）DDP。

1）DDP 术语的含义。DDP 的全文是 Delivered Duty Paid（…named place of destination），即进口国内地完税后交货。卖方必须承担将货物运至目的地的一切风险和费用，包括办理海关手续的责任和风险，以及交纳手续费、关税、税款和其他费用。而买方只需在指定目的地领受货物。

DDP 术语是卖方承担责任、费用和风险最大的一种术语，该术语也是实际交货术语，DDP 合同属于到达合同。该术语适用于任何运输方式或多式联运。

2）货物的交付。卖方将货物运至进口国指定地点，可供买方收取时即履行交货义务。卖方负担货物交至该处的一切风险和费用（包括关税、税捐和其他费用，并办理货物进口清关手续）。

3）关于买卖双方义务的规定。

a. 卖方主要义务：

a）订立将货物按照通常路线和习惯方式运往进口国约定地点的运输合同，并支付运费。

b）在合同规定的时间、地点，将货物置于买方控制之下。

c）承担在指定目的地约定地点将尚未卸下的货物交给买方控制之前的一切费用和风险。

d）自负费用和风险，取得出口、进口许可证和其他官方文件，并办理货物出口和进口的一切海关手续，承担相关费用。

e）提交商业发票或具有同等作用的电子信息，并自负费用提供通常的交货凭证。

b．买方主要义务：

a）接受卖方提供的有关单据，在指定地点受领货物，并支付货款。

b）承担受领货物后发生的一切费用（包括卸货费用）和风险。

c）根据卖方要求，并由卖方承担风险和费用的情况下，给予卖方一切协助，使其取得进口许可证和其他官方文件。

d）如果买方未依照 B2 条款的规定履行其义务，则须承担由此产生的货物灭失或毁损的一切风险。

4.《2010 通则》中的 11 种贸易术语比较

《2010 通则》中的 11 种贸易术语比较见表 9-2。

表 9-2　　　　　　　　　　　《2010 通则》中的 11 种贸易术语比较

贸易术语		交货地点	风险转移界限	运费负担	保费负担	出口报关	进口报关
第一类	EXW	出口国商品产地、所在地	货交买方处置	买方	买方	买方	买方
	FCA	出口国内	货交承运人	买方	买方	卖方	买方
	CPT	出口国内	货交承运人	卖方	买方	卖方	买方
	CIP	出口国内	货交承运人	卖方	卖方	卖方	买方
	DAT	进口国内	目的地卸货码头或转运基地	卖方	卖方	卖方	买方
	DAP	进口国内	买方指定收货点	卖方	卖方	卖方	买方
	DDP	进口国内	买方指定收货点	卖方	卖方	卖方	卖方
第二类	FAS	装运港口	货交船边后	买方	买方	卖方	买方
	FOB	装运港口	货物装上船后	买方	买方	卖方	买方
	CFR	装运港口	货物装上船后	卖方	买方	卖方	买方
	CIF	装运港口	货物装上船后	卖方	卖方	卖方	买方

9.5　贸易术语的选用

对国际贸易术语解释通则不同年度版本中贸易术语的选用，主要参照以下八种因素。

1．运输方式

（1）海运方式下，宜选择 FAS、FOB、CIF、CFR 四种术语中的一种。

（2）任何运输方式下，宜从 EXW、FCA、CPT、CIP、DAT、DAP 和 DDP 其中术语中选择。

2．当事人的能力

若买方的营销能力强，在卖方所在地设有分支机构、代办处，可办理出口手续，则可采用 EXW 条件；相应地，能力强的卖方可采用 DDP。

3. 货物的种类

杂货交易中，多数以定期租船运输为主，需要预订，可采用 CFR、CIF、CPT 或 CIP，由卖方在出口地负责安排运输事宜；大宗物资或散装货，多以不定期船运输，可采用 FOB 或 FAS 等由买方洽订运输。

4. 贸易风险

结合其他贸易条件，考虑贸易风险，如 FOB 与托收。

5. 市场优势

若是卖方市场，卖方可选择对其较有利的 EXW、FAS 或 FOB 条件。

6. 法则限制与交易习惯

有些国家规定以 CFR 或 CIF 条件出口，指定本国船公司运输及保险公司投保；日本商家习惯用 FOB，中东商家习惯用 CFR。

7. 运费及保费

有些出口商可享受优惠费率，则可选择由卖方安排运输或保险；若运费及保费有上涨或下跌趋势，可采用 FOB、CIF 或 CFR。

8. 关税制度

若买卖双方国家对进口货物采取免征收关税措施，可采用《2000 通则》中的 DDU。若进口国有保税区，则区内买方进口货物也可采用《2000 通则》中的 DDU 条件。

本章小结

国际贸易惯例是在长期国际贸易实践中形成的具有普遍意义的一些习惯做法和规定。在国际上影响较大的有关价格术语的统一解释和规则主要有《1932 年华沙-牛津规则》、《1990 年美国对外贸易定义修正本》、《2010 通则》。《2010 通则》将贸易术语归纳为 11 种，即适用于海运及内陆运送输的 FOB、CIF、CFR、FAS 四种贸易术语和适用于各种运输方式的 EWX、FCA、CPT、CIP、DAT、DAP、DDP 七种贸易术语，其中 DAT 和 DAP 是《2010 通则》较《2000 通则》新增加的两种贸易术语。

章后习题与思考

1. 国际货物买卖合同单价条款的组成部分是什么？
2. 试比较象征性交货与实际交货的区别。
3. 某口岸出口公司按 CIF 伦敦向英商出售一批核桃仁，由于该商品季节性较强，双方在合同中规定：买方须于 9 月底前将信用证开到，卖方保证运货船只不得迟于 12 月 2 日驶抵目的港。如货轮迟于 12 月 2 日抵达目的港，买方有权取消合同。如货款已收，卖方须将货款退还买方。问这一合同的性质是否属于 CIF 合同？若买方一定要卖方保证到货时间，则应选用什么术语？
4. 我某外贸企业向国外一新客户订购一批初级产品，按 CFR 中国某港口、即期信用证付款条件达成交易，合同规定由卖方以程租船方式将货物运交我方。我开证银行也凭国外议付行提交的符合信用证规定的单据付了款。但装运船只一直未到达目的港，后经多方查询，发现承运人原是一家小公司，而且在船舶起航后不久已宣告倒闭，承运船舶是一条旧船，船、货均告失踪，此系卖方与船方互相勾结进行诈骗，导致我方蒙受重大损失。试分析，我方应从中吸取哪些教训？

10 商品的品名、品质、数量和包装

主要教学内容

本章主要介绍国际货物买卖合同中商品的品名、品质、数量和包装及相关条款，并通过案例分析，强调就上述交易条件订立合同条款时需要注意的问题。

教学目标及要求

要求学生通过本章学习，全面了解和准确把握国际货物买卖合同中的品名、品质、数量和包装条款，掌握订立国际货物买卖合同时规定品名、品质、数量和包装条款的方法及相关知识。

章前导读

我国内蒙古某羊绒衫厂与国外一客商签订出口羊绒衫合同，出口羊绒衫 10 000 件，价值 100 万美元。合同规定羊绒含量为 100%，商标上也标明 "100%羊绒"，在对方对我方生产的羊绒衫进行检验后，发现羊绒含量不符合合同约定而提出索赔，要求赔偿 200 万美元，后经双方反复交涉，最后以我方赔偿数十万美元才结案。请问，合同中订立的品质指标是否合理？在订立品质指标时有哪些注意事项？

10.1 商 品 品 名

商品的品名即"商品的名称"，"货物买卖合同的标的物"。合同中品名条款又称"买卖合同中标的物条款"，是指在"品名"的标题下，列明缔约双方同意买卖的商品的名称。

10.1.1 品名条款的意义

在国际货物买卖中，商品种类繁多，特点各异，但都要求买卖的标的必须是卖方合法占有和法律允许买卖的，且不涉及第三者权益。因此，对交易标的物的描述，是买卖双方交接货物的一项基本依据，它关系到买卖双方的权利和义务。若卖方交付的货物不符合约定的品名或说明，买方有权提出损害赔偿要求，直至拒收货物或撤销合同。

10.1.2 品名条款的基本内容

国际货物买卖合同中的品名条款通常都是在"商品名称"或"品名"的标题下，列明双方买卖的商品名称。有时为省略起见，也可以不加标题，只在合同的开头部分，列入双方同意买卖某种商品的文字。

10.1.3 品名条款的注意事项

国际货物买卖合同中的品名条款是合同的主要条件，因此在规定品名时，应注意以下问题：

（1）内容必须明确具体，文字表达要能确切反映标的物的特点，切忌空泛笼统。

（2）尽可能使用国际通用的商品名称。若必须使用地方性名称，需要双方就其含义取得一致性意见。

（3）货物名称描述应该实事求是。合同中的货物名称必须是卖方能够有把握供应的货物，也是买方需求的货物。凡是做不到或不必要描述的词句，都不要列入。

（4）若一种商品可以有不同的名称，则确定品名时必须注意国家的海关税则、运费和进出口限制的有关规定，在不影响外贸政策的前提下，从中选择有利于减低关税、运费和成本或方便进出口的名称作为合同的品名。

> 思考时间　某出口公司与外商成交一批罐头，合同上的品名为"铁罐装洋梨罐头"，而信用证上的品名为"洋梨罐头"。此时应该如何制作单据？

10.2　商 品 品 质

10.2.1　商品品质的含义及其重要性

商品品质又称"商品的质量"，是指商品的内在质量和外观形态，是由商品的自然属性决定的。前者具体表现为商品的化学成分、物理和机械性能、生物特征、组织结构等，一般需要借助各种仪器、设备分析测试后才能获得；后者具体表现为商品的形状、结构、花色、款式、造型、味觉、透明度、光泽等。商品品质是决定商品的使用价值和市场价值的重要因素。

在国际贸易中，商品品质的优劣不仅关系到商品的使用效能，影响着商品售价的高低、销售数量和市场份额的增减，买卖双方经济利益的实现程度，而且关系到商品信誉、企业信誉、国家形象和消费者的利益。

10.2.2　对商品品质的要求

1. 对进口商品的品质要求

在洽购进口商品时，应充分了解国外卖家所提供的商品品质的等级，分析该商品与我国同类商品的品质差异，不进口品质低劣的商品。选购进口商品时，还应考虑我国的国情和国内现实的消费水平，不应盲目追求高规格、高档次、高品质而造成不必要的损失。在订立合同时，还应注意对商品品质要求的严密性，避免因疏忽而造成损失。在货物到达时，应严格进行商品品质检验，杜绝不符合合同品质条款规定的商品进入国门。根据我国法律的规定，尤其要防止进口危害国家安全或者社会公共利益、破坏生态环境以及危害人民生命和健康的商品。

2. 对出口商品的品质要求

（1）从适应性方面来看，用户的需求不仅多样化而且会随着时间的变化而变化。因此，出口商不仅要严把质量关，针对不同目标市场，生产适销对路的商品，而且要重视对不同时期用户需求的研究。不断开拓商品花样品种，提高出口商品品质的市场适应性和针对性。

（2）从符合性方面来看，首先，出口商品应符合进口国的有关规定和要求，否则将无法出口。其次，要积极采用国际权威标准，例如 ISO9000、ISO14000、SA8000 系列标准。

（3）从实际业务方面来看，卖方交货商品的品质必须符合合同规定，以次充好或者以好充次都容易引起纠纷。交货品质低于合同要求属于违约行为，交货品质高于合同同样也可能会成为违约，这是因为品质过高会使买方在办理进口手续时遇到例如多交关税等的问题，在实行许可证制度的国家，还可能由于货证不符而遭受进口国海关的严厉处罚，另外，品质过高也可能不适应适用的目的。

10.2.3 表示商品品质的方法

1. 以实物表示商品的品质

（1）看货成交（Sale by Actual Quality）。买卖双方根据商品的实际品质进行交易。通常先由买方或其代理人在卖方所在地亲自验看货物，认为满意后再进行交易；有时卖方将货物运往进口地待售，此时，买方也可以亲自验货，并当场成交。

（2）凭样品买卖（Sale by Sample）。样品是指从一批商品中抽出来的或由生产、使用部门设计、加工出来的，足以反映和代表整批商品质量的少量实物。国际贸易业务中的样品基本有两种：①参考样品，仅供参考，不作为交货依据；②标准样品，代表商品品质的少量实物，是卖方交货、买方验货的品质依据，对双方具有法律约束力。

在国际货物贸易中，按样品提供者的不同，样品可以分为以下几种：

1）凭卖方样品买卖（Seller's Sample）是指凭借卖方提供的样品作为交货的品质依据。

> 思考时间　凭我方样品成交，对美国出口高档瓷器一批，合同中规定有"货到目的港60天内复验，索赔有效"条款，货到经对方复验后，并未提出异议。事过一年，对方来电称："这批瓷器全部釉裂，必须按原价降低60%，否则全部退回。"接电后，经查验我方留存之复样，也发现釉下裂纹。我方该如何处理？

2）凭买方样品买卖（Buyer's Sample）指买方自选提供样品交由卖方依样承制。为了避免与对方国家厂商发生专利纠纷，应该在合同中明确规定日后因此引发工业产权纠纷由买方负责。

3）对等样品买卖（回样）（Counter Sample）指为了避免日后在交货品质上发生争执，卖方可以根据买方提供的样品进行复制或提供类似样品，经买方确认后再作为生产、制造和交货的依据。

凭样品买卖应注意以下几个问题：①因卖方交货品质必须与样品完全一致，故容易产生品质纠纷，只能酌情采用，凡是能用科学的指标表示商品品质时，不宜采用凭样品买卖；②一般适用于不能用科学方法来表示品质或在色、香、味或造型方面有特殊要求的商品，主要是一部分工艺品、服装、轻工产品和土特产品等；③如对品质无绝对把握，应在合同中作出灵活规定，如规定品质与样品近似。如与样品大致相同（quality should be about equal to the sample），与样品类似（quality should be similar to the sample），与样品近似（quality is nearly same as the sample）；④对于凭买方样品或对等样品买卖，应在合同中对涉及工业产权问题作出规定，如在合同中明确规定，如果由于买方来样发生侵犯第三者权利，则由买方承担一切经济和法律责任；⑤严格区分参考样品和标准样品，参考样品对交易双方无约束力。

2. 以文字说明表示商品品质

（1）凭规格（Specification）买卖。商品的规格是反映商品品质的技术指标，如成分、含量、纯度、大小、粗细、性能等。例如，我国出口黄豆使用的指标有含油量、水分、杂质和不完善粒等。使用商品的规格时应注意，一方面，出口商应注意区分不同情况，将主要指标订入合同，而不宜过多罗列次要指标；另一方面，要求在合同中订立明确而有弹性的品质条款是对自己有利的。

> 🕐 **思考时间**　我方出口纺织原料一批，合同规定水分最高 15%，杂质不得超过 3%，但在成交前曾向买方寄过样品，定约后，我方又电告对方成交货物与样品相似。货到后，买方提出货物的质量比样品低 7% 的检验证明，并据此要求赔偿损失。我方是否该赔？

（2）凭等级（Grade）买卖。商品的等级是指同一类商品由于其品质的差异，用文字、数码和符号所作的分类。例如，我国出口的钨砂，根据三氧化钨和锡含量的不同，可以分为特级、一级、二级等。使用时应注意，为了便于履行合同和避免发生争议，在列明等级的同时，最好一并规定每一等级的具体规格。

> 🕐 **思考时间**　某出口公司与国外成交红枣一批，合同与来证上都写的是三级品，但到发货时发现三级红枣库存不足，于是改以二级品交货，并在发票上加注"二级红枣仍按三级计价"。这种以好顶次原价不变的做法妥当吗？

（3）凭标准（Standard）买卖。商品的标准是指政府部门或国际性工商业团体或标准化组织统一制定和公布的标准化品质指标。例如，我国出口的生丝规定有 6A、5A、4A、3A、2A、A、B、C、D、E、F、G 等 12 个品质标准。

常见的标准有：①企业标准；②商业团体标准；③国家标准；④区域标准；⑤国际标准。

在使用凭标准买卖时应注意，凡我国已制定了品质标准的出口商品，可以根据我国的标准进行买卖；如果可能，应尽量采用国际通行标准，以扩大出口；在援用标准时，应注明版本年份，以避免引起争议。

（4）凭说明书和图样（Description and Illustrations）买卖。凭说明书和图样买卖是指以说明书并附以图样、设计、图纸、分析表以及各种数据来说明商品的品质，一般适用于机器、电器和仪表等技术密集型商品。使用时应注意，要求所交货物必须符合说明书所规定的各项指标；同时，在合同中除列入说明书的具体内容外，常常订立卖方品质保证条款和技术服务条款。

（5）凭商标或牌号（Trade Mark or Brand Name）买卖。凭商标或牌号买卖是指以牌号或商标来确定商品的品质。商标或牌号的作用是帮助消费者识别产品，以便树立产品的声誉。这种方式一般适用于一些品质稳定的工业制成品或经过科学加工的初级产品。使用时应注意，即使在合同中不具体规定规格，卖方必须按该商标或牌号通常具有的品质交付货物；在规定商标或牌号时，应明确规定型号或规格；在采用买方定牌交易情况下，卖方应对涉及的知识产权问题作出规定。在进口交易中凭商标或牌号买卖时，还须规定产地和生产厂家。

（6）凭产地名称（Name of Origin）买卖。一般适用于受产区的自然条件、传统加工工艺因素的影响，在品质方面具有独特风格和特色的产品。例如，四川榨菜、龙口粉丝、祁门红茶等。

10.2.4　规定品质条款的注意事项

（1）实事求是地确定品质条件，明确具体地规定品质条款，不要笼统含糊。拟定品质条款时，慎用"大约"、"左右"、"合理误差"等笼统模糊的字眼，以免日后交货时由于双方对这些用语理解不一致而产生纠纷。但某些商品如农副产品、手工艺产品等的品质规定如果过细，日后很难做到交货品质与合同规定相符，这又会造成卖方违约，对这类商品可规定一定的品质公差和品质机动幅度。

（2）合理选择各种表示品质的方法。一般来说，凡是能用科学的指标说明其质量的商品，则适于规格、等级或标准买卖。有些难以规格化和标准化的商品，如手工艺品、古玩、土特产等则适于凭样品买卖。某些性能复杂的机器、电器和仪表，则适于凭说明书和图样买卖。某些质量好且有一定特色的名优产品，适合凭商标或品牌买卖。凡具有地方风味和特色的产品，则可凭产地名称买卖。凡能用一种方法表示品质的，不宜同时用两种或两种以上的方法来表示。

（3）对某些商品可以规定品质机动幅度。规定品质机动幅度的方法有三种：一是规定范围；二是规定极限；三是规定上下差异。

> 思考时间　我方先后向中东某国家出口纯毛纺织品数批，货到国外后买方一一收货，从未提出异议。但数月之后，买方寄来制成的衣服一套，声称用我方毛料制成的服装色差严重，难以投入市场销售，因而要求赔偿。问对此应如何解决？

10.3 商品数量

在国际货物买卖中，买卖双方必须以约定的货物数量作为履行合同的依据。货物的数量是指以一定的度量单位表示的货物的数量、个数、长度、面积、体积、容积的量。货物不仅表现为一定的质，同时也表现为一定的量。

10.3.1 约定商品数量的重要性

在国际货物买卖中，商品的数量不仅是国际货物买卖合同中的主要交易条件之一，而且是构成有效合同的必备条件。合同中的数量条款是买卖双方交接货物的依据，也是处理有关数量争议的依据。因此，正确把握成交数量和订好合同中的数量条款，对于买卖双方顺利达成交易，以及合同的履行，都具有十分重要的意义。

按照某些国家的法律，卖方交货数量必须与合同规定相符，否则买方有权提出索赔，甚至拒收货物。《联合国国际货物销售合同公约》规定，按约定的数量交付货物是卖方的一项基本义务。如卖方交货数量大于约定的数量，买方可以拒收多交的部分，也可以收取多交部分中的一部分或全部，但应按合同价格付款。如卖方交货数量少于约定的数量，卖方应在规定的交货期届满前补交，但不得使买方遭受不合理的不便和承担不合理的开支，而且买方有保留索赔的权利。

10.3.2 国际贸易中的度量衡制度

（1）公制（The Metric System），又称"米制"，主要在东欧、西欧、中美、拉美、东南亚、非洲等地区采用。

（2）英制（The British System）主要在英国、新西兰、澳大利亚等国采用。

（3）美制（The US System）主要在北美国家采用。

（4）国际单位制（International System of Units）又称"现代米制"，代号"SI"，由国际标准计量组织制定，在许多国家采用。其制度下的基本单位有：长度单位"米"；质量单位"千克"；电流单位"安（培）"；热力学温度单位"开（尔文）"；物质的量的单位"摩（尔）"；发光强度的单位"坎（德拉）"。我国于1991年1月1日起采用国际单位制。

10.3.3　计量单位

（1）按质量（Weight），适用于初级产品和部分工业制品，主要有磅（Ound）、吨（Ton）、千克（Kilogram）、克（Gram）、盎司（Ounce）、公吨（Metric Ton）等。

（2）按数量/个数（Number），适用于杂货及工业制成品，主要单位有件（Piece）、双（Pair）、套（Set）、打（Dozen）、罗（Gross）、卷（Roll）等。

（3）按长度（Length），多用于布匹、丝绸、电线电缆等交易，主要单位有米（Meter）、英尺（Foot）、码（Yard）、英寸（Inch）等。

（4）按面积（Area），多用于玻璃板、毛毯、皮革等交易，主要单位有平方米（Square Meter）、平方英尺（Square Foot）、平方码（Square Yard）等。

（5）按容积（Capacity），多用于部分谷物、液体货物及气体，主要单位有蒲式耳（Bushel）、加仑（Gallon）、升（Liter）等。

（6）按体积（Volume），多用于木材，主要单位有立方米（Cubic Meter）、立方英尺（Cubic Foot）、立方英寸（Cubic Inch）、立方码（Cubic Yard）等。

10.3.4　计算质量的方法

按照质量计量是目前国际贸易中使用最多的一种计量方法。计算质量的方法应根据货物的性质、买卖双方的意愿和商业习惯来确定。一般有以下几种：

（1）毛重（Gross Weight）。毛重即商品本身的质量加包装材料的重量。这种计量方法一般适用于大宗低值货物（如大米、大豆、饲料）的计价或从重计收运费等情况。有些货物因包装本身不便分别计算，如烟胶片、卷筒报纸等，或因包装材料与货物本身价值相差不多，如粮食、饲料等，常常采用按毛重计量来计价，称为"以毛作净"（Gross for Net）。例如，马饲料豆，单层麻袋装，每袋 100 千克，以毛作净。

（2）净重（Net Weight）。净重即商品本身的实际质量，其计算方法是毛重减去皮重。在国际贸易中，以质量计量的货物大部分都是按净重计量。

（3）公量（Conditioned Weight）。公量是用科学的方法抽出商品中的实际水分，再加上标准的含水量所得的质量。适用于吸湿性较强的商品，例如羊毛、生丝、棉花等。其计算公式为

$$公量=商品的干（净）重×（1+标准回潮率）$$

或者

$$公量=商品的干（净）重×（1+标准回潮率）/（1+实际回潮率）$$

其中，回潮率是指水分与干量之比。实际回潮率指商品中的实际含水量与干量的比重。国际上公认的生丝、羊毛的标准回潮率为 11%，也可以用"公定回潮率"（即交易双方商定在合同中约定的回潮率）代替。

【例 10-1】 内蒙古某出口公司向韩国出口羊毛 10 吨，标准回潮率为 11%，经抽样证明，10 吨羊毛用科学的方法抽干水分后净剩 8 吨羊毛，问用公量计算交货的质量为多少？

解法一：实际回潮率：（10−8）/8=25%

$$公量=实际重量×（1+标准回潮率）/（1+实际回潮率）$$
$$=10×（1+11%）/（1+25%）=8.88（吨）$$

解法二：公量=干量+标准含水量=8+8×11%=8.88（吨）

（4）理论质量（Theoretical Weight）。对一些具有固定规格形状和尺寸的商品，如钢板、

马口铁等，每件质量基本一致，一般可从件数或张数推算出总质量，即所谓理论质量，以方便买卖双方交接货物。

（5）法定质量（Legal Weight）。按照一些国家海关法的规定，在征收从量税时，商品的质量是以法定质量计算的。所谓法定质量是指商品质量加上直接接触商品的包装的质量，如销售包装等的质量。而除去这部分质量所表示出来的纯商品的质量，则称为实物净重。

13.3.5　规定数量条款应注意的事项

合同中的数量条款主要包括成交商品的数量和计量单位，以质量计算的，还需明确计算质量的方法。规定数量条款，须注意以下几点：

（1）正确掌握进出口商品数量。在交易磋商时，对出口商品数量的掌握，应考虑国外市场的需求量、市场趋势、国内货源的供应量、国际市场的价格变动趋势和国外客户的资信状况和经营能力，在国外市场需求量小、本国货源供应偏紧、国际市场价格看涨时，不能盲目成交。对进口商品数量的把握，则要考虑国内的实际需要和支付能力，此外，还应根据当时国际市场行情变化来灵活决定采购数量。

（2）合同中的数量条款应该明确具体。

1）选择合适的计量单位。

2）列明具体的交易数量。

3）订明具体的计量方法。

4）充分使用溢短装条款。

（3）正确掌握《跟单信用证统一惯例》（Uniform Customs and Practice for Documentary Credits，UCP，以下简称《UCP600》）关于"约量"的有关规定。在合同交货数量前加"约"字，也可使具体交货数量做适当机动，即多交或少交一定百分比的数量。但是对于"约"字的含义，各国掌握和理解不一。国际商会《UCP600》第30条a款规定，凡"约""大概""近似"或类似的词语用于信用证金额、数量或单价时，应解释为有关金额、数量或单价有不超过10%的增减幅度。若合同和信用证中未明确规定可否溢短装，则对于散装货，可根据《UCP600》第30条b款"除非信用证规定货物的数量不得有增减外，在所支付款项不超过信用证金额的条件下，货物数量允许有5%的增减幅度，但是，当信用证规定数量以单位或个数计数时，此项增减幅度则不适用"的规定处理。

10.4　商　品　包　装

10.4.1　商品包装的重要性

在当前激烈的竞争下，许多国家都将改进商品包装作为加强对外竞销的重要手段之一。良好的包装不仅可以保护货物，而且还能宣传和美化货物，提高货物身价促进销售，并在一定程度上显示出口国家的科技、文化、艺术水平。除此之外，商品的包装也是构成商品说明的重要组成部分。

10.4.2　商品包装的类型

（1）按照货物是否需要加包装分为散装货物、裸装货物和包装货物。

（2）按照包装在流通中所起的作用不同分为运输包装和销售包装。

1）运输包装又称"外包装"、"大包装"，主要作用是保护商品的品质和数量，并使其便于运输、装卸、储存、计数等。选择运输包装时应注意适应商品的特性、适应运输方式的要求以及符合进口国对运输包装的有关规定。

2）销售包装又称"内包装"、"小包装"、"直接包装"、"陈列包装"，是直接与商品接触、随商品进入零售市场直接和消费者见面的包装，主要作用是保护商品的品质和数量，美化商品、宣传介绍商品以便于促销。

选择销售包装时应注意符合进口国对销售包装的有关规定，设计包装装潢时要考虑进口国的爱好和禁忌。

出口商品的销售包装上应印有条形码标志，条形码是利用光电扫描阅读设备识读并实现计算机数据输入的一种特殊代码，又称"商品身份证统一编号"。国际上通用的包装上的条形码主要有 UPC 码和 EAN 码。我国于 1991 年 4 月正式加入国际物品编码协会，1991 年 7 月 1 日起采用 EAN 码。我国分到的国别号为 690、691 和 692。

> 思考时间　　在荷兰某一超级市场上有黄色竹制罐装的茶叶一批，罐的一面刻有中文"中文茶叶"四字，另一面刻有我国古装仕女图，看上去精致美观，颇具民族特色，但国外消费者少有问津。原因何在呢？

10.4.3　中性包装和定牌生产

1. 中性包装

中性包装（Neutral Packing）是指商品上和内外包装上不注明生产国别，其主要用于转口贸易，即绕开对方国家设立的贸易壁垒，加强对外竞销和扩大出口。采用中性包装，主要是为了打破某些进口国家和地区实行的关税壁垒、配额限制和其他一些限制进口的歧视性措施。使用时应注意，对于签订有出口配额协定的商品应加强管理，以防进口商将商品转口至有关配额国，产生不利影响。

2. 定牌生产

定牌生产是指卖方按买方要求在其出售的商品或包装上标明买方指定的商标或牌号，其主要作用是利用买方的经营能力以及商业信誉和牌名声誉，以提高售价和扩大出口。使用时应注意：

（1）在外商订货量较大，而且需求比较稳定时可以接受。

（2）在合同中对涉及工业产权问题作出规定，如规定若所采用的商标发生侵权行为，由买方负责。

（3）在定牌业务中，除中性以外，应刷中国制造。

13.4.4　包装标志

包装标志是指在包装容器（主要是运输包装）上用油墨、油漆以模板加印的特定记号，包括图形、文字、数字和字母等。其主要作用是在装卸、运输和保管过程中，便于识别货物、海关查验、单证核对以及防止错发错运，保护商品和人员的安全等。按照用途，包装标志分为运输标志（Shipping Mark）、指示性标志（Indicative Mark）、警告性标志（Warning Mark）。

1. 运输标志

运输标志又称唛头，是书写、压印或刷在外包装上的图形、文字和数字，其作用是识别货物，防止错发错运。运输标志主要由卖方设计，因此在包装条款中可不做具体规定，但是由买方设计的例外处理。运输标志是商品特定化最常见的有效方式，主要的出口单据如发票、提单、保险单上，都必须显示出运输标志。

根据国际标准化组织的建议，标准运输标志包括四项内容，即共 4 行，每行不超过 17 个字母，不采用几何图形。具体有：①收货人或买方的名称的英文缩写字母或简称，例如 ABCCO；②参考号，如订单、发票或合同号，例如 SC1973；③目的地的名称或代号，例如 LONDON；④件号，例如 No.3-10。

2.　指示性标志

指示性标志又称"安全标志"、"注意标志"，是根据商品易碎、易损、易变质等特性提出的在储运过程中应注意的事项，用醒目的图形和文字印刷在商品的外包装上。例如，"THIS SIDE UP"，"KEEP DRY"，"KEEP COOL"，"TO BE PROTECTED FROM COLD"，"KEEP AWAY FROM MOISTURE"，"HANDLE WITH CARE"，"LIFT/HEAVE HERE"，"OPEN HERE"，"CENTER OF BALANCE"，"NO HOOK"，"STOW AWAY FROM BOILER"，"FRAGILE"等。

3.　警告性标志

警告性标志是针对危险货物，为了在运输、保管和装卸过程中，使有关人员加强防护措施，以保护物资和人身安全而加在外包装上的危险货物标志。凡包装内装有爆炸品、易燃物品、自燃物品、遇水燃烧物品、有毒品、腐蚀性物品、氧化剂和放射性物品等危险品，均应在运输包装上刷写清楚明显的危险品警告标志，以示警告。例如："INFLAMMABLE"，"POISONOUS"，"KEEP IN DARK PLACE"等。

注意：我国出口危险品的运输包装上要同时刷制两套危险品标志：①由我国有关部门制定的《危险货物包装标志》（GB 190—2009）中规定的危险品标志；②联合国海事协商组织规定的《国际海运危险品标记》。

4.　原产地标志

原产地标志是指标明货物由哪国制造、生产、加工的标志。通常用"Made in..."表示。我国有关部门规定，我国出口商品无论是内外包装上一般都须注明"中国制造"，中性包装例外。

5.　质量和尺码标志

质量和尺码标志是为了表示该货物的毛、净重以及它的实际体积。例如，毛重 55kg；Measurement 122cm×40cm×50cm。

13.4.5　规定包装条款的重要性

包装条款是国际货物买卖合同中的主要条款之一，也是国际货物买卖合同的重要内容。按照合同约定的包装要求提交货物，是卖方的主要义务。按照一些国家的法律解释，如果卖方所交货物的包装与合同规定或行业惯例不符，买方可以提出损害赔偿，甚至有权解除合同。《联合国国际货物销售合同公约》第 35 条（1）款规定："卖方须按照合同规定的方式装箱或包装。"如果卖方不按照合同规定的方式装箱或包装，即构成违约。为了明确国际货物买卖合同中当事人的责任，通常应在买卖合同中对商品的包装要求作出明确具体的规定。

本章小结

在国际货物买卖中，商品种类繁多，特点各异。所以，对交易标的物的描述是买卖双方交接货物的一项基本依据，它关系到买卖双方的权利和义务。表示商品品质的方法多种多样，归纳起来，主要有凭实物表示和凭文字说明表示两大类。国际货物买卖合同中规定的货物的数量既是买卖双方交接货物的量的依据，也是主要交易条件之一。在规定交货数量和计量单位时，注意溢短装条款和约数的使用。除散装货和裸装货，大多数商品都需要包装。商品的包装一般可分为运输包装和销售包装，其中集装箱是目前国际贸易中最现代化的运输包装。包装条款主要包括包装方式、包装材料、包装规格、包装标志和包装费用的负担等内容。总之，在就品名、品质、数量和包装等交易条件签订合同条款时，须注意有关事项。

章后习题与思考

1．在规定合同中的数量条款和包装条款分别需要注意什么问题？
2．约定溢短装条款需注意哪些方面？
3．标准运输标志包括哪些内容？
4．我出口冰冻黄花鱼一批 20 公吨，每公吨 400 美元 FOB 上海。合同规定数量可以有 10%的增减，国外来证规定：总金额 8000 美元，数量约 20 公吨。我方装出 22 公吨，当持 8800 美元的汇票到银行议付时却遭到议付行的拒付，试分析议付行拒付的原因。

11 商品的价格

主要教学内容

本章主要介绍进出口商品作价的原则、方法及计价货币的选择，重点讲解主要贸易术语的价格构成及价格换算、介绍佣金和折扣，解释国际货物买卖合同中的价格条款。

教学目标及要求

通过本章学习要求学生熟悉进出口商品价格的基本原则、计价货币的选用和合同中价格条款的规定方法以及佣金、折扣的计价和支付等知识。掌握主要贸易术语价格的构成，学会正确核算价格和进出口报价。

章前导读

某德国客商对我某项出口商品出价为每公吨 400 欧元 CIF 汉堡，而我公司对该商品内部掌握价为 FOB 中国口岸每公吨人民币 1980 元。当时中国银行外汇牌价为每 1 欧元的买入价为 728.09 元人民币，卖出价为 730.28 人民币元。我公司备有现货，只要不低于公司内部掌握价即可出售。现该商品自中国某口岸至汉堡港的运费为每公吨人民币 600 元，保险费为每公吨人民币 100 元。问我方能否接受？

11.1 商品的作价方法

11.1.1 固定价格

固定价格是指由买卖双方在合同签订时确定价格，并在合同有效期内不变。例如，USD 100 per S/T CIF New York（每短吨 100 美元成本加保险费加运费在内价，目的港纽约）。上述单价如无特殊约定，应理解为固定作价，即订约后买卖双方按此价格结算货款，任何一方不得变更约定价格。也可再作如下明确规定：No price adjustment shall be allowed after conclusion of this contract（合同成立后不允许调整价格）。

国际商品市场的变化往往受各种临时性因素的影响，变化莫测，固定价格给买卖双方带来的风险比过去更大，尤其是在价格前景捉摸不定的情况下，更容易使客户裹足不前。因此，为了减少风险，促成交易，提高合同的履约率，在合同价格的规定方面，也日益采取一些变通做法。

11.1.2 非固定价格

1. 非固定价格的含义

非固定价格又称"活价"，是指买卖双方在合同签订时暂不固定价格，只规定一个确定价格的方法或时间，或暂定一个价格，待日后根据情况予以规定。非固定价格可以规避价格风险，促进成交，但存在较大的不稳定性。

2. 国际贸易业务中常见的非固定价格

（1）后定价格，是指买卖双方在合同中只规定定价时间和定价方法，价格在合同执行期间确定。例如，按照提单日期的纽约商品交易所的平均价格计算。注意，为了减少定价时买卖双方可能出现的分歧，应在合同中明确规定后定价格的作价方法和作价时间。

例1，在装船月份前50天，参照当地及国际市场价格水平，协商议定正式价格。

例2，按提单日期的国际市场价格计算。

例3，由双方在×年×月×日协商确定价格。

（2）暂定价格，是指在合同签订时先订立一个初步价格，作为开立信用证和初步付款的依据，待双方确定最后价格后再进行最后清算，多退少补。例如，单价暂定CIF纽约，每公吨1000美元，买方按此开立信用证，最后价格以纽约商品交易所在提单日期的平均价计算。

暂定价格常用于规定长期合同提供工业原料、粮食、食品的价格。为了减少日后双方的分歧，应在合同中明确判断市场价格变动的资料来源。

（3）滑动价格，是指在合同签订时先规定一个基础价格，交货时按生产费用（原料价格、工资等）的变动作出相应调整。

例如，价格调整条款：The above basic price will be adjusted according to the following formula based on the wage and price Indexes published by the ××× （organization）as of ×××（month）19××.Adjustment Formula［上述基础价格将基于××（组织）19××年××月公布的工资和物价指数根据以下公式调整。调整公式为］：

$$P = P_0 \left(A + B \frac{M}{M_0} + C \frac{W}{W_0} \right)$$

式中　　P——商品交货时的最终价格；

　　　　P_0——签订合同约定的初步价格；

　　　　M——计算最终价格时引用的有关物价指数；

　　　　M_0——签订合同时引用的有关物价指数；

　　　　W——计算最终价格时引用的有关工资指数；

　　　　W_0——签订合同时引用的有关工资指数；

A、B、C——签订合同时确定的有关价格中各要素所占的百分比。

1）滑动价格常用于生产周期较长的商品的交易，如大型工业设备、船舶等。

2）滑动价格是卖方避免通货膨胀风险、确保利润的一种手段。

3）使用价格调整条款时，价格的调整是有条件的，往往规定一个允许偏差额。在这个范围内，不能调整价格。

4）需要注意的是，为了避免双方分歧，应在合同中明确规定原材料价格指数和工资价格指数的来源。

3. 采用非固定价格时的注意事项

（1）酌情确定作价标准。为减少非固定价格条款给合同带来的不稳定因素，消除双方在作价方面的矛盾，明确订立作价标准则是一个重要的、必不可少的前提，作价标准可根据不同商品酌情作出规定。例如，以某商品交易所公布的价格为准或以某国际市场价格为准等。

（2）明确规定作价时间。关于作价时间的确定，可以采用下列几种做法：

1）装船前作价。一般是规定在合同签订后若干天或装船前若干天作价。采用此种作价办法，交易双方仍要承担自作价至付款转售时的价格变动风险。

2）装船时作价。一般是指按提单日期的行市或装船月的平均价作价。这种做法实际上只能在装船后进行，除非有明确的客观作价标准，否则卖方不会轻易采用。

3）装船后作价。一般是指在装船后若干天，甚至在船到目的地后始行作价，采用这类做法，卖方承担的风险也较大，故一般很少使用。

（3）非固定价格对合同成立的影响。在采用非固定价格时，由于双方当事人并未就合同的主要条件即价格取得一致，因此，就存在着按这种方式签订的合同是否有效的问题。目前，大多数国家的法律都认为，合同只要规定作价办法即是有效的，有的国家法律甚至认为合同价格可留待以后由双方确立的惯常交易方式决定。《联合国国际货物销售合同公约》允许合同只规定"如何确定价格"，为了避免争议和保证合同的顺利履行，在采用非固定价格时，应尽可能将作价办法作出明确具体的规定。

11.2　商品价格的构成及核算

在国际贸易合同中，不同的贸易术语，其价格的构成因素也不同。通常包括三方面的内容：商品的成本、费用和预期利润。在我国进出口业务中，最常用的贸易术语是 FOB、CFR 和 CIF 三种。这三种贸易术语仅适用于海上运输和内河运输。

11.2.1　商品价格的构成

（1）成本。商品成本又称实际成本，在实施出口退税制度的情况下，出口商在核算价格时，应将含税进货成本中的税收部分根据退税比率予以扣除，从而得出实际成本，即是含税的进货成本与该商品出口退税额之间的差额。用公式表示为

商品成本（又称实际成本）=进货成本（又称采购成本）–出口退税

出口退税=［进货成本/（1+17%）］×退税率

（2）费用。费用由国内费用和国外费用两部分构成。

1）国内费用。国内费用主要有加工整理费用，包装费用，保管费用（包括仓租、火险等），国内运输费用（仓库至码头），证件费用（包括商检费、公证费、领事签证费、产地证费、许可证费、报关单费等），装船费（装船、起吊费和驳船费等），银行费用（贴现利息、手续费等），预计损耗（损耗、短损、漏损、破损、变质等），邮电费（电报、电传、邮件等费用）等。

2）国外费用。国外费用主要有：①国外运费，若该批货物为班轮运输，该国外运费指的是自装运港至目的港的海上运输费用，若为整箱货，则国外运费公式表示为：整箱货单位产品运费=包装箱费/总装箱数量/单位包装内产品数量；②国外保险费（海上货物运输保险）；③如果有中间商，则还应包括支付给中间商的佣金。

（3）预期利润。利润的计算方法有两种：一种为该批商品出口总成本的一定百分比；另一种为该批商品报价的一定百分比。其公式表示为

利润=出口总成本×利润率

或　　　　　　　　　　　　　利润=报价×利润率

FOB、CFR 和 CIF 三种贸易术语的价格构成的计算公式可表示为

FOB 报价=商品成本+国内费用+佣金+预期利润

CFR 报价=商品成本+国内费用+出口运费+佣金+预期利润

CIF 报价=商品成本+国内费用+出口运费+出口保险费+佣金+预期利润

11.2.2 商品价格的核算

商品价格的核算应按照以下步骤进行：明确价格构成，确定成本、费用和利润的计算依据，然后将各部分合理汇总。

【例11-1】广州某贸易公司收到爱尔兰某公司求购6000双牛皮面皮革腰高6英寸军靴(一个40英尺集装箱)的询盘，经了解每双军靴的进货成本为人民币90元（含增值税17%），进货总价：90×6000=540 000元；出口包装费每双3元，国内运杂费共计12 000元，出口商检费350元，报关费150元，港区港杂费900元，其他各种费用共计1500元。该贸易公司向银行贷款的年利率为8%，预计贷款两个月，银行手续费率为0.5%（按成交价计），出口军靴的退税率为14%，海运费：大连—都柏林，一个40英尺集装箱的包箱费率是3800美元，客户要求按成交价的110%投保，保险费率为0.85%，并包括3%佣金。若该贸易公司的预期利润为成交额的10%，人民币对美元的汇率为8.25:1。试报每双军靴的FOB、CFR、CIF价格。

解：

（1）核算成本：实际成本=进货成本－退税金额=90－［90/（1+17%）］×14%=79.2308元/双

（2）核算费用：

1）国内费用=包装费+运杂费+商检费+报关费+港区港杂费+其他费用+贷款利息费

=3×6000+12 000+350+150+900+1500+（90×6000×8%/12）×2=40 100元

因此，每双军靴分摊的国内费用为40 100/6000=6.6833元/双。

2）银行手续费=报价×0.5%。

3）客户佣金=报价×3%。

4）出口运费=（3800/6000）×8.25=5.2247元/双。

5）出口保费=报价×110%×0.85%。

（3）核算利润：利润=报价×10%。

（4）三种贸易术语报价核算过程。

1）FOBC3报价的核算：

FOBC3报价=实际成本+国内费+客户佣金+银行手续费+预期利润

=79.2308+6.6833+FOBC3报价×3%+FOBC3报价×0.5% +FOBC3报价×10%

=85.9141+FOBC3报价×13.5%

等式两边移项得：FOBC3报价=85.9141/（1–13.5%）=99.3227元。

折成美元：FOBC3=99.3227÷8.25=12.04美元/双。

2）CFRC3报价的核算：

CFRC3报价=实际成本+国内费+出口运费+客户佣金+银行手续费+预期利润

=79.2308+6.6833+5.2247+CFRC3报价×3%

+CFRC3报价×0.5%+CFRC3报价×10%

=91.1388+CFRC3报价×13.5%

等式两边移项得：CFRC3报价=91.1388/（1–13.5%）=105.3628元。

折成美元：CFRC3=105.3628/8.25=12.77美元/双。

3）CIFC3报价的核算：

CIFC3报价=实际成本+国内费+出口运费+客户佣金+银行手续费+出口保险费+预期利润

=79.2308+6.6833+5.2247+CIFC3 报价×3%+CIFC3 报价
×0.5%+CIFC3 报价×110%×0.85%+CIFC3 报价×10%
=91.1388+CIFC3 报价×0.144 35

等式两边移项得：CIFC3 报价=91.1388/（1-0.144 35）=106.5079 元。

折成美元：CIFC3=106.5079/8.25=12.91 美元/双。

（5）三种价格对外报价分别为：

1）USD12.04/pair FOBC3 Dalian（每双 12.04 美元 FOB 大连，包括 3%佣金）；

2）USD12.77/pair CFRC3 Dublin（每双 12.77 美元 CFR 都柏林，包括 3%佣金）；

3）USD12.91/pair CIFC3 Dublin（每双 12.91 美元 CIF 都柏林，包括 3%佣金）。

FCA、CPT 和 CIP 三种贸易术语是国际商会为适应国际贸易的新发展而制定的贸易术语，它们的适用范围比较广。与 FOB、CFR 和 CIF 三种贸易术语相类似，其价格构成也有 3 部分：商品成本、费用和利润。由于采用的运输方式、交货地点和交货方式不同，有关费用也不同。

11.3 佣 金 和 折 扣

11.3.1 佣金

1. 佣金的含义

佣金（commission）是指买方或卖方支付给中间商代理买卖或介绍交易的服务酬金。佣金分为"明佣"和"暗佣"，含佣价要高于净价。正确运用佣金有利于调动中间商的积极性，从而扩大交易。

2. 佣金的规定方法

（1）以文字说明佣金率，例如，合同中规定：每公吨 200 美元 CIF 旧金山，包括 2%佣金（US $ 200 Per M/T CIF San Francisco including 2% commission）。

（2）在贸易术语上加注佣金的缩写英文字母"C"和佣金率，例如，每公吨 100 美元 CIFC2%纽约（US $ 200 Per M/T CIFC2% NewYork）。

（3）用绝对数来表示佣金，例如，每公吨付佣金 20 美元。

3. 佣金的计算方法

一般都是按照总价款的佣金率来计算佣金的额度。

（1）计算佣金的基数：多数是成交金额。

（2）佣金的计算公式：净价=含佣价×（1-佣金率）；含佣价=净价/（1-佣金率）。

4. 佣金的支付方法

（1）在卖方收到货款后另行支付给中间商；

（2）由中间商直接从货价中扣除，由买方直接付给中间商。

按照国际惯例，在独家代理情况下，如委托人与约定地区的客户达成交易，即使未经独家代理经手，也要按约定比率支付佣金。

思考时间 我方与外商以 CIF 价成交，成交金额为 2000 美元，含3%的佣金。现在外商要求该报 CIF 净价，并要求相应降低价格。在保持我方净收入不变的前提下，应如何报价？

11.3.2　折扣

1. 折扣的含义

折扣（Discount）是指卖方在原价格基础上给予买方一定比率的价格减让。折扣分为"明扣"和"暗扣"，卖方实际净收入要低于含折扣价。正确运用折扣有利于调动采购商的积极性，从而扩大销路。折扣有以下四种：①数量折扣（Quantity Discount）；②特别折扣（Special Discount）；③年终回扣（Turnover Bonus）。

2. 折扣的规定方法

（1）用文字说明折扣率。例如合同中的规定：每公吨 200 美元 CIF 伦敦，减 3%折扣（US$ 200 per M/T CIF London including 3% discount）。

（2）有时在贸易术语后加上折扣的英文缩写字母"D"或"R"及折扣率，但是这种方法容易引起误解，最好不用。

（3）用绝对数来表示。例如，每公吨折扣 20 美元。

3. 折扣的计算方法

（1）计算折扣的基数：成交金额。

（2）折扣的计算公式为

$$卖方实际净收入 = 原价（含折扣价）\times（1-折扣率）$$
$$= 原价（含折扣价）-单位货物折扣额$$
$$原价 = 卖方实际净收入 /（1-折扣率）$$

4. 折扣的支付方法

（1）一般是在买方支付货款时预先予以扣除。

（2）不直接从货价中扣除，而是按照暗中达成的协议另行支付给买方。

11.4　合同中的价格条款

11.4.1　规定价格条款的注意事项

国际贸易合同中，商品单价由四个部分组成，缺一不可。这四个部分分别为计量单位、计价货币、单价金额和贸易术语。在规定合同中的价格条款时，应注意以下几点：

（1）合理确定价格，防止偏高或偏低。

（2）根据拟采用的运输方式和销售意图，选用适当的贸易术语。

（3）考虑汇率波动风险，选择有利的计价货币，必要时加订保值条款。

（4）灵活运用作价方法，力争避免承担价格变动的风险。

（5）参照国际贸易中的惯例，注意佣金和折扣的合理运用。

（6）如果交货品质和数量允许有一定的机动幅度，要明确规定机动幅度部分的计价方法。

（7）单价中涉及的计量单位、计价货币、装运港、目的港等都要写清楚、正确，以免影响合同的履行。

11.4.2　计价货币和支付货币的选择

1. 计价货币和支付货币

计价货币（Money of Account）是指合同中规定用来计算价格的货币。如合同中的价格是用一种双方当事人约定的货币来表示，没有规定用其他货币支付，合同中规定的货币既是计价货币，又是支付货币（Money of Payment）。

2．计价货币的选择

在我国进出口业务中，多数情况下计价和支付采用同一种货币。

（1）货币的可兑换性。在确定计价货币时，主要应选择国际上通用的可自由兑换的货币。

（2）货币的稳定性。应充分考虑汇率波动可能带来的风险，尽量选用对自己有利的货币。一般而言，出口应选择币值相对比较稳定或呈上浮趋势的硬币，进口应使用币值有下浮趋势的软币。

如果为达成交易而不得不采用对我方不利的货币，则可设法用下述两种办法补救：一是根据该种货币今后可能的变动幅度，相应提高出口报价；二是在可能的情况下，订立保值条款，以避免汇兑风险。

3．价格换算

在国际贸易中，不同的贸易术语表示其价格构成因素不同，即包括不同的从属费用。例如，FOB 术语中不包括从装运港至目的港的运费和保险费；CFR 术语中则包括从装运港至目的港的通常运费；CIF 术语中则除包括从装运港至目的港的通常运费外，还包括保险费。在对外洽商交易过程中，有时一方按某种贸易术语报价时，对方要求改报其他术语所表示的价格，如一方按 FOB 报价，对方要求改按 CIF 或 CFR 报价，这就涉及价格的换算问题。了解贸易术语的价格构成及其换算方法，乃是从事国际贸易人员所必须掌握的基本知识和技能。

（1）FOB 价换算为其他价格。换算公式为

$$CFR 价=FOB 价+运费$$
$$CIF 价=（FOB 价+运费）/[1-（1+投保加成率）×保险费率]$$

【例 11-2】 我国青岛某公司接到纽约客户询盘函，询购户外帐篷 1000 套，要求按下列条件报出每套帐篷的 CIFC3%纽约的美元价格。条件：帐篷国内购货成本为每套 50 元人民币，1000 套帐篷的国内其他费用总计为 5000 元人民币，青岛公司的预期利润为国内购货成本和费用的 10%。该帐篷为纸箱装，每箱 10 套，从装运港至纽约的海运运费为每箱 20 美元。按 CIF 价加一成投保一切险和战争险，保险费率共 0.8%，汇率为 1 美元折 8 元人民币。请计算 FOB 价格、CFR 价格、CIF 价格及 CIF3%纽约价格。

解：1）FOB 价格=成本+费用+利润

$$=（50+5000/1000）×（1+10\%）=60.50 元人民币/套=7.56 美元/套$$

2）每套帐篷运费 F=20/10=2 美元/套

3）CFR 价格=FOB+F=7.56+2=9.56 美元/套

4）CIF 价格=CFR/[1-（1+投保加成率）×保费率]=9.56/[1-110%×0.8%]=9.64 美元/套

5）CIFC3%=CIF 净价/（1-佣金率）=9.64/（1-3%）=9.94 美元/套

因此，每套帐篷的 CIFC3%纽约价格为 9.94 美元/套。

（2）CFR 价换算为其他价格。换算公式为

$$FOB 价=CFR 价-运费$$
$$CIF 价=CFR 价/[1-（1+投保加成率）×保险费率]$$

（3）CIF 价换算为其他价格。换算公式为

FOB 价=CIF 价×［1–（1+投保加成率）×保险费率］–运费

CFR 价=CIF 价×［1–（1+投保加成率）×保险费率］

思考时间　　设我方出口某商品，FOB 价为 13 570 美元，该批货物的运费为 2780 美元。请计算 CFRC5%价。

本章小结

（1）商品价格往往是买卖双方交易磋商的焦点。通常，我国是在贯彻平等互利的原则下，根据国际市场价格水平，结合国别（地区）政策，并按照自身的购销意图确定适当的价格。在确定价格时，需要选择适当的计价货币，灵活运用作价方法，包括固定价格、暂不固定价格、暂定价格、滑动价格等。

（2）在交易磋商过程中，有时一方按某种贸易术语报价时，对方要求改报其他术语所表示的价格，所以，从事国际贸易人员还须了解贸易术语的价格构成及其换算方法。在价格条款中，有时会有佣金的规定，因此，可将商品价格分为含佣价和净价。折扣则是卖方给予买方的价格减让，从性质上看，它是一种优惠。

（3）买卖合同中的价格条款一般由单价和总值两部分构成。国际贸易商品单价由计量单位、计价货币、单价金额和贸易术语四个部分组成，缺一不可。总值是单价同数量的乘积，即一笔交易的货款总金额。规定价格条款时需要注意相关事项。

章后习题与思考

1．买卖合同中单价条款包括哪四项内容？举例说明。

2．有形商品的价格构成主要分哪三个部分？

3．某货物我对外报价为每公吨 1000 美元 CIF 新加坡，而外商还盘为 902 美元 FOB 中国口岸。经查该货物由中国港口运至新加坡每公吨运费为 88 美元，保险费率合计为 0.95%。试问单纯从价格角度上讲，我方可否接受该项还盘？

4．设我方出口某商品，FOB 价为 13 570 美元，该批货物的运费为 2780 美元，投保一切险加战争险，两者保险费率合计为 1.5%，加成 10%投保。请计算 CIFC5%价。

12 国际货物运输与保险

主要教学内容

本章节主要介绍国际货物运输的基本方式、运输单据以及国际货物运输保险，重点讲解国际海洋货物运输方式下装运条款的主要内容，班轮运费的核算，以及国际海洋货物运输保险承保的范围、保险险别和保险条款。

教学目标及要求

通过本章学习，要求学生了解国际货物买卖合同中有关装运与货物保险条款的知识；熟悉国际货物运输保险的基本原则；掌握国际货物运输的基本方式，掌握各种运输单据的性质和作用，掌握班轮运费的核算，掌握国际海洋货物运输保险承保的范围、保险险别和保险条款。

章前导读

中国某外贸公司以 FOB 价格条件出口棉纱 2000 包，每包净重 200 千克。装船时已经双方认可的检验机构检验，货物符合合同规定的品质条件。该外贸公司装船后因疏忽未及时通知买方，直至 3 天后才给予装船通知。但在起航 18 小时后，船只遇风浪致使棉纱全部浸湿，买方因接到装船通知晚，未能及时办理保险手续，无法向保险公司索赔。买方要求卖方赔偿损失，卖方拒绝，双方发生争议。请问：卖方的拒绝是否合理？为什么？

12.1 国际货物运输方式

12.1.1 海洋运输

1. 海洋运输的含义及特点

海洋运输（Ocean/Sea Transport）是国际货物运输中最重要的一种运输方式，是指利用商船在国内外港口之间通过一定的航区和航线进行货物运输的方式。

海运运输有以下几个特点：

（1）运量大，占国际货物运输的 80%以上；

（2）通过能力大，不受到路和轨道限制；

（3）运费低；

（4）风险大、速度慢，受气候和自然条件影响较大，航期不易准确。

2. 海洋运输的种类

根据船舶经营方式的不同，海洋运输可以分为班轮运输和租船运输。

（1）班轮运输（Liner Transport）。班轮运输又"定期租船运输"，是指在固定的航线上运行，固定的港口停靠，并按事先公布的航期表营运，按事先公布的运价表收费的运输方式。

班轮运输的特点主要有以下几个:

1)"四固定"。"四固定"即固定船期表、固定航线、固定停靠港口和固定基本运费。

2)"一负责"(或"两管")。货物的装卸由船公司负责(船方管装管卸),装卸费用一般计入运费中,不另计算。船货双方也不计算滞期费和速遣费。

3)船方出租舱位一般是部分舱位。只要舱位允许,无论货主是谁、货物多少,一般在所停靠的港口都可以承运。

4)船、货双方的权利、义务与责任豁免,以船方签发的提单条款为依据。

5)班轮承运货物的品种、数量比较灵活,货运质量较有保证,而且一般采用码头仓库交接货物,为货主提供方便。

6)适用于成交数量少、分运批次多、交货港口分散的货物,特别有利于一般杂货和小额贸易货物运输。

班轮运费是指班轮公司为运输货物而向货主收取的费用,由班轮运价表规定并列明,包括基本运费和附加运费两部分。其中,基本运费是指货物从装运港到卸货港所收取的基本费用。附加运费是指班轮公司为了保持在一定时期内基本费率的稳定,又能正确反映出各港口的各种货物的航运成本而在基本运费之外规定的各种为了弥补损失加收的费用。

a.基本运费计收标准。

a)按毛重("重量吨"Weight Ton:W)计收。在班轮运价表的商品名称后面注有"W"字样。

b)按体积/容积("尺码吨",Measurement Ton:M)计收。在班轮运价表的商品名称后用"M"表示。

c)按毛重或体积,选较高者计收(W/M)。即选择重量吨和尺码吨中较高者收费,是最常见的一种计收运费的方法。

d)按商品价格("从价运费",Ad Valorem)计收。在班轮运价表中商品名称后标注"AV"或"Ad.Val",也称"从价运费"。如黄金、白银、贵重药材、精密仪器、手工艺品,FOB价收取5%以下的运费。

e)选择重量吨、尺码吨或价值中最高的(W/M or AV)计收。

f)选择重量吨或尺码吨中较高的计收,再加一定比例的从价运费(W/M plus AV)。

g)按件计收(Number)。例如,汽车按辆,活牲畜按头。

h)按临时议定价格(Open)计收。在班轮运价表中一般只列出"议价货"品名。由托运人与船公司临时议定。如矿砂、粮食等。

i)按起码运费率计收。按每一提单上所列的质量和体积计算出的运费尚未达到运价表内规定的最低运费额时,则按最低运费收取。

b.附加费。

a)超重附加费(Heavy Lifts Additional)。当货物的毛重达到或超过规定质量时视为超重货物,收附加费。

b)超长附加费(Over Lengths Additional)。当货物的长度达到或超过规定长度时视为超长货物,收附加费。

c)选卸(港)附加费(Optional Discharging/Destination Port Additional)。货物托运时,未确定目的港,需要在两个或三个卸货港中选择,所选择的港口必须在同一条航线上,货方必须在该航次船舶抵达第一卸货港之前一定时间（多为 48 小时）向船方宣布。选卸货物的运费按选卸港中计费最高者收取，若实际选择了费率较低的港口卸货，则多收的运费不予退回。

d）变更卸货港附加费（Alternation of Destination Surcharge）。由于某种原因，货方要求改变原来的卸货港，为此而向货方收取的费用。但若改卸港口的运费高于原来的卸货港，则船方补收运价差额，如比原来低，已收运费不予退还。

e）直航附加费（Direct Additional）。若一批货物达到一定的额度和数量，托运人要求将一批货直接运抵非基本港口卸货，船公司为此加收费用。

f）转船附加费（Transshipment Additional）。若货物需要转船运输，船公司必须在转船港口办理换装或转船手续，为此加收费用。

g）港口附加费（Port Additional/ Surcharge）。因港口卸货效率低，港口费用高而向货方收取的附加费。

h）港口拥挤附加费（Port Congestion Surcharge）。因港口繁忙，船舶抵达后需长期停泊，造成成本上升而加收的费用。

i）燃油附加费（Bunker Surcharge/ Adjustment Factor）。由于原油价格上涨，船方增加开支而向货主增收的费用。

j）绕航附加费（Deviation Surcharge）。因船舶不能按正常航线航行必须绕道行驶，而加收的费用。

k）货币附加费（Currency Adjustment Factor，CAF）。由于货币贬值所加收的费用。

c．班轮运费的具体计算方法。

a）根据货物的英文名称从货物分级表中查出有关货物的计费等级和计算标准。

b）从航线费率表中查出有关货物的基本费率。

c）加上各项须支付的附加费率，得出有关货物的单位运费（每重量吨或每尺码吨的运费）。

d）将计算出的单位运费乘以计费吨，即得到该批货物的运费总额。

【例 12-1】 我国天津某公司出口箱装货物一批，报价为每箱 35 美元，CFR 利物浦，英国商人要求改报 FOB 价，装运港为天津新港。已知：该批货物体积每箱长 45 厘米，宽 40 厘米，高 25 厘米，每箱毛重 35 千克，商品计费标准为 W/M，每运费吨基本运费为 120 美元，并加收燃油附加费 20%，货币附加费 10%。问：我方应报价多少？

解：1）因为：重量吨 W=0.035（吨）；尺码吨 M=0.45×0.4×0.25=0.045（立方米）

所以：W 小于 M，该批货物的基本运费以 M 作为运费吨。

2）每箱货物的基本运费=120×0.045=5.4 美元。

3）每箱货物的附加运费=120×0.045×（20%+10%）=1.62 美元。

4）每箱货物的运费=基本运费+附加运费=5.4+1.62=6.02 美元。

5）FOB 价格=CFR 价格−运费=35−6.02=28.98 美元。

因此，我方应报 FOB 价格为：每箱 28.98 美元 FOB 新港。

（2）租船运输。

1）租船运输的含义（Shipping by Chartering）。租船运输又称"不定期租船"，是指有关船舶航线和停靠的港口，运输货物的种类、航行时间等由承租人和船舶所有人双方在租船合同中约定。

2）租船运输的特点：

a. 不具有"四固定"的特点，由双方当事人洽商租船运输条件，并以租船合同形式加以确定，作为双方权利与义务的依据。

b. 租船运输一般都通过租船市场，双方可以根据自己的需要选择洽租，取得有利的经济效果。租船运价受租船市场供求法则的制约，船多货少时运价低，船少货多时运价高。

c. 租船运输一般以运输货值较低的大宗货物为主，如粮食、谷物、矿砂、化肥等，而且一般都是整船运输。

3）租船运输的种类。

a. 定程租船（Voyage Charter）又"航次租船"或"程租船"，是指按航程为基础的租船方式。

定程租船的特点主要有：

a）船舶的经营管理（如调度和运营）由船方负责。

b）规定一定的航线和装运的货物种类、名称、数量以及装卸港口。

c）船方还应对货物运输负责。

d）运费按航次净载重量（宣载）为基础计算；规定一定的装卸期限或装卸率，并计算滞期费（Demurrage）、速遣费。其中，滞期费是指由于租方未能在规定期限内完成装卸任务延误了船期，从而给船方造成损失，应该给予船方一定的赔偿费或罚款。而速遣费（Despatch Money）则是指由于租方提前完成装卸任务而给予船方带来一定的利益，船方给予租船方奖金，多为滞期费的一半。滞期费和速遣费通常约定为每天若干金额，不足一天者，按比例计算。

e）船租双方的权利与义务以定程租船合同为准。

定程租船的种类主要有单程租船、来回航次租船、连续航次租船和包运合同四种。

b. 定期租船（Time Charter），又称"期租船"，是指按期限为基础的租船方式，具有以下特点：

a）租赁期间，租船人负责船舶的经营管理，还负责船舶的燃料费、港口费、装卸费等，付租金取得船舶的使用权；

b）不规定船舶航线和装卸港口，只规定船舶航行区域；

c）除特别规定外，可以装运各种合法货物；

d）船方负责船舶的维护、修理和机器的正常运转，船员工资与给养；

e）不计算装卸率和滞期费、速遣费；

f）租金按租期每月每吨若干金额或整船每天若干金额计算；

g）船租双方的权利与义务，以定期租船合同为准；

h）租船人可以将租赁的船作为班轮营运，或作为程租船经营，甚至转租给第三方。

c. 航次期租（Time Charter on Trip Basis，TCT）是指以完成一个航次运输为目的，按完成航次所花的时间，按约定的租金率计算租金的一种租船方式。航次期租以完成一个航次运输为目的，但租金按完成航次所使用的日数和约定的日租金率计算。在装货港和卸货港的条件较差，或者航线的航行条件较差，难以掌握一个航次所需时间的情况下，这种租船方式对船舶所有人均比较有利。因为采用这种租船方式可以使船舶所有人避免难以预测的情况而使航次时间延长所造成的船期损失。

d. 光船租船（Bareboat Charter）也称"干租"或"净船期租船"，属于定期租船的一种。

船舶所有人只提供一艘空船，一切人员配备及运营维修的费用均由承租人负担，实际属于单纯的财产租赁。由于这种租船方式比较复杂，因此当前国际贸易中很少采用。

12.1.2 其他运输方式

1. 铁路运输

（1）特点。铁路是国民经济的大动脉，铁路运输是现代化运输业的主要运输方式之一，它与其他运输方式相比较，具有以下主要特点：

1）铁路运输的准确性和连续性强。铁路运输几乎不受气候影响，一年四季可以不分昼夜地进行定期的、有规律的、准确的运转。

2）铁路运输速度比较快。铁路货运速度每昼夜可达几百千米，一般货车可达 100 千米/小时左右，远远高于海上运输。

3）运输量比较大。列车一般能运送 3000～5000 公吨货物，远远高于航空运输和汽车运输。

4）铁路运输成本较低。铁路运输费用仅为汽车运输费用的几分之一到十几分之一；运输耗油约是汽车运输的二十分之一。

5）铁路运输安全可靠，风险远比海上运输小。

6）初期投资大。铁路运输需要铺设轨道、建造桥梁和隧道，建路工程艰巨复杂；需要消耗大量钢材、木材；占用土地，其初期投资大大超过其他运输方式。另外，铁路运输由运输、机务、车辆、工务、电务等业务部门组成，要具备较强的准确性和连贯性，各业务部门之间必须协调一致，这就要求在运输指挥方面实行统筹安排，统一领导。

（2）经营方式。

1）国内铁路运输，是指仅在本国范围内，并按国内铁路货物运输的规定办理货物运输。我国国内铁路运输包括出口货物经铁路运至港口以及进口货物在港口卸船后经铁路运往各地。

2）至香港的铁路货物运输，供应我国港澳地区的物资经铁路运往香港、九龙，也属于国内铁路运输的范围。对香港铁路运输是有国内段运输和港段铁路运输两部分构成，是一种特殊的租车方式的两票运输。具体做法是：从发货地至深圳北站的国内段运输，由发货人发货地外运机构依照对港铁路运输计划的安排，填写国内铁路运单，先行运往深圳站，收货人为中国对外贸易运输公司深圳分公司。深圳分公司作为各外贸企业的代理，负责深圳与铁路局办理货物运输单据的交换，并向深圳铁路局租车，后申报出口，经检验放行后，将货物运输至九龙港。火车过轨后，由深圳外运分公司在香港的代理人——香港中国旅行社向香港九广铁路公司办理港段铁路运输的托运、报关等工作，火车到达九龙目的站后，由香港中国旅行社将货物卸载并交给香港收货人。

3）国际铁路货物联运。国际铁路货物联运是中国、朝鲜、蒙古、越南、原苏联、波兰、匈牙利、前捷克斯洛伐克、保加利亚、罗马尼亚、原德意志民主共和国和阿尔巴尼亚等国签订的《国际铁路货物联运协定》（简称《国际货协》）所规定的铁路联运。根据该协定，参加国的进出口货物，从发货国家的始发站到收货国家的终到站，无论经过几个国家，只需要在始发站办理一次托运手续，使用一份运送单据，即可将货物运送至终到站交给收货人，运送全程中一切业务、行政手续，均由铁路负责办理，无须收、发货人参加。运单和运单副本是国际联运的主要运输单据，是货主与铁路间缔结的运输契约，在发货人提交全部货物并付清有关费用后，由始发站加盖日期戳记生效。运单随货物附送到终到站，凭此向收货人收取应付运杂费。运单副本发还发货人，凭此向银行办理结算。

《国际铁路货物运送公约》（简称《国际货约》）是欧洲等32个国家签订的，包括一些参加了《国际货协》的国家。

2. 航空运输

（1）特点。国际航空货物运输虽然起步较晚，但发展极为迅速，这是与它所具备的许多特点分不开的，这种运输方式与其他运输方式相比，具有以下特点：

1）运送速度快。现代喷气运输机一般时速都在900英里（1英里=1609.344米）左右，协和式飞机时速可达1350英里。航空线路不受地面条件限制，一般可在两点间直线飞行，航程比地面短得多，而且运程越远，快速的特点就越显著。

2）安全准确。航空运输管理制度比较完善，货物的破损率低，可保证运输质量，如使用空运集装箱，则更为安全。飞机航行有一定的班期，可保证按时到达。

3）手续简便。航空运输为了体现其快捷便利的特点，为托运人提供了简便的托运手续，也可以由货运代理人上门取货并为其办理一切运输手续。

4）节省包装、保险、利息和储存等费用。由于航空运输速度快，商品在途时间短、周期快，存货可相对减少，资金可迅速收回。

5）航空运输的运量小、运价较高。但是由于这种运输方式的优点突出，可弥补运费高的缺陷。加之保管制度完善、运量又小，货损货差较少。航空运价一般按质量（千克）或体积（6000立方厘米折合1千克），以较高者计算。

（2）国际航空货物运输的作用。

1）当今国际贸易有相当数量的国际市场，商品竞争激烈，市场行情瞬息万变，时间就是效益。航空货物运输具有比其他运输方式更快的特点，可以使进出口货物能够抢行就市，卖出好价钱，增强商品的竞争能力，对国际贸易的发展起到了很大的推动作用。

2）航空货物运输适合于鲜活易腐和季节性强的商品运输。这些商品对时间的要求极为敏感，如果运输时间过长，则可能使商品变为废品，无法供应市场；季节性强的商品和应急物品的运送必须抢行就市，争取时间，否则变为滞销商品，滞存仓库，积压资金，同时还要负担仓储费。采用了航空运输，可保鲜成活，又有利于开辟远距离的市场，这是其他运输方式无法相比的。

3）通过航空运输完成像电脑、精密仪器、电子产品、成套设备中的精密部分、贵稀金属、手表、照相器材、工艺品等价值高的商品的运送工作，可以利用航空运输速度快、商品周转快、存货降低、资金迅速回收、节省储存和利息费用、安全、准确等优点弥补运费高的缺陷。

（3）航空运输是国际多式联运的重要组成部分。为了充分发挥航空运输的特长，在不能以航空运输直达的地方，也可以采用联合运输的方式，如常用的陆空联运、海空联运、陆空陆联运，甚至陆海空联运等，与其他运输方式配合，使各种运输方式各显其长，相得益彰。

3. 集装箱运输

集装箱（Container Transport）是指具有一定强度、刚度和规格专供周转使用的大型装货容器，是一种流动性货仓，适用于各种运输方式，可运输各种货物。

（1）集装箱运输的优越性。

1）对货主而言，它的优越性体现在大大地减少了货物的损坏、偷窃和污染的发生；节省了包装费用；由于减少了转运时间，能够更好地对货物进行控制，从而降低了转运费用，也降低了内陆运输和装卸的费用，便于实现更迅速的"门到门"的运输。

2）对承运人来说，集装箱运输的优点在于减少了船舶在港的停泊时间，加速了船舶的周转，船舶加速的周转可以更有效地利用它的运输能力，减少对货物的索赔责任等。

3）对于货运代理来说，使用集装箱进行货物运输可以为他们提供更多的机会来发挥无船承运人的作用，提供集中运输服务、分流运输服务、拆装箱服务、门到门运输服务和提供联运服务的机会。

（2）集装箱的规格。集装箱的规格习惯上是以长度为标准的。ISO 制定了三个系列 13 种类型的通用集装箱标准规格。其中，第一系列主要是大型集装箱，适于洲际运输。1A-1F 型 6 种集装箱高、宽都是 8 英尺（1 英尺=0.3048 米），长度分别为 10～68 英尺不等。

目前，国际上通用的集装箱的规格多为 1A 型即 40 英尺柜（8 英寸×8 英寸×40 英寸）和 1C 型即 20 英尺柜（8 英寸×8 英寸×20 英寸）。20′柜容积为 31～35 立方米，可载重 20 吨左右；40′柜容积为 63～68 立方米，可载重 30 吨左右。为方便统计和计算，目前国际上均以 20′柜为衡量单位，称为"相当于 20 英尺单位"，以 TEU（Twenty-foot Equivalent Unit）表示，不同型号的集装箱，都折算成 TEU。例如，在填报关单时需要把一个 40 英尺的集装箱折为 2 个 20 英尺的集装箱。

（3）集装箱运输货物的交接。

1）按货物的交接地点分为：①门到门（Door to Door）；②门到场（Door to Container Yard）；③门到站（Door to Container Freight Station）；④场到门（CY to door）；⑤场到场（CY to CY）；⑥场到站（CY to CFS）；⑦站到场（CFS to CY）；⑧站到站（CFS to CFS）。

2）按集装箱货物性质分为。集装箱运输的装箱和拆箱方式主要整箱和拼箱两种。其中，整箱货（Full Container Load，FCL）是指一批货物达到一个或一个以上集装箱内容积的 75% 及以上或集装箱负载重量的 95% 及以上；拼箱货（Less Than Container Load，LCL）是相对于整箱货而言的，承运人（或代理人）接受货主托运的数量不足整箱的少量货物运输后，根据货物性质和目的地进行分类整理，把去同一目的地的货，集中到一定数量拼装入箱。

按照集装箱货物的装箱方式不同，集装箱货物的交接方式主要有 4 种：①FCL/FC；②FCL/LCL；③LCL/FCL；④LCL/LCL。

（4）集装箱运输的费用。

1）费用构成：内陆或装运港市内运输费、拼箱服务费、堆场服务费、海运服务费、集装箱及其设备使用费等。

2）运费计收方法：按件杂货基本费率加附加费（每运费吨）；按包箱费率（以集装箱为计费单位）。

4．国际多式联运

（1）含义。国际多式联运（International Multimodal Transport）。《联合国国际多式联运公约》中规定："国际多式联运是指按照多式联运合同，以至少两种不同的运输方式，由多式联运经营人把货物从一国境内接运货物的地点运至另一国境内指定交付货物的地点。"

（2）特点。

1）必须有一个多式联运合同。

2）必须是国际间两种或两种以上不同运输方式的连贯运输。

3）必须使用一份包括全程的多式联运单据。

4）必须是国际间的货物运输。

5）必须由一个多式联运经营人对全程运输负总的责任。

6）必须是全程单一运费费率。

5. 大陆桥运输

大陆桥运输（Land Bridge Transport）是指使用横贯大陆的铁路（公路）运输系统，作为中间桥梁，把大陆两端的海洋连接起来组成"海-陆-海"的集装箱连贯运输方式，属于国际多式联运的范畴。目前国际贸易中常用的世界大陆桥主要有西伯利亚大陆桥、欧亚大陆桥（连云港至鹿特丹）和北美大陆桥。

6. OCP 运输

OCP 运输即"陆上公共运输点运输"，是指美国落基山脉以东直到东部沿海地区，大约包括美国大陆 2/3 的地区。此方式是美国西海岸航运公司为争取送往 OCP 地区的货物经由西海岸港口转运而产生的。此方式下，海运运费和陆路运费都较低。

根据美国运费率规定，以美国西部 9 个州为界，也就是以落基山脉为界，其以东地区为内陆地区范围。采用 OCP 条款成交，出口商不仅可享受美国内陆运输的优惠费率，而且可享受 OCP 海运的优惠费率。

采用 OCP 条款时应注意：①货物最终目的地必须属于 OCP 范围；②货物必须经过美国西海岸港口中转，货物最终目的地必须属于 OCP 地区范围；③提单上必须表明 OCP 字样，并且在提单目的港一栏中除填明美国西部海岸港口名称外加注内陆地区的城市名称。

7. 其他运输方式

（1）公路运输（Road Transport）。公路运输（一般是指汽车运输）是陆上两种基本运输方式之一，在国际货物运输中，也是不可缺少的重要运输方式。

（2）内河运输（Inland Water Transport）。内河运输是水上运输的重要组成部分，是连接内陆腹地与沿海地区的纽带，在运输和集散进出口货物中发挥着重要的作用。

（3）邮包运输（Parcel Post Transport）。邮包运输是指通过邮局寄送进出口商品的一种较简便的运输方式。邮包运输包括普遍邮包和航空邮包两种，根据各国邮政部门之间的协议，已形成国际邮包运输网。只适用于质量轻、体积小的商品运输。

近年来，迅速发展的国际快递业务是在邮包运输基础上发展起来的。比较典型的如国际特快专递和 DHL 信使转递。

（4）管道运输（Pipeline Transport）。管道运输的通道和运载工具合二为一，是货物在管道内借助高压气泵的压力输往目的地的一种运输方式，主要适用于运输液体、气体、小颗粒或粉末状的货物，具有单向、固定投资大、建成后运输成本低的特点。

12.2　合同中的装运条款

在洽商交易时，买卖双方必须就交货时间、装运地和目的地、能否分批装运和转船、转运等问题商讨，并在合同中具体订明。明确、合理地规定装运条款，是保证进出口合同顺利履行的重要条件。

装运条款的内容及其具体订立与合同的性质和运输方式有着密切的关系。我国的进出口合同大部分是 FOB、CIF 和 CFR 合同，而且大部分的货物是通过海洋运输。按照国际贸易惯例解释，在上述条件下，卖方只要按合同规定将货物在装运港办理装运手续，取得清洁装船单据，并将其全部交买方或其代理人，即算完成交货义务。因此，上述合同的装运条款应包括装运时间、装运港、目的港、是否允许转船与分批装运、装运通知，以及滞期、速遣条款等内容。

12.2.1 装运时间和地点

1. 装运时间

国际贸易买卖双方在货物交接过程中所承担的责任是根据所采用的贸易术语决定的。习惯上常将"交货"（Delivery）的概念与"装运"（Shipment）的概念等同起来。

（1）交货时间的规定方法。交货时间一般是规定一个期限，而不是某个具体日期。

目前常用的有以下几种规定方法：

1）规定在某月内装运，如 Shipment during July，2014。

2）规定在某月月底以前装运，如 Shipment before the end of June，2013。

3）规定在某月某日以前装运，如 Shipment before March 9，2013。

4）跨月装运，即规定在某两个月、三个月或几个月内装运，如 Shipment during March，April or May 2013。

5）规定在收到信用证后一定时间内装运，一般还应同时规定开到信用证的期限。如 Shipment within 30 days after the receipt of L/C.The relevant L/C must reach the seller not later than…

6）在买方急需而卖方又备有现货的情况下，可采用"立即装运"（Immediate Shipment）、"即期装运"（Prompt Shipment）、"尽快装运"（Shipment as Soon as Possible）等近期交货术语作为交货时间。由于各国对近期交货术语的含义解释不一，因此，除买卖双方对它们的含义取得一致的认识外，应尽量避免使用。

（2）规定交货时间应考虑的问题。规定交货时间必须恰当可行，一般应结合下列情况考虑决定：①货源情况；②运输情况；③市场情况；④商品情况。

2. 装运地点

装运港是指货物起始装运的港口。目的港是指最终卸货的港口。

（1）装运港和目的港的规定方法。一般来说，装运港都是由卖方提出，经买方同意后确定的；而目的港则是由买方提出，经卖方同意后确定的。在买卖合同中，装运港和目的港的规定方法有以下几种：

1）在一般情况下，装运港和目的港分别规定各为一个。有时按实际业务的需要，也可分两个或两个以上。

2）在磋商交易时，如明确规定一个或几个装卸港有困难，可以采用选择港（Optional Ports）办法。此外，在采用"选择港"的办法时，须按运费最高的港口为基础核算售价。同时选择港必须以同一航线的班轮直航港为限，并明确选择附加费由买方负担；规定选择港的港口数目一般不超过三个。

（2）确定国外装运港和目的港应当注意的问题。

1）要根据我国对外政策的需要来考虑，不能接受我国政策不允许往来的港口为装卸港。

2）对国外装卸港的规定应力求具体明确。

3）货物运往没有直达船或虽有直达船而航次很少的港口，合同中应规定"允许转船"的条款，以利装运。

4）不能接受内陆城市为装卸港条件，因为接受这一条件，我方须承担从港口到内陆城市这段路程的运费和风险。

5）要注意装卸港的具体条件，须是船舶可以安全停泊的港口。

6）应注意国外港口有无重名问题。

12.2.2　分批装运和转运

分批装运（Partial Shipment）和转运（Transshipment）直接关系到买卖双方的利益，因此，应在合同中作出明确规定。一般来说，如果允许分批装运和转运，对卖方交货比较主动。

1. 分批装运

分批装运是指一笔成交的货物，分若干批装运。

（1）合同中的规定方法：①规定不允许分批装运；②规定允许分批装运而不加其他限制；③定时、定量分批装运，例如，4～6月分3批平均装运。

（2）《UCP600》中与分批装运有关的规定。

1）第31条a款：除非信用证另有规定，允许分批装运。

2）第31条b款：运输单据表面注明货物是使用同一运输工具并经同次航程运输的，即使每套运输单据注明的装运日期不同或装货港、接受监管地或发运地不同，只要运输单据注明的目的地相同，也不视为分批装运。

3）第32条：如信用证规定在指定的时间段内分期支款或分批装运，任何一期未按信用证规定分期支款或装运时，则信用证对该期及以后各期均告失效，信用证另有规定者除外。

2. 转运

转运是指货物装船后需要在中途港转运至目的港。如驶往目的港没有直达船或船期不定或航次间隔太长，为了便于装运，则应在合同中订明"允许转船"（transshipment to be allowed）。

（1）合同中的规定方法：①规定允许转运；②规定不允许转运。

（2）《UCP600》关于转船运输的有关规定。

1）第20条b款：在海运情况下，转运是指在信用证规定的装货港到卸货港之间的海运过程中，将货物由一艘船卸下再装上另一艘船的行为。

2）除非信用证另有规定，可准许转运。

3. 合同中分批、转运条款举例

（1）Shipment during May/June/July, with partial shipments and transshipment allowe. d 5/6/7月份装运，允许分批和转运。

（2）During June/July in two shipments, transshipment is prohibited. 6/7月份分两批装运，禁止转运。

（3）During Nov./Dec. in two equal monthly shipment, to be transshipped at Hong Kong. 11/12月份分两次平均装运，由香港转运。

12.2.3　装船通知

装船通知（Shipping Advice）是装运条款的主要内容，其目的在于明确买卖双方的责任，促使买卖双方互相配合，共同做好船货衔接工作。

1．装船通知的内容

（1）合同号、订单号或信用证号以及相应日期、发票金额等。

（2）货物的名称、规格、质量、数量和唛头等。

（3）装货港名称、船公司名称、船名、预计开航日期以及预计抵达日期（ETA）等。

（4）提单号或装运单据号等。

2．装船指示实例

（1）We are pleased to inform you that we have booked freight for our order No.2233 of North-east Rice on S.S."Victorica"with ETA on March 16th. For delivery instruction，please contact Messers. JohnBros. Co.，London. 兹通知你方，我们已经在"维多利亚"轮为我们 2233 号订单订妥仓位，该轮预计 3 月 16 日抵达。有关交货的详情请与伦敦约翰兄弟公司联系。

（2）We wish to inform you that the goods under S/C No.5566 went forward via S.S. "Rainbow" on July 13th，to be transshipped in Copenhagen and are expected to reach your port in early September. 兹通知你方，第 5566 号合同项下的货物已于 7 月 13 日装"彩虹"轮运出，在哥本哈根转船，预计 9 月初运抵你港。

12.2.4 装卸时间、装卸率

1．装卸时间

装卸时间是指承租人和船舶所有人约定的，承租人保证将合同货物在装货港全部装完和在卸货港全部卸完的时间。它一般以天数或小时数来表示。装卸时间的规定方法有：

（1）日（days）或连续日（running days；consecutive days）。

（2）累计 24 小时好天气工作日（weather working days of 24 hours。

（3）连续 24 小时好天气工作日（weather working days of 24 consecutive hours）。

（4）工作日（working days）。

2．装卸率

装卸率是指每日装卸货物的数量。装卸率的具体确定，一般应按照港口习惯的正常装卸速度，掌握实事求是的原则。

12.3 国际货物运输单据

运输单据是指出口人将货物交给承运人办理装运时，或在装运完毕后，由承运人签发给出口商的证明文件。它是交接货物、处理索赔与理赔以及向银行结算货款或进行议付的重要单据。在国际货物运输中，运输单据的种类很多，其中包括海运提单、铁路运单、航空运单、邮包收据和多式联运单据等。

12.3.1 海运提单

海运提单（Ocean Bill of Lading，B/L），简称"提单"，是指证明海上运输合同和货物由承运人接管或装船，以及承运人据以保证交付货物的凭证。

1．提单的性质和作用

（1）提单是运输契约的证明，是托运人与承运人之间订立的海上货物运输合同的证明。

（2）提单是货物收据，是船方或其代理人在收到承运的货物时签发给托运人的货物收据。

注意：对于托运人和承运人或其他提单受让人来说，提单具有不同的效力。对于托运人来说，

提单只具有表面证据效力；对于收货人或其他提单受让人来说，提单具有绝对证据效力。

（3）提单是物权凭证：是货物所有权的证件，在法律上具有物权证书的作用。这一作用体现在两个方面：

1）提单持有人可以在货物运输途中通过处置提单来处置提单项下的货物，如转让提单、在提单上设立担保权物权等；

2）提单持有人有权要求承运人交付货物，承运人只凭提单即可交付货物，无需过问提单持有人权利的来源。

2. 提单的格式和内容

提单基本是按照《统一提单的若干法律规定的国际公约》（以下称《海牙规则》）制定的，每个船公司制定的提单虽然文字和格式不尽相同，但提单内容大致相同，分为正面记载和背面的运输条款。其中，提单正面的内容分别由托运人和承运人填写，通常包括以下事项：①托运人（Shipper）；②收货人（Consignee）；③被通知人（Notify Party）；④装货港（Port of Loading）；⑤卸货港（Port of Discharge）；⑥船名及航次（Vessel's Name & Voyage Number）；⑦唛头及件号（Shipping Marks & Number）；⑧货名及件数（Description of Goods &No.of Package）；⑨重量和体积（W&M）；⑩运费预付或运费到付（Freight Repaid or to Collect）；⑪正本提单的张数（Number of Original B/L）；⑫船公司或其代理人的签章（Name & Signature of The Carrier）；⑬签发提单的地点及日期（Place & Date of Issue）等；⑭外表状况良好条款，外表良好，货已装船并应列出卸货港或停泊港卸货；⑮承认接受条款，说明托运人、收货人和本提单的持有人接受并同意本提单和它背面的一切印刷书写或打印的规定、免责事项和条件。

在提单的背面，通常印有运输条款，它是确定托运人与承运人之间以及承运人与收货人及提单持有人之间权利和义务的主要依据，是双方处理争议时的主要法律依据。提单背面主要的条款内容有定义条款、首要条款、适用范围条款、承运人的责任条款、管辖权条款、绕航条款、共同海损条款、互有过失碰撞条款、留置权条款和运费条款。

3. 提单的种类

（1）根据货物是否已装船划分。

1）已装船提单（On Board B/L）是指船公司已经将货物装上指定的船舶后所签发的提单。其特点是提单上必须以文字表明货物已装上××船，并有装船日期，同时有船长或代理人的签字。

2）备运提单（Received for Shipment B/L）是指船公司已经收到托运货物，等待装运期内所签发的提单。一般提单买方或受让方不接受此类提单，集装箱运输中可以接受。

根据《UCP600》的规定，如信用证要求提单作为运输单据，银行将接受注明货物已装船或已装指名船舶的提单。

（2）根据提单上有无对货物外表状况的不良批注划分。

1）清洁提单（Clean B/L）是指货物装船时"表面状况良好"，船公司未在提单上加注任何有关货物受损或包装不良等批注的提单。

2）不清洁提单（Unclean B/L）指在提单上标注有对货物或货物外包装的不良批注的提单。如 One case in damaged condition（一箱有破损）。

根据《UCP600》第 27 条 c 款，银行只接受清洁运输单据。即使信用证要求运输单据为

"清洁单据","清洁"一词并不需要在运输单据上出现。

（3）根据收货人抬头不同划分。

1）记名提单（Straight B/L）：提单的收货人栏内填明特定的收货人名称，只能由该特定收货人提货。不能背书、不能流通，建议少用。

2）不记名提单（Bearer B/L）：提单的收货人栏内未指明任何收货人，谁持有提单，谁就可以提货。承运人交货凭单，不凭人、风险大、建议少用。

3）指示提单（Order B/L）：又称"空白提单（Blank B/L）"，是指在提单的收货人栏内填有"凭指定（To Order）"或"凭某某指定（To Order of...）"。

指示提单可以背书转让，可以流通。指示提单的背书方式有两种：一种是记名背书，即提单转让人除了在提单背面签字盖章外，还注明提单的受让人；另一种是空白背书（Endorsement in Blank），即提单转让人只在提单背面签字盖章，不作其他标注。目前，"空白抬头、空白背书"的提单（即"凭指定"并经空白背书的提单）在国际贸易中应用广泛。

（4）根据船舶经营方式不同划分。

1）班轮提单（Liner B/L）。班轮提单是指由班轮公司承运货物后所签发给托运人的提单。这种提单背面规定了托运人与承运人之间权利和义务、责任和豁免的详细条款。班轮提单的作用有四个：一是承运人或其代理人出具的货物收据；二是承运人和托运人之间订立的运输契约的证明；三是货物所有权的凭证；四是索赔、理赔的证明文件和向银行议付的单据。

2）租船提单（Charter Party B/L）。租船提单是船方根据租船合同签发的提单。这种提单受租船合同条款的约束，是略式提单。注明"一切条件、条款和免责事件，按某年某月某日的租船合同"或批注"据某某租船合同出立"字样。银行或买方接受此类提单，常要卖方提供租船合同的副本。

（5）根据运输方式划分。

1）直达提单（Direct B/L）。中途不经换船直接驶往目的港卸货所签发的提单。当合同和信用证要求不允许转船时必须使用。

2）转船提单（Transshipment B/L）。注明"转船"或"某某港转船"字样。

3）联运提单（Through B/L）。联合运输中第一承运人签发的包括全程运输的提单。

（6）根据提单的有效性划分。

1）正本提单（Original B/L）。提单上有承运人、船长或其代理人签字盖章并注明签发日期的提单，提单上要注明"正本"字样，一般一式两/三份。

2）副本提单（Copy B/L）。提单上没有承运人、船长或其代理人签字盖章，而仅仅供工作上参考用的提单，有"副本"或"不可转让"字样。

（7）其他种类的提单。

1）舱面提单（On Deck B/L）又称甲板货提单，是承运货物装在船舶甲板上所签发的提单。

2）过期提单（Stale B/L）是指错过规定的交单日期或晚于货物到达目的港日期的提单。

3）倒签提单（Ante dated B/L）指托运人为掩盖实际装货日期已经迟于合同或信用证要求的过失，要求承运人将提单签发日期伪造提前使之符合合同或信用证的规定，以免妨碍索要货款。

4）预借提单（Advanced B/L）指合同/信用证要求的装船日期已过，但托运人未能及时备货装船，为了顺利索要货款，托运人要求承运人提前签发已装船提单。

根据国际贸易惯例和某些国家的法律规定,倒签提单和预借提单是伪造单据的违法行为,受害人可以追究卖方的责任,也可以追究承运人的责任。

4. 有关提单的国际公约

(1) 1924年《海牙规则》(The Hage Rules)。《海牙规则》由英美为代表的世界航运大国在国际法协会协助下于1921年在海牙起草,1924年8月25日签订。

《海牙规则》规定了承运人的责任和义务,在一定范围内使提单项下货方的利益得到了保障。由于参加制订《海牙规则》的国家都是欧美的主要航运国,其代表的是船方的利益,因此该规则一直遭到代表货方和航运业不发达国家的不满和反对。尽管如此,《海牙规则》仍是目前世界上调整海上货物运输最有影响的国际公约。它于1931年6月2日生效,目前已有80多个国家和地区批准、参加了该公约。我国没有参加该公约,但是我国的航运提单仍适用《海牙规则》的基本条款。

(2) 1968年《维斯比规则》(The Visby Rules)。1968年签署的《布鲁塞尔议定书》,又称《维斯比规则》。《维斯比规则》是为了缓和代表货方利益的发展中国家的不满,1968年在国际海事委员会的协助下,英国、法国及北欧国家在布鲁塞尔对《海牙规则》进行修订,签订了修改议定书。由于它是在维斯比完成准备工作的,因此又称为《维斯比规则》。

《维斯比规则》对《海牙规则》的修改很不彻底,只对有限的内容进行了修改,对承运人的责任原则等实质性内容未作修改。《维斯比规则》于1971年生效,目前为止共有16个国家参加。

(3) 1978年《汉堡规则》(The Humburg Rules)。1978年签署的《联合国海上货物运输公约》,又称《汉堡规则》。它是为了更合理地规定承运人和托运人之间的权利与义务,在广大发展中国家的强烈要求下,由联合国国际贸易法委员会起草,在1978年3月汉堡会议上通过。

与前面两个规则相比,《汉堡规则》最主要的特征是加重了船方的责任,废除了偏袒承运人的免责条款,对于承运人的责任期间、赔偿责任及责任限度等做了重大修改。《汉堡规则》于1992年11月1日正式生效。

5. 承运人的基本义务

根据《海牙规则》和大多数国家国内法的规定,承运人的义务主要有:

(1) 在船舶开航前和开航时,应恪尽职责使船舶适航,即提供适航的船舶。所谓适航的船舶包括三方面的内容:①船体本身适航;②船长、船员及船舶的供应适航;③船舶应适于装载预定的货物。船舶适航仅指承运人在开船前或开船时应谨慎处理,保证船舶适航,并不要求其在整个航运过程中始终保持船舶的绝对适航。而且如果船舶的不适航是承运人经过谨慎处理后仍不能发现的潜在缺陷造成的,承运人也不负责任。

(2) 适当和谨慎地装载、搬运、积载、运送、保管、照料和卸下所承运的货物。

6. 承运人的免责事项

《海牙规则》规定了17项承运人免责事项。这17项可以分成以下两类:

(1) 过失免责事项,即承运人对船长、船员、引水员或承运人所雇用的其他人员在驾驶和管理船舶方面的疏忽或过失所造成的货物损坏或灭失,不负赔偿责任。驾驶上的过失是指船舶开航后,船长、船员在驾驶船舶中所发生的判断上或操纵上的错误,例如船舶在航行中,由于船长驾驶操作上的疏忽,发生触礁、搁浅或碰撞等保险事故,致使船上货物受损,承运人可以免责。船舶管理上的过失是指船长、船员在管理船舶方面缺乏应有的经验，例如未适时关闭进水阀门、使用抽水泵不当等原因致使货物受损，承运人也可以免责。过失免责对托运人与收货人极不公平，最终在《汉堡规则》中得到修改。

（2）无过失责任事项，主要包括：①不可抗力事项，包括海上事故、天灾、战争行为、公敌行为、国家行为、检疫限制、罢工、暴动与骚乱等；②可归因于托运人的事项，包括货物固有缺陷、包装不良、标志不清或不当、托运人或货主的行为或不行为等；③特殊事项，包括火灾（但由于承运人的实际过失或私谋所引起的例外）、救助或企图救助海上人命或财产、恪尽职责也不能发现的潜在缺点；④其他概括性列举事项，非由于承运人实际过失或私谋及承运人的代理人、受雇人的过失或疏忽所引起的其他任何原因。

7. 承运人的赔偿责任限制

《海牙规则》规定，承运人对每件货物或每一计费单位货物的损害或灭失，最高赔偿额为100英镑或与其等值的其他货币。但托运人在装船前已就该项货物的性质和价值提出声明并列入提单者，可不受此限制。

《维斯比规则》规定：

（1）承运人的赔偿限额为每件或每单位10 000金法郎，或毛重每千克30金法郎，按两者中金额较高者计算[注：1984年以后，使用特别提款权（SDR）计算，每件为666.67SDR或每千克2SDR，以其较高者为准]。

（2）对于集装箱运输，按提单中载明的装在集装箱或类似运输工具中的件数和单位数为计算赔偿的单位数。如果提单中没有载明单位数，则一个集装箱或一个托盘应视为1件货物。

《汉堡规则》规定，承运人对货物灭失或损害的赔偿责任，以每件货物或每一装运单位不超过835计算单位，或每千克不超过2.5计算单位为限，以其较高者为准（注：这里的计算单位指SDR）。

8. 索赔与诉讼时效

《海牙规则》规定，收货人最迟应在卸货港收到货物以前或当时，将货物灭失或损害的情况书面通知承运人，向其索赔。如果货物损坏或灭失情况不明显，应在3天内提出索赔通知。有关货物灭失或损坏的诉讼时效为1年，从货物交付之日或应交付之日起计算。

《维斯比规则》对《海牙规则》规定的诉讼失效作了补充规定，即双方当事人经协商同意，可以延长诉讼失效。

《汉堡规则》延长了索赔和诉讼时效。如果货物灭失或损坏明显，收货人应在货物移交给收货人的下一个工作日提出书面索赔通知。如果货物损坏或灭失不明显，可延长至15天。有关货物灭失或损坏的诉讼时效为2年，而且经双方协商，还可以延长。

12.3.2　其他运输单据

1. 海运单

海运单（Sea Waybill，Ocean Waybill）是证明海上运输合同和货物由承运人接管或装船，以及承运人保证据以将货物交付给单证所载明的收货人的一种不可流通的单证，因此又称"不可转让海运单"（Non-negotiable Sea Waybill）。

2. 铁路运输单据

（1）国际铁路联运运单（International Through Rail Waybill）。国际铁路联运运单是发货人与铁路之间缔结的运输契约，它规定了铁路与发、收货人在货物运送中的权利、义务和责任，对铁路和发、收货人都具有法律效力。该运单从始发站随同货物附送至终点站并交给收货人，它不仅是铁路承运货物出具的凭证，也是铁路同货主交接货物、核收运杂费用和处理索赔与理赔的依据。国际铁路联运运单副本在铁路加盖承运日期戳记后发还给发货人，它是卖方凭以向银行结算货款的主要证件之一。

通常使用的国际货协运单为一式五联。第一联是运单正本，给收货人；第二联是运行报单，给到达铁路；第三联是运单副本，给发货人，是卖方凭以向收货人结算货款的主要证件；第四联是货物交付单，给到达路站；第五联是货物到达通知单，给收货人，不是物权凭证，不能凭以提货。

（2）承运货物收据（Cargo Receipt）。承运货物收据是特定运输方式下所使用的一种运输单据。在运往港、澳地区的出口货物中经常使用。作为对外办理结汇的凭证，它还是收货人凭以提货的凭证。它不仅适用于铁路运输，也可用于其他运输方式。

3. 航空运单

航空运单（Air Waybill）是承运人与托运人之间签订的运输契约，也是承运人或其代理人签发的货物收据。航空运单不是物权凭证，不能背书转让。它依签发人的不同可分为主运单（Master Air Waybill）和分运单（House Air Waybill），正本一式三份：①"Original for the Shipper"应交托运人；②"Original for the Issuing Carrier"，由航空公司留存；③"Original for the Consignee"，由航空公司随机带交收货人；其余副本则分别注明"for airport of destination"（给目的地机场）等。签发日期即为装运日期，如信用证要求实际发运日期（actual date of despatch）。

4. 多式联运单据

多式联运单据（Multimodal Transport Document，MTD）是多式联运合同的证明，也是多式联运经营人收到货物的收据和凭以交付货物的凭证。根据发货人的要求，它可以作成可转让的，也可以作成不可转让的。多式联运单据若签发一套一份以上的正本单据，应注明份数，其中一份完成交货后，其余各份正本即失效。即使信用证禁止转运，银行将接受表明可能转运或将要转运的多式联运的多式联运单据，但同一多式联运单据须包括全程运输。

5. 邮政收据

邮政收据（Parcel Post Receipt）是邮政运输的主要单据，它既是邮局收到寄件人的邮包后所签发的凭证，又是收件人凭以提取邮件的凭证。当邮包发生损坏或丢失时，它还可以作为索赔和理赔的依据。邮包收据不是物权凭证。

邮寄证明（Certificate of Posting）是邮政局出具的证明文件，据此证实所寄发的单据或邮包确已寄出和作为邮寄日期的证明。邮寄证明是作为结汇的一种单据。

专递数据（Courier Receipt）是特快专递机构收到寄件人的邮件后签发的凭证。银行将接受由任何专递或快递机构开立的单据。

12.4 运 输 条 款

国际贸易合同中的运输条款是国际货物合同中的重要组成部分，合同中运输条款签订是否合理、合法满足双方利益，将会影响整个货物合同的履约，甚至会出现贸易纠纷。因此，在签订出口合同前，应充分考虑到运输条件，将运输条款签订得尽可能完整、明确和切实可行。

国际贸易合同中的运输条款是国际海洋货物运输合同、国际航空运输合同、国际铁路货物运输合同、国际多式联运合同中有关运输方式、装运条款、运输单据等内容的条款。

12.4.1 常见运输条款示例

装运条款示例：

（1）Shipment during May from Shanghai to New York. 5 月份装运，自上海到纽约。

（2）The seller shall advise the buyer 30 days before the month of shipment of the time the goods will be ready for shipment. Partial shipment and transshipment allowed. 卖方应于装运月份30 天前将备妥货物可供装船的时间通知买方，允许分批装运和转运。

（3）Shipment within 45 days after receipt of L/C. The buyer must open the L/C to reach the seller before XX （Date）. 收到信用证后 45 天内装运，买方必须最迟于××日将 L/C 开抵卖方。

（4）Shipment before May 2012 from Shanghai Via Hongkong to London by container vessel 5 000M/T shipment to be effected in three equal consignment at an interval of about 20 days. 2012 年 5 月前装运，由上海经香港至伦敦，5000 公吨分三批等量装运，每批相隔 20 天。

（5）Shipment during March/April 2012 in two equal monthly lots.Port of loading：Shanghai/Tianjin. Port of desatination：Rotterdam/Antwerp optional，additional fee for buyer's account. 2012 年 3、4 月每月平均装运；装运港：上海/天津；目的港：鹿特丹/安特卫普，选港附加费由买方负担。

12.4.2 拟定国际货物运输条款的注意事项

（1）按年度、半年度、季度或月份签订的货物运输合同，应载明的内容包括：

1）托运人和收货人的名称或者姓名及住所；

2）发货站与到货站的详细名称；

3）货物的名称（运输标的名称）；

4）货物的性质（是否属易碎、易燃、易爆物品等）；

5）货物的质量；

6）货物的数量（如车种、车数、件数等）；

7）运输形式（零担、速递、联运等）；

8）收货地点；

9）违约责任；

10）费用的承担；

11）包装要求；

12）合同纠纷解决方式；

13）双方约定的其他事项等。

（2）以货物运单形式签订的合同应载明的内容包括：

1）托运人、收货人的名称或姓名及其详细住所或地址；

2）发货站、到货站及主管铁路局；

3）货物的名称；

4）货物的包装、标志、件数和数量；

5）承运日期；

6）运到日期；

7）运输费用；

8）货车的类型或车号；

9）双方商定的其他事项。

订立了货物运输合同之后，托运人应做到：

1）按规定的时间和地点提供托运的货物，给付运费和其他杂费；

2）货物必须按照国家主管机关规定和合同约定的标准包装，没有统一规定包装标准的，应根据保证货物运输安全的原则进行包装，否则承运方有权拒绝承运；

3）托运人确需变更或解除合同时，应按有关运输法规的规定提前向承运人递交申请书、证明文件和货运单，双方协商一致后才能生效；

4）收货人接到承运人发出的提货通知单后，应按时验收和提取货物。

承运人应做到：

1）按合同规定的时间和要求及时发运，并将货物安全、准时地运到目的地，通知收货人验货并提取货物；

2）将托运人委托传递的有关货物运输的文件、单据等安全传递给收货人。

12.5　国际货物海洋运输保险

12.5.1　国际货物运输保险的种类、作用和保障的范围

1. 国际货物运输保险的种类

按照运输方式，国际货物运输保险分为海上货物运输保险、陆上货物运输保险（公路或铁路）、航空运输保险和邮包运输保险。由于海上货物运输保险起源最早，应用最多，其他货物运输保险均是以海上运输保险为基础发展起来的，因此我们主要介绍海上货物运输保险。

2. 国际货物运输保险的作用

国际货物运输由于运距长、风险大，在长途运输过程中又容易受到各种损失，为了转嫁运输途中的风险并得到货物受损后的经济补偿，需办理货物运输保险。

3. 国际海洋运输保险保障的范围

海上货物运输保险（Marine Cargo Insurance）主要承保海上货物运输的风险、费用及损失。

（1）可保障的风险。

1）海上风险（Perils of The Sea）。海上风险又称海难，是指被保险货物及船舶在海上运输中所发生的风险。根据保险界的解释，它并不包括海上发生的一切风险，但也不是仅仅局限于航海过程中的风险。一般来讲，海上风险包括自然灾害和意外事故，两者均有其特定范围和含义。

a. 自然灾害（Natural Calamities）。自然灾害不以人们的意志为转移，是由于自然界变化而产生的破坏力量所造成的灾害。但海上货物运输保险并不承保一切由于自然力量引起的灾害，一般只包括恶劣气候、雷电、海啸、地震或火山喷发等人力不可抗拒力量造成的灾害。

b. 意外事故（Accidents）。意外事故是指由于偶然的、不能预料的，即由于不可抗力的

原因所造成的事故。但意外事故并不泛指所有海上意外事故。根据 1981 年 1 月 1 日修订的《海洋运输货物保险条款》，意外事故指运输工具搁浅、触礁、沉没、与流冰或其他物体碰撞、互撞以及失踪、失火、爆炸等。

2）外来风险（Extraneous Risks）。外来风险是指除海上风险以外的其他外来原因所造成的风险，分为下列 3 类：

a. 一般外来风险，是指被保险货物在运输途中由于偷窃、雨淋、短量、玷污、破碎、受潮受热、串味、生锈、钩损、提货不着等外来原因所引起的风险。

b. 特别外来风险，是指提货不到、进口关税、黄曲霉毒素、舱面的货物损失、进口国拒收、出口到港存仓失火等外来原因引起的风险。

c. 特殊外来风险，是指运输过程中由于军事、政治、国家政策法令及行政措施等外来原因造成的风险与损失。这些特殊原因包括战争、敌对行为及罢工等。

（2）可弥补的损失。可弥补的损失是指保险人承保的损失。在海上货物运输保险中，保险公司承保的损失属于海损（Average）。海损一般是指海运保险货物在海洋运输中由于海上风险所造成的损失和灭失。

1）全部损失（Total Loss，TL）。全部损失简称全损，指运输中的整批货物或不可分割的一批货物全部损失。全损又分为实际全损（Actual Total Loss）和推定全损（Constructive Total Loss）两种。前者是指保险货物完全灭失，或者完全丧失商业价值，失去原有用途，或者因丧失无法挽回。后者是指被保险货物受损后，虽未达到全部灭失的程度，但花在施救、修理、收回和运到目的地的费用总和估计将超过原货物在目的地的价值。被保险货物发生推定全损时，被保险人可以要求保险人按部分损失赔偿，也可以要求按全损赔偿。

2）部分损失（Partial Loss）。部分损失是指货物的损失没有达到全部损失的程度。在保险业务中，部分损失又因其性质不同，可分为共同海损和单独海损。

a. 共同海损。共同海损（General Average，GA）是指载货的船舶在海上遇到灾害、事故，威胁到船货等各方的共同安全，为了解除这种威胁，维护船货安全，或者使航程得以继续完成，由船方有意识地、合理地采取措施，造成某些特殊的损失或者支出的额外费用。

共同海损的构成必须具备以下 4 个条件：船方在采取紧急措施时，必须确认有危及船、货共同安全的危险存在；船方采取的措施必须是为了解除船、货共同危险、有意的和合理的；所做的牺牲是特殊的，支出是额外的；所作出的牺牲和支出的费用必须是有效果的。

常见的共同海损的类型主要有：为船、货共同安全，减轻船重，防止船舶沉没，将部分货物或船舶设备抛入海中；为急于抛弃货物，在船边或舱面开凿洞口，使船身、甲板等遭受的损失；为扑灭船上火灾，灌浇海水、淡水或化学灭火剂造成船或货的损失；采取紧急的人为搁浅措施造成船或货的损失；为使船舶搁浅后能重新起浮，过度开动船上机器造成机器损坏；船舶遇到意外事故后支付其他船的救助报酬。

在船舶发生共同海损后，共同海损的牺牲和费用均可由受益的船方、货方或运费收入方按最后获救价值的多少按比例分摊，然后再向各自的保险人索赔。共同海损分摊的因素比较复杂，一般均由专门的海损清算机构进行理算。

b. 单独海损（Particular Average）。单独海损是指保险标的物在海上遭受承保范围内的风险所造成的部分灭失或损害，即指除共同海损以外的部分损失。单独海损由各受损者单独承担。

思考时间　某海轮装载着散装亚麻子，驶向美国的纽约港。不幸在南美飓风的冷风区内搁浅被迫抛锚。当时，船长发现船板有断裂危险，一旦船体裂缝漏水，亚麻子受膨胀有可能将船板胀裂，所以船长决定迅速脱浅，于是，该船先后4次动用主机，超负荷全速开车后退，终于脱浅成功。抵达纽约港后，对船体进行全面检修，发现主机和舵机受损严重，经过理算，要求货方承担6451英镑的费用。货主对该项费用发生异议，拒绝付款。货主是否有权拒付？为什么？

（3）可补偿的费用。

1）施救费用（Sue and Labour Expenses），是指被保险货物遭遇保险责任范围内的灾害事故时由被保险人或者他的代理人、雇佣人员和受让人等采取措施，抢救保险标的，为防止损失的扩大而采取措施所支出的费用。

2）救助费用（Salvage Charge），是指被保险货物遭受保险责任范围内的灾害事故，由保险人和被保险人以外的第三者采取救助行为而应向其支付的报酬。

12.5.2　中国保险条款的海运保险险别

1. 基本险

基本险又称主险，可单独投保。根据我国《海洋运输货物保险条款》，基本险包括平安险、水渍险和一切险三种。

（1）平安险（Free from Particular Average，FPA）。平安险原意"单独海损不赔"，平安险是我国保险业的叫法。其责任范围主要包括：

1）被保险货物在运输途中由于恶劣气候、雷电、海啸、地震、洪水等自然灾害造成整批货物的全部损失或推定全损。若被保险货物用驳船运往或运离海轮时，则每一驳船所装的货物可视为一个整批。

2）由于运输工具遭到搁浅、触礁、沉没、互撞、与流冰或其他物体碰撞以及失火、爆炸等意外事故所造成的货物全部或部分损失。

3）在运输工具已经发生搁浅、触礁、沉没、焚毁等意外事故的情况下，货物在此前后又在海上遭到恶劣气候、雷电、海啸等自然灾害所造成的部分损失。

4）在装卸或转船时由于一件或数件甚至整批货物落海所造成的全部或部分损失。

5）被保险人对遭受承保责任内的危险货物采取抢救、防止或减少货损的措施所支付的合理费用，但以不超过该批被毁货物的保险金额为限。

6）运输工具遭遇海难后，在避难港由于卸货引起的损失，以及在中途港或避难港由于卸货、存仓和运送货物所产生的特殊费用。

7）共同海损的牺牲、分摊和救助费用。

8）运输契约中如订有"船舶互撞责任"条款，则根据该条款规定应由货方偿还船方的损失。

思考时间　有一批货物已投保了平安险，载运该批货物的海轮于5月3日在海面遇到暴风雨的袭击，使该批货物受到部分水渍，损失货值1000元。该货轮在继续航行中，又于5月8日发生触礁事故，又使该批货物损失1000元。保险公司如何赔偿？

（2）水渍险（With Particular Average，WPA/WA）。水渍险原意"负责单独海损责任"。水

渍险是我国保险业的叫法。其责任范围主要包括：

1）平安险所包括的范围；

2）被保险货物由于恶劣气候、雷电、海啸、地震、洪水等自然灾害所造成的部分损失。

> 🕐　思考时间　我方向澳大利亚出口坯布 100 包，但合同规定加一成水渍险。货在运输途中因舱内食用水管漏水，致使该批坯布中的 30 包浸有水渍。则对此损失应该向保险公司索赔还是向船公司索赔？

（3）一切险（All Risks）。一切险实际上是平安险、水渍险与偷窃、提货不着、淡水雨淋、短量、混杂、沾污、渗漏、碰损、破碎、串味、受潮受热、钩损、包装破裂和锈损等附加险责任的总和。其责任范围主要包括：

1）水渍险所包括的范围；

2）被保险货物由于一般外来原因所造成的全部损失或部分损失。

> 🕐　思考时间　某远洋运输公司的"东风轮"在 6 月 28 日满载货物起航，出公海后由于风浪过大偏离航线而触礁，船底划破长 2 米的裂缝，海水不断渗入。为了船、货的共同安全，船长下令抛掉 A 舱的所有钢材并及时组织人员堵塞裂缝，但无效果。为使船舶能继续航行，船长请来拯救队施救，共支出 5 万美元施救费。船修好后继续航行，不久又遇恶劣气候，入侵海水使 B 舱底层货物严重受损，甲板上的 2000 箱货物也被风浪卷入海里。以上损失各属什么性质的损失？投保何种险别的情况下保险公司给予赔偿？

2. 附加险

附加险是基本险的扩大和补充，不能单独投保，只能在投保一种基本险后加保，但是可以加保一种或数种附加险，必须另外支付一定的保险费。根据我国《海洋运输货物保险条款》，附加险可以分为一般附加险和特殊附加险两种。

（1）一般附加险。一般附加险负责赔偿由于一般外来原因引起的风险所造成的各种损失。中国人民保险公司承保的一般附加险有以下 11 种：①偷窃、提货不着险（Theft, Pilferage and Non-Delivery, TPND）；②淡水雨淋险（Fresh Water& Rain Damage, FWRD）；③短量险（Risk of Shortage）；④混杂、沾污险（Risk of Intermixture& Contamination）；⑤渗漏险（Risk of Leakage）；⑥碰损、破碎险（Risk of Clash & Breakage）；⑦串味险（Risk of Odor）；⑧受热、受潮险（Damage Caused by Heating & Sweating）；⑨钩损险（Hook Damage）；⑩包装破裂险（Loss or Damage Caused by Breakage of Packing）；⑪锈损险（Risk of Rust）。

（2）特殊附加险。特殊附加险承保由于特殊外来原因，如政治、军事、国家政策法令等风险所造成的损失。常见的特殊附加险主要有交货不到险、进口关税险、舱面险、拒收险、黄曲霉素险、卖方利益险、罢工险和战争险等。

1）战争险（War Risk）。投保战争或类似战争行为等引起保险货物的直接损失和由上述行为所造成的共同海损的牺牲、分摊和救助费用。战争险的责任起讫不是"仓至仓"，而是以"水上危险"为限，即以货物装上保险单载明的起运港海轮或驳船开始，到卸离保险单载明的目的港海轮或驳船为止。如果被保险货物不卸离海轮或驳船，保险责任期限以海轮到达目的港当日午夜起计算 15 天为止。

按照国际保险市场的习惯做法，被保险货物如已经投保战争险，再加保罢工险时，一般不再加收保险费。中国人民保险公司也采用这个办法。

2）罢工险（strike risk）。承保由于罢工者、被迫停工工人或参加工潮、暴动、民众斗争的人员的行为，或任何人的恶意行为所造成的直接损失和上述行为所引起的共同海损的牺牲、分摊和救助费用。罢工险对保险责任起讫的规定与基本险一致，采用"仓至仓"原则。

罢工险负责的损失都是直接损失，对于间接损失不负责。因此，凡是在罢工期间由于劳动力短缺或无法使用劳动力所造成的被保险货物的损失，或由此造成的费用损失，保险人不负责赔偿。

3）其他特殊附加险（特别附加险）。

a. 交货不到险（Failure to Delivery Risk）：被保险货物从装上船开始，6个月仍不能运到原定目的地交货，则无论何种原因，保险公司均按全损赔付。

b. 进口关税险（Import Duty Risk）：承保货物已发生保险责任范围内的损失，但被保险人仍需按货物的完好状态完税而遭受的损失。

c. 舱面险（On Deck Risk）：该险种承保在舱面上货物，除按保险单所载条款负责外，还承保被抛弃或被风浪冲击落水所造成的损失。

d. 拒收险（Rejection Risk）：该险种承保在进口港被进口国或有关当局拒绝进口或没收造成的损失，按货物的保险价值由保险公司赔偿。

e. 黄曲霉素险（Aflatoxin Risk）：该险种承保某些所含黄曲霉素超过进口国的限制标准，被拒绝进口、没收或强制改变用途而遭受的损失。

f. 出口货物到香港或澳门存储仓火险责任扩展条款（Fire Risk Extension Clause for Storage of Cargo at Destination HongKong or Macao，FREC）：该险种承保我国内地出口到香港、澳门特别行政区，且在我国香港、澳门银行办理出口押汇的出口运输货物，在存放于银行所指定的仓库期间因火灾而遭受的损失。

3. 承保责任起讫

承保责任起讫又称"承保期限"，是指保险人承担责任的开始和终止时限。

根据中国人民保险公司《海洋运输货物保险条款》的规定，基本险的承保责任起讫采用国际保险业惯用的"仓至仓"条款，即保险人对被保险货物所承担的保险责任，从被保险货物运离保险单所载明的启运港（地）发货人仓库时开始生效，在下列三种情况下终止，并以先发生者为准：

（1）货物运达保险单所载明的目的港（地）收货人仓库；

（2）货物运达保险单所载明的目的港（地）或中途的任何其他仓库，这些仓库被用作正常运输以外的储存或货物的分配、分派或分散转运；

（3）被保险货物在最后卸载港全部卸离海轮后满60天。

4. 除外责任

除外责任是指保险人不负赔偿责任的范围。根据我国《海洋运输货物保险条款》，除外责任主要包括：

（1）被保险人的故意行为或过失所造成的损失；

（2）属于发货人责任所引起的损失；

（3）在保险责任开始前，被保险货物已存在的品质不良或数量短差所造成的损失；

（4）被保险货物的自然损耗、本质缺陷、特性以及市价跌落、运输延迟所造成的损失或费用；

（5）战争险和罢工险条款规定的责任范围和除外责任。

> 思考时间　　我方向海湾某国出口花生糖一批，投保了一切险。由于货轮陈旧，速度慢，加上该轮到处揽载，结果航行 3 个月才到达目的港，卸货后，花生糖因受热时间过长已经全部潮解软化，无法销售。此情况下保险公司可否拒赔？

5. 被保险人义务

被保险人义务是指被保险人必须履行的义务。如果被保险人未履行这些义务，保险人有权拒绝赔偿。根据我国《海洋运输货物保险条款》，被保险人义务主要包括：

（1）当被保险货物运抵目的地后，被保险人应及时提货。当发现被保险货物遭受任何损失时，应立即向保险单上规定的检验、理赔代理人申请检验，并向有关当局（如海关、港务局）索取货损货差证明，如涉及第三者责任，必要时还须取得延长索赔时效的凭证。

（2）对遭受损失的货物，被保险人应采取合理抢救措施，以减少损失。

（3）如遇航程变更或发现保险单所载明的货物、船名或航程有遗漏或错误时，被保险人应在获悉后立即通知保险人。

（4）在向保险人索赔时，应提供下列单证：保险单正本、提单、发票、装箱单、磅码单、货损货差证明、检验报告以及索赔清单。如涉及第三者责任，还须提供向责任方追偿的有关函电及其他必要的单证或文件。

6. 索赔期限

索赔期限又称"索赔时效"，是被保险货物发生保险责任范围内的风险与损失时，被保险人向保险人提出索赔的有效期限。根据我国《海洋运输货物保险条款》，索赔期限为 2 年，自被保险货物运抵目的港全部卸离海轮之日起计算。

12.5.3 《协会货物条款》的海运保险险别

《协会货物条款》（Institute Cargo Clause，ICC）最早于 1912 年由英国伦敦保险协会制定，后经多次修改。现行伦敦协会货物保险条款［ICC（1982）］是在对原 SG 保险单和 ICC（1963）进行彻底改革的基础上制定的，于 1982 年 1 月 1 日生效，并于 1983 年 4 月 1 日起全面取代 ICC（1963）。

1. ICC 海运货物保险险别简介

ICC 海运货物保险主要有 6 种险别：①协会货物条款（A）［ICC（A）］；②协会货物条款（B）［ICC（B）］；③协会货物条款（C）［ICC（C）］；④协会战争险条款（货物）（Institute War Clauses-Cargo）；⑤协会罢工险条款（货物）（Institute Strikes Clauses-Cargo）；⑥恶意损害险条款（Malicious Damage Clauses）。

（1）ICC（A）的承保风险与除外责任。

1）ICC（A）的承保风险。ICC（A）险的责任范围最广，故 ICC 采用承保"除外责任"之外的一切风险的概括式规定办法，即作了"除外责任"项下所列风险，保险人不予负责外，其他风险均予负责。其保险责任范围最大，大体相当于"一切险"。

2）ICC（A）的除外责任。ICC（A）的除外责任包括一般除外责任、不适航和不适货除外责任、战争险除外责任、罢工险除外责任。但其除外责任中不包括"海盗行为"和"恶意损害行为"。

（2）ICC（B）的承保风险与除外责任。

1）ICC（B）的承保风险。ICC（B）的承保风险采用承保"除外责任"之外列明风险的办法，其范围仅次于ICC（A），类似于水渍险。

ICC（B）险的承保责任范围有：①火灾或爆炸；②船舶或驳船遭受搁浅、触礁、沉没或倾覆；③陆上运输工具的倾覆或出轨；④在避难港卸货；⑤地震、火山爆炸或雷电；⑥共同海损牺牲；⑦抛货或浪击落海；⑧船舶、驳船或其他运输工具同除水外的任何外界物体碰撞或接触；⑨海水、湖水或河水进入船舶、驳船、其他运输工具、集装箱或海运集装箱储存处；⑩货物在船舶或驳船装卸时落海或跌落造成任何整件的全损。

2）ICC（B）的除外责任。ICC（B）的除外责任是ICC（A）的除外责任再加上ICC（A）承保的"海盗行为"与"恶意损害行为"。

（3）ICC（C）的承保风险与除外责任。

1）ICC（C）的承保风险。ICC（C）的承保风险更小，也采用承保"除外责任"之外列明风险的办法，它只承保"重大意外事故"，不承保ICC（B）中的自然灾害（如地震、雷电等）和非重大事故（如卸货过程中的整件灭失等）。其条款类似平安险。具体承保范围有：①火灾或爆炸；②船舶或驳船遭受搁浅、触礁、沉没或倾覆；③陆上运输工具的倾覆或出轨；④在避难港卸货；⑤抛货或浪击落海；⑥船舶、驳船或其他运输工具同除水外的任何外界物体碰撞或接触；⑦共同海损牺牲。

2）ICC（C）的除外责任。ICC（C）的除外责任与ICC（B）相同。

ICC（A）、ICC（B）、ICC（C）的承保风险和除外责任对比见表12-1。

表12-1　　　ICC（A）、ICC（B）、ICC（C）的承保风险和除外责任的对比

承保风险（责任范围）	（A）	（B）	（C）
①火灾、爆炸	√	√	√
②船舶或驳船触礁或搁浅、沉没、倾覆	√	√	√
③陆上运输工具倾覆或出轨	√	√	√
④船舶、驳船或运输工具同水以外的任何外界物体碰撞	√	√	√
⑤在避难港卸货	√	√	×
⑥地震、火山爆发或雷电	√	√	√
⑦共同海损牺牲	√	√	√
⑧抛弃	√	√	√
⑨浪击入海	√	√	×
⑩海水、湖水或河水进入船舶、驳船、运输工具、集装箱、大型海运箱或储存处	√	√	×
⑪货物在船舶或驳船装卸时落海或跃落造成的任何整件的损失	√	√	×
⑫海盗行为	√	×	×
⑬恶意损害行为	√	×	×
⑭由于一切外来风险造成的损失	√	×	×

承保风险（责任范围）		（A）	（B）	（C）
一般除外责任	被保险人的故意违法行为所造成的损失和费用	×	×	×
	自然渗漏、质量或容量的自然损耗或自然磨损	×	×	×
	包装或准备不足或不当造成的损失和费用	×	×	×
	保险标的的内在缺陷或特性造成的损失或费用	×	×	×
	直接由于运输延迟造成的损失或费用	×	×	×
	由于船舶所有人、经理人、租船人或经营人破产或不履行债务所造成的损失或费用	×	×	×
	由于使用任何原子武器或核裂变等造成的损失和费用	×	×	×
（船舶）不适航，（船舶、装运工具、集装箱等）不适货除外责任		×		×
战争险除外责任		×	×	×
罢工险除外责任		×	×	×

注　"√"表示承保风险，"×"表示不承保风险。

2. ICC 和《海洋运输货物保险条款》海运货物保险的主要异同

ICC 与现行《海洋运输货物保险条款》的相似之处和主要区别见表 12-2 和表 12-3。

表 12-2　　　　　　　　ICC 和《海洋运输货物保险条款》的相似之处

比较项目	具 体 说 明
承保责任范围相当	一切险和 A 险的承保责任虽然在文字表达上有所区别，但都对海上自然灾害、意外事故和一般外来风险予以负责，内容比较接近
	水渍险和 B 险的承保责任均是对海上自然灾害和意外事故的保障，内容基本相当
	平安险和 C 险所承保的风险虽然有所区别，但从保障的范围来看，两者之间也比较接近
除外责任基本相同	《海洋运输货物保险条款》只有 5 条除外责任。ICC 则包括 4 条共 10 款内容。但从具体内容看，基本都是将非意外的、间接的及特殊原因的和人为故意行为所致损失作为除外责任，两者的区别不大
保险期限基本一致	《海洋运输货物保险条款》的保险期限采取"仓至仓"责任起讫，ICC 则包括运输条款、运输契约终止条款和航程变更条款，共同组成保险人的责任期限，实际上也是以"仓至仓"责任起讫
被保险人义务大致相同	两种条均规定货物发生损失时被保险人应迅速采取合理措施，防止或减少货物的损失；航程发生变更时，被保险人应立即通知保险人；货物发生损失时，被保险人应保证保险人向第三方追偿的权利等

表 12-3　　　　　　　　ICC 与《海洋运输货物保险条款》的主要区别

比较项目	ICC	《海洋运输货物保险条款》
保险条款的名称	主要险别分别为 A 险、B 险和 C 险，可避免因名称而产生的误解，同时又非常简单，呼叫方便	基本险别分别命名为一切险、水渍险和平安险，实际的承保责任和名称并不符合，容易让人望文生义，从而引起误解
保险条款的结构	A 险、B 险和 C 险均自成体系，包括结构完整的 19 条内容，各险别结构独立，便于被保险人确定各险别具体内容，区分其差距	我国《海洋运输货物保险条款》只有一个总的条款，共分为 5 条，其中包括 3 个基本险别，文字比较简明扼要，但由于各主险没有完整、独立的结构，不利于被保险人区分各险别的内容差距

续表

比较项目	ICC	《海洋运输货物保险条款》
保险条款的承包责任和除外责任	**A 险：** 规定的除外责任更具体、全面，除了增加"由于船舶所有人、经理人、租船人或经营人破产或不履行债务造成的损失"这一项内容，还明确了船舶不适航、不适货的除外责任的适用情况，有利于进一步明确条款中一切风险的涵盖范围，避免将任何原因引起的损失都包括在一切险的承保责任范围的误解。 **B 险：** 可负责海水、河水、湖水进入运输工具所致的货物损失，而不必明确是何种灾害所致。对浪击入海的货物损失负责。仅负责在装卸时落海或跌落造成的整件货物的全部损失。对于被保险人以外的恶意行为导致的货物损失属于除外责任。 **C 险：** 对自然灾害造成的损失，无论全部损失还是部分损失，均不予负责；不负责货物在装卸或转运时落海造成的全部或部分损失。通过列明风险，明确地界定了责任范围，取消了按全部损失和部分损失划分险别的规定，条理更加清楚，内容更加明确	**一切险：** 承保责任和除外责任规定不具体，容易让人误解为任何原因引起的损失都包括在一切险的承保责任范围。 **水渍险：** 仅对列举的自然灾害、意外事故的货物损失和共同海损负责赔偿。对浪击落海的货物损失不予负责。对货物在装卸时落海或跌落造成的全部损失和部分损失均予以负责。对被保险人以外的其他人的恶意行为导致的货物损失并未予以除外。 **平安险：** 对海上发生的自然灾害造成的货物损失不予负责。负责货物在装卸或转运时落海造成的全部或部分损失。从整体上来看，平安险的保险责任范围大于 C 险的责任范围
其他内容	新增了"保险利益条款"、"增值条款"、"不适用条款"以及"法律和惯例条款"等内容，有利于避免保险合同双方之间发生不必要的纠纷，也利于解决保险纠纷	虽然文字简练，但有些内容没有包括在内，在具体实践中一般参照以往的习惯做法和国际惯例，容易引发合同双方的纠纷

12.5.4　合同中的保险条款

1. 常见保险条款示例

（1）Insurance to be effected by the seller on behalf of the buyer for 110% of invoice value against all risk, premium to be for buyer's account.买方委托卖方按发票金额的 110%代为投保一切险，保险费由买方负担。

（2）Insurance to be effected by the seller for 110% of invoice value against WPA Risk as per ocean marine cargo clauses of The People's Insurance Company of China dated January 1,1981.保险由卖方按发票金额的 110%投保水渍险，按照 1981 年 1 月 1 日中国人民保险公司《海洋运输货物保险条款》承保。

（3）Insurance to be covered by the sellers for 110% of invoice value against all risks and war risk as per the relevant ocean marine cargo clauses of The People's Insurance Company of China. If the coverage or an additional insurance amount is required，the buyers shall have the consent of the sellers before the shipment，and the additional premium is to be borne by the buyers. 保险由卖方按中国人民保险公司《海洋运输货物保险条款》按照发票总值的 110%投保一切险及战争险。如买方欲增加其他险别或超过上述保额时须于装船前征得卖方同意，所增加的保险费由买方负担。

（4）Insurance is to be covered by the seller for a sum equal to the amount of the invoice. 保险由卖方按发票金额投保。

2. 拟定国际货物运输保险条款

（1）保险投保人的约定：取决于买卖双方约定的交货条件和所使用的贸易术语。

（2）保险公司和保险条款的约定：在按 CIF 和 CIP 条件成交时，买方一般要求在合同中限定保险公司和所采用的保险条款，以利日后保险索赔工作的顺利进行。

（3）保险险别的约定：①双方可在合同中约定；②在按 CIF 和 CIP 条件成交时，在双方未约定险别的情况下，按照惯例，卖方可按最低的险别予以投保。

（4）保险金额的约定：

1）双方可在合同中约定；

2）在按 CIF 和 CIP 条件成交时，在双方未约定的情况下，习惯上是按 CIF 价或 CIP 价的 110%投保。

（5）保险单的约定：在买卖合同中，如约定由卖方投保，通常还规定卖方应向买方提供保险单，如被保险的货物在运输过程中发生承保范围内的风险损失，买方即可凭卖方提供的保险单向有关保险公司索赔。

1）FOB、CFR、FCA、CPT 条件下的保险条款：

a. 仅规定"由买方负责办理"；

b. 如买方要求卖方代为办理保险，则须规定"由买方委托卖方按发票金额 ×%代为投保××险，保险费由买方负担"。

2）CIF、CIP 条件下的保险条款：

a. 保险责任：由卖方负责办理。

b. 保险金额：一般为

$$CIF 价×（1+10\%）$$
$$保险金额=CIF×（1+投保加成率）$$
$$CIF=CFR/[1-（1+投保加成率）×保险费率]$$
$$保险费= 保险金额×保险费率$$

> **思考时间**　某货主在货物装船前，按发票金额的 110%办理了货物投保手续，投保一切险加战争险。该批货物以 CIF 成交的总价值为 20.75 万美元，一切险和战争险的保险费率合计为 0.6%。问：（1）该货主应交纳的保险费是多少？（2）若发生了保险公司承保范围内的损失，导致货物全部灭失，保险公司的最高赔偿金额是多少？

c. 投保险别：通常根据商品特点和运输途中的风险程度由买卖双方事先约定。

d. 适用条款：即以哪个保险公司条款为准，通常有中国保险条款和英国伦敦保险协会的协会货物条款。

3）赔偿金额的计算。计算赔偿金额时，应需注意是任何损失程度（Irrespective Of Percentage，IOP）均予赔偿 ，还是规定了免赔率。免赔率有绝对免赔率和相对免赔率两种。其中，绝对免赔率（Deductible）是指保险人只赔偿超过免赔率的部分，对免赔率以内的损失绝对不赔。中国人民保险公司采取绝对免赔率的做法。相对免赔率（Franchise）即保险人对免赔率以内的损失不赔，如损失超过免赔率时，则对全部损失都赔。

本章小结

（1）国际货物运输方式多种多样，主要包括海洋运输、铁路运输、公路运输、航空运输、集装箱运输与国际多式联运等。因此，在国际货物运输中，运输单据的种类也很多，主要有海运提单、铁路运单、承运货物收据、航空运单和邮包收据等。它是交接货物、处理索赔与理赔以及向银行结算货款或进行议付的重要单据。

（2）在海运中，买卖双方必须就交货时间、装运地和目的地、能否分批装运和转船、转运等问题商妥，并在合同中具体订明。明确、合理地规定装运条款，是保证进出口合同顺利履行的重要条件。海上货物运输保险的保险人主要承保两类风险：一类是海上风险；另一类是外来风险。我国《海洋货物运输保险》条款分为基本险别和附加险别两类。在国际货物运输保险业务中，伦敦保险协会制定的 ICC 对世界各国保险业有着广泛的影响。为了明确交易双方在货运保险方面的责任，通常在买卖合同中都订有保险条款，内容主要包括保险金额、投保险别及所确定适用的保险条款等。

章后习题与思考

1. 说明定程租船和定期租船的区别。
2. 班轮运输有哪些特点？
3. 《公约》对分批装运和转运有哪些规定？
4. 提单的性质和作用有哪些？
5. 构成国际多式联运需具备哪些条件？
6. 共同海损与单独海损的区别是什么？
7. 什么是"仓至仓"条款？贸易术语如何影响"仓至仓"的起讫点？
8. 2014 年 2 月，中国某纺织进出口公司与大连某海运公司签订了运输 1000 件丝绸衬衫到马赛的协议。合同签订后，进出口公司又向保险公司就该批货物的运输投保了平安险。2月 20 日，该批货物装船完毕后起航，2 月 25 日，装载该批货物的轮船在海上突遇罕见大风暴，船体严重受损，于 2 月 26 日沉没，3 月 20 日纺织品进出口公司向保险公司就该批货物索赔，保险公司以该批货物由自然灾害造成损失为由拒绝赔偿，于是进出口公司向法院起诉，要求保险公司偿付保险金。

（1）货物运输过程中所遇危险事故是否在保险公司的承保责任范围内？为什么？

（2）保险公司的拒赔理由是否成立？进出口公司遭遇的损失是否可以获得赔偿？

9. 我国某外贸公司按每箱 20 美元 CIFC2%纽约的价格向美国出口某商品一批。每箱体积为 50cm×30cm×30cm，毛重为 50 公斤，净重为 48 公斤，运费计算标准为 M/W，每运费吨的基本运费率为 40 美元，燃料附加费为基本运费的 20%，转船附加费为基本运费的 10%。我方按 CIF 价格负责投保，保险费率为 1%，投保加成率为 10%。该商品的国内收购价格为每箱 120 元人民币，国内各项费用为收购价格的 10%，出口退税率为国内收购价格的 9%，结汇价格为 100 美元=710.0 元人民币。

求：

（1）每箱的运费；

（2）CIF 纽约价格；

（3）FOB 价格；

（4）出口商品换汇成本；

（5）出口商品盈亏率。

13　国际货款结算

主要教学内容

本章主要介绍国际贸易货款的结算工具和结算方式，重点讲授汇付、托收、信用证等结算方式及其特点。

教学目标及要求

要求学生通过本章学习，了解并掌握国际贸易货款结算的主要方式及其特点，掌握汇票的使用，掌握汇付、托收及信用证方式结算货款的业务履行程序，能够合理地运用各种支付工具，选用不同的支付方式进行国际货款结算。

章前导读

甲国 A 公司收到乙国 CK 银行开出的不可撤销信用证一份，由设在甲国的 CB 银行通知并加以保兑。A 公司根据信用证的规定装运货物后正拟将有关单据提交银行议付时，忽接 CB 银行通知，由于 CK 银行已宣布破产，该行不承担对该信用证的议付或付款责任，但可接受 A 公司委托向买方直接收取货款的业务。试问：A 公司该如何做？

13.1　结　算　工　具

在国际贸易中，货款的收付可以使用现金和票据两种支付工具。但绝大多数的国际贸易货款通过使用能够代替现金的信贷工具（通常指票据）进行货款收付。票据是国际通行的结算和信贷工具，卖方发货交单，买方凭单付款，以银行为中介，以票据为工具进行结算，是当代国际结算的基本特征。

13.1.1　汇票

1. 汇票的含义

汇票（Bill of Exchange，Draft）是出票人签发的，委托付款人在见票时或者在指定日期无条件支付确定的金额给收款人或持票人的票据。汇票中的当事人主要有：

（1）出票人，即签发汇票的人，多数是指出口人或其指定的银行，要承担付款人一定付款、承兑的责任。如果付款人拒付，就追索到出票人，所以即期汇票在付款前，远期汇票在承兑前，出票人是主债务人。

（2）受票人，即"付款人"，多数是指进口商或其指定的银行。在信用证下一般为开证银行，托收下一般为进口商。从汇票是无条件支付命令来看，付款人应无条件付款，所以在即期汇票提示时应立即付款，但有权拒付。在远期汇票提示时，应办理承兑手续，但也有权拒绝承兑。若已办理了承兑手续，就变成汇票的主债务人，不能再拒付。

（3）受款人，即"收款人"、汇票抬头人及受领汇票所规定金额的人。多数是指出口商或其指定的银行；又因为汇票可以自由转让，所以受款人也可以是与进出口双方毫无关系的第三者。受款人是汇票的主债权人，有权凭汇票向付款人收款，也可将汇票背书转让给他人，然而一经背书就成为主债务人，承担可能被追索的义务，但还可向出票人追索。

2. 汇票的内容

汇票的基本内容一般有：①表明"汇票"字样；②无条件支付命令；③确定的金额；④付款人（受票人）名称；⑤收款人（受款人）名称；⑥出票日期、出票地点（若欠缺，推定为出票人的营业场所或住所）、出票人签字；⑦付款日期（若欠缺，推定为见票即付）；⑧付款地点（若欠缺，推定为付款人的营业场所或住所）。

3. 汇票的种类

（1）按照出票人不同划分。

1）银行汇票（Banker's Draft）：出票人和受票人都是银行的汇票。

2）商业汇票（Commercial Draft）：由出口商签发的，向进口商或银行收取货款或其他款项的汇票。出票人是企业或个人；受票人可为企业、个人或银行。

（2）按照有无随附货运单据划分。

1）光票（Clean Bill），是指不附带任何货运单据的汇票，付款人只凭汇票付款。这种汇票通常被用于收取货款的余数、佣金或额外产生的有关费用。银行汇票一般为光票。

2）跟单汇票（Documentary Bill），是指附有包括运输单据的汇票。出票人必须提交约定的货运单据才能取得货款；受票人必须在付清货款后取得货运单据，提取货物。若出票人没有提供单据或单据不符合规定，则受票人可以拒绝付款。若受票人不付款或拒绝接受汇票，则得不到代表货物所有权的货运单据。跟单汇票体现货物跟单据是对流，为买卖双方均提供了一定的保证。

（3）按照付款时间的不同划分。

1）即期汇票（Sight/Demand Draft），是指当持票人向付款人提示汇票时，付款人必须见票即付的汇票。即期汇票的付款日期：Pay…at sight（见票即付）。

2）远期汇票（Time Bill；Issuance Bill），是指规定付款人在将来一定期限或特定日期付款的汇票。其付款时间的规定方法有：①见票后若干天付款（At…days after sight）；②出票后若干天付款（At…days after date of draft）；③提单签发后若干天付款（At…days after date of Bill of lading）；④固定日期付款（fixed date）；⑤货运后若干天付款（At…days after date of arrival of goods）。

（4）按是否凭信用证签发划分。

1）凭信用证汇票，即凭信用证签发的汇票。付款人多为信用证的开证行，也可为其联号或进口商，由开证行负责付款责任。

2）不凭信用证汇票，即不凭信用证签发的汇票。付款人多为进口商，这种汇票银行不接受押汇，出口商只能委托银行代为收款。

（5）按付款信用不同划分。

1）商业承兑汇票（Commercial Acceptance Bill），以工商企业或个人为付款人所承兑的远期商业汇票，以商业信用为基础。

2）银行承兑汇票（Banker's Acceptance Bill），以银行为付款人所承兑的远期汇票。以银行信用为基础，比商业承兑汇票更容易在票据市场上流通，并享受更优惠的贴现率。

4. 汇票的使用

（1）出票（Issue/Draw）。出票指出票人在汇票上填写有关项目，经签字交给受款人的行为。汇票的受款人（抬头）通常有三种写法：

1）限制性抬头（Restrictive Payee）。Pay…co.；not negotiable；pay…co.only. 付给某某公司，不准流通；仅付某某公司。

2）指示性抬头（To Order）。Pay…co.，or order；pay to the order of…co.. 付某某公司或其指定人，除了某某公司可收取票款以外，也可经背书转让给第三者。

3）持票人或来人抬头（To Bearer）。Pay bearer. 付给来人。不需要由持票人背书，仅凭交付汇票即可转让。

（2）提示（Presentation）。提示指持票人将汇票提交给付款人要求承兑或要求付款的行为。提示可分为：

1）承兑提示：远期汇票持票人向付款人提交汇票，付款人见票后办理承兑手续，到期时付款。

2）付款提示：持票人向付款人提交汇票，要求付款。

（3）承兑（Acceptance）。承兑是指远期汇票的付款人，以其签名表示同意按照出票人的命令付款的票据行为。通常的做法是付款人在汇票的正面写明"承兑（Accepted）"字样，并注明承兑日期，由付款人签字后交还给持票人。

承兑人（Acceptor）承兑汇票后，成为汇票的主债务人，不得以出票人的签字是伪造的、背书人无行为能力等理由来否认汇票的效力；出票人退居为从债务人。

（4）付款。

1）对于即期汇票，在持票人提交汇票时，付款人即应付款；对于远期汇票，付款人经过承兑后，在汇票到期日付款。

2）付款后，汇票上的一切债务即告终止。

（5）背书（Endorsement）。背书是转让汇票权利的法律手续，是指汇票持有人在汇票背面签上自己的名字或再加上受让人的名字，并将汇票交给受让人的行为。汇票可分为限制性背书、指示性背书和空白背书。

1）限制性背书，即不可转让背书，指背书人对交付给被背书人的指示带有限制性词句。Pay to ABC bank，not transferable.付给 ABC 银行，不能转让。

2）指示性背书，指背书人先做被背书人记载，再签字。Pay to the order of ABC bank，Albert Lee（付给 ABC 银行或其指定人，背书人阿尔伯特·李）。

3）空白背书（Blank Endorsement）或不记名背书，是指背书人仅在汇票背书签上自己的名字，而不记载被背书人。指示性抬头的汇票经空白背书后即成为来人汇票，受让人不用再背书，仅凭交付即可转让汇票权利。

汇票经背书后，收款的权利即转让给受让人。汇票可以经背书不断转让下去。对受让人来说，所有在他以前的背书人以及原出票人都是他的"Endorsor"（前手）；而对出让人来说，所有在他让与以后的受让人都是他的"Endorsee"（后手）。前手对后手负有担保汇票必然会被承兑或付款的责任。

在国际市场上，一张远期汇票的持有人如想在付款人付款前取得票款，可以经背书转让汇票，即将汇票进行贴现（Discount）。贴现是指远期汇票承兑后尚未到期，汇票持有人向受让人背书，受让人受让时扣除从转让日起到汇票付款日止的利息以及一定手续费，将余额付给持票人的行为。

（6）拒付（Dishonor）。拒付是指持票人提示汇票要求承兑或提示汇票要求付款时遭到拒绝，或付款人避而不见、死亡、宣告破产等以致付款事实上已经不可能执行。

汇票在合理时间内提示遭到拒绝，持票人将立即产生追索权。根据某些国家法律的规定，为了行使追索权，持票人要及时将汇票遭拒付的事实通知其前手，前手再通知其前手，直至出票人，以便于持票人向他们追索。如持票人未能及时通知，则丧失追索权。

（7）追索。

1）追索权（Right of Recourse），是指汇票遭到拒付后，持票人对其前手背书人或出票人有请求偿还汇票金额及费用的权利，即后手向前手追索的权利。

a．行使追索权的对象是背书人、出票人、承兑人以及其他债务人，他们对持票人负连带的偿付责任。持票人可以向以上任何当事人取得偿付，被迫付款的背书人可以向承兑人、出票人或前手背书人取得偿付，被迫付款的出票人可以向承兑人取得偿付。

b．追索的票款应包括汇票金额、利息、做成退票通知和拒付证书的费用以及其他必要费用。

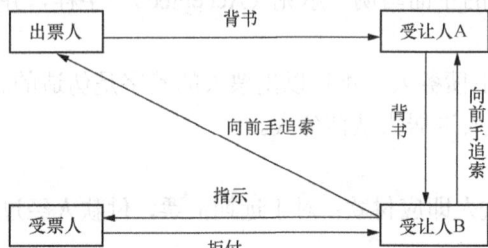

图 13-1　汇票的拒付与追索流程

2）拒付证书（Letter of Protest），由法院或公证机构做出的为了保全票据权利所做的公证书。持票人可以凭其向法院起诉，要求付款人付款。

（3）汇票的拒付与追索流程如图 13-1 所示。

5．汇票的期限

汇票的期限即汇票到期日，必须与信用证的规定一致。如为即期信用证，则在 At 与 sight 之间的横线或虚线上打上×××，以表明此空白处不填写任何信息，汇票即为即期汇票。如为远期信用证，则在 At 与 sight 之间的横线或虚线上填写相关期限。例如：

（1）见票后 90 天付款（At 90 days after sight）。

（2）提单日后 60 天付款（At 60 days after B/L date sight）。

（3）装运日后 90 天付款（At 90 days after shipment date sight）。

13.1.2　本票

1．本票的含义

本票（Promissory Note）是一个人向另一个人签发的，保证于见票时、定期或在可确定的将来某时，对某人或其指定人及持票人支付一定金额的无条件书面承诺，是出票人对受款人承诺无条件支付一定金额的票据。

2．本票的内容

本票的内容一般包括：①标明"本票"字样；②无条件支付一定金额的承诺；③付款时间和地点；④受款人名称或其指定人；⑤出票日期和地点；⑥出票人；⑦金额。

3．本票的种类

本票按出票人不同，可以分为商业本票和银行本票。

（1）商业本票即一般本票，由工商企业或个人签发。按付款期限可以分为即期本票和远期本票。

（2）银行本票由银行作为出票人签发。目前使用的大都是见票即付、来人抬头的即期本票。我国银行本票仅限于由中国人民银行审定的银行或其他金融机构签发。不列明受款人的银行本票可以代替现钞流通，但各国为防止扰乱国家货币发行制度，一般都规定商业银行本票必须是记名的和不定额的。

4. **本票与汇票的区别**

（1）本票和汇票的基本当事人不同。本票的基本当事人有 2 个，即签发人和收款人；而汇票的基本当事人有 3 个，即出票人、付款人和收款人。

（2）本票是一种无条件支付承诺；汇票是一种无条件支付命令。

（3）使用手续不同。本票因为出票人和付款人是同一人，不需承兑；而汇票中的远期汇票需承兑。

（4）本票的主债务人是出票人；而远期汇票的主债务人在承兑前是受票人，在承兑后即为承兑人。

13.1.3　支票

1. **支票的含义**

支票（Check，Cheque）是银行存款户向银行签发的，授权银行对某人或其指定人及持票人即期支付一定金额的无条件的书面支付命令。

2. **支票的当事人**

（1）出票人：即银行存款人，必须是在付款银行设有往来存款账户的存户。

（2）受票人：即开户银行。

（3）受款人：支票抬头人，受领支票所规定金额的人。

3. **支票的内容**

支票的内容一般包括：①标明"支票"字样；②无条件支付命令；③付款银行名称；④付款地点；⑤写明"即期"字样；⑥收款人或其指定人；⑦出票日期和地点；⑧出票人账号和签字；⑨金额。

4. **支票的种类**

（1）根据出票人填写的受票人不同，支票可以分为记名支票、不记名支票和划线支票。

1）记名支票，是指出票人在收款人栏中注明"付给某人"、"付给某人或其指定人"。这种支票转让流通时必须由持票人背书，取款时必须由收款人在背面签字。

2）不记名支票，也称为"空白支票"。抬头一栏注明"付给来人"，写明金额并签字。这种支票无须背书即可转让，取款时也无须在背面签字。

3）划线支票，指票面上被划上两道平行线的支票。这种支票的持有人不能凭票提取现金，而只能通过银行收款入账。

（2）其他支票。

1）一般支票，又称"普通支票"、"开放支票"，支票的持票人既可以通过银行将票款收入自己的账户，也可以凭票在付款行提取现金。

2）空头支票，指票面金额超出银行存款余额的支票，会遭到银行拒付。

3）保付支票（Certified Check），为了避免出票人开出空头支票，保证支票提示时付款，支票的收款人或持票人可要求银行对支票"保付"。"保付"是由付款银行在支票上加盖"保付"戳记，并注明日期和签字，以表明支票提示时一定付款。支票一经保付，付款责任即由银行承担，出票人、背书人都可免于追索。付款银行对支票保付后，即将票款从出票人的账户转入一个专户，以备付款，所以保付支票提示时，不会退票。

5. 支票的说明

（1）支票都是即期的。如果支票上另行记载付款日期的，该记载无效。

（2）支票可由付款银行加保付字样并签字而成为保付支票。付款银行保付后就必须付款。支票经保付后身价提高，有利于流通。

6. 支票和汇票的区别

（1）支票的付款人是银行；而汇票的付款人既可以是银行，又可以是企业。

（2）支票为即期；而汇票兼有即期的和远期的。

（3）支票无承兑行为；远期汇票有承兑行为。

（4）支票上可以划线表示转账；而汇票则无需划线。

（5）支票的主债务人是出票人；而远期汇票的主债务人在承兑前是受票人，承兑后为承兑人。

13.2　汇付和托收

13.2.1　汇付

1. 汇付的含义

汇付（Remittance）又称"汇款"，是指付款人主动通过银行或其他途径将款项汇交收款人的一种支付方式。从资金流向与支付工具传递方向关系的角度看，汇付采用的是顺汇方法。汇付属于商业信用。

2. 汇付的当事人

（1）汇款人，即付款人，通常为进口商。

（2）收款人，即受益人，又称"收益人"，通常为出口商。

（3）汇出行，接受汇款人的委托，代其汇出款项的银行，通常是进口商所在地银行。

（4）汇入行，又称"解付行"，是接受汇出行的委托，将款项付给收款人的银行，通常在收款人所在地，并且事先与汇出行订有代理合同，是汇出行的代理行。

3. 汇付的种类及业务程序

（1）电汇（Telegraphic Transfer，T/T）。汇款人将款项交与汇出行，同时委托汇出行以电报或电传的方式指示国外的汇入行将款项付给收款人。其优点是交款迅速，缺点是费用较高，适用于金额大，需求急的汇款。电汇业务流程如图 13-2 所示。

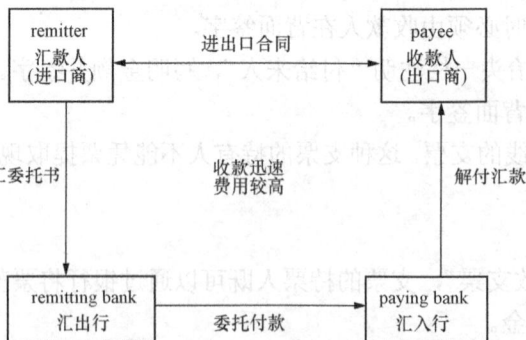

图 13-2　电汇业务流程

（2）信汇（Mail Transfer，M/T）。汇款人将款项交汇出行，由汇出行开出信汇委托书，或制成委托书并航寄给国外汇入行，委托汇入行解付款项给收款人。

信汇的优点是费用低廉，缺点是收款人收到的时间比较晚。因信汇人工手续较多，目前欧洲银行已经不再办理信汇业务。信汇业务流程如图 13-3 所示。

（3）票汇（Remittance by Banker's Demand Draft, D/D）。汇款人向汇出行购买一张以国外汇出行为付款人、以汇款的收款人为汇票收款人的银行即期汇票,然后自行交给或寄给国外收款人,由收款人凭票向汇入行取款。其优点是费用最低,缺点是收款速度最慢,多用于小额汇款。票汇业务流程如图 13-4 所示。

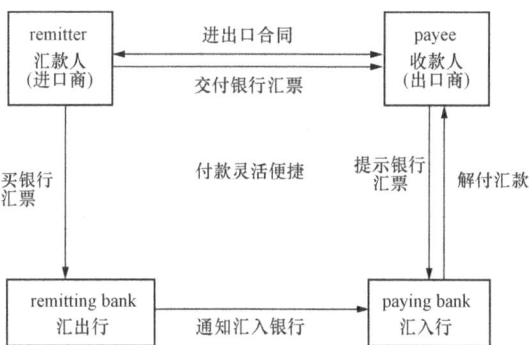

图 13-3　信汇业务流程

4. 汇付在国际贸易中的应用

近年来,国际贸易结算中采用汇款方式结算的逐年增多,尤其是一些工业化国家和法制健全的国家或地区之间的贸易,大约 60% 以上使用了汇款方式结算。尤其是随着通信技术的发展,电汇在目前国际贸易汇付业务中的比例日渐增多。汇付在国际贸易结算中主要有赊销和预付两种。

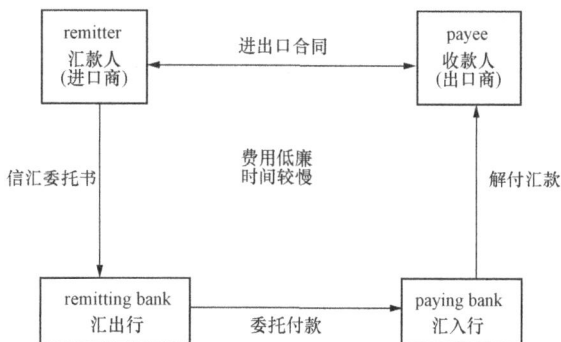

图 13-4　票汇业务流程

（1）赊销（Open Account, OA）。赊销即货到付款（Payment After Arrival of The Goods）,卖方发货在先,买方付款在后。同时,货物和货运单据被直接交给买方,以便买方能及时提货并处理货物。该方式下,卖方完全失去了对货物的控制权,能否付款完全取决于买方信用。因此,采用此方式结算货款之前,卖方须充分了解买方的信誉情况。

（2）预付货款（Payment in Advance）。预付货款即订货付现（Cash with Order）。该方式的基本特点是买方相信卖方能按自己的要求发货;买方确信付款后卖方国家不会禁止该货物出口;买卖双方确信买方国家的外汇管制允许买方预先付款;卖方清楚买方有足够资金或能从进口融资中得到流动资金贷款。

13.2.2　托收

1. 托收的含义

国际商会《托收统一规则》（国际商会第 522 号出版物,URC522）规定,托收是指由接到委托指示的银行办理金融单据和（或）商业单据以便取得承兑或付款,或凭承兑交出商业单据,或凭其他条件交出单据的一种结算方式。

托收属于商业信用,委托人和银行是代理关系,银行没有进一步审核单据的义务,也不承担审单的风险,托收行和代收行对托收的汇票能否付款不负责任。托收的优点主要有手续简便、费用低廉,买方可以得到卖方资金融通的便利。但其缺点也非常明显,卖方先发货、后收款,有一定风险;风险和资金负担不平衡,对买方有利而对卖方不利,因而是一种促销手段。

2. 托收的当事人

（1）委托人,即债权人,是指开出汇票委托银行办理托收业务的客户,通常为出口商。

（2）托收行，即寄单行，是指接受委托人的委托，转托国外银行代为收取票款的银行，通常为债权人所在地银行。

（3）代收行，接受托收银行委托向付款人收取货款的进口地银行。

（4）付款人，即债务人，汇票的出票人，是根据托收的指示付款的人，通常是进口商。

（5）提示行，是指将汇票和单据向付款人提示的银行，通常由代收行兼任。

3. 托收的种类及其业务程序

（1）根据托收时金融单据是否附带货运单据，可以将托收分为光票托收和跟单托收。

1）光票托收（Clean Collection），是指卖方仅开立汇票而不附带任何货运单据，委托银行收取款项的一种托收结算方式，即出口商在收取货款时，仅凭汇票，不随附任何装运单据。一般用于收取货款尾数、代垫费、佣金、样品费、寄售费用或其他小额贸易从属费用。

2）跟单托收（Documentary Collection），是指由卖方开立跟单汇票（即汇票连同一整套货运单据一起）交给银行，委托银行代收货款的托收方式。

（2）根据交单方式的不同，跟单托收可以分为付款交单与承兑交单。

1）付款交单（Documents Against Payment，D/P），是指出口人的交单以进口人的付款为条件。即出口商发货后，取得装运单据，委托银行办理托收，并在托收委托书中指示银行，只有在进口商付清货款后，才能将装运单据交给进口商。我国外贸公司以托收方式出口时，主要采用付款交单，并着重考虑商品市场行情、进口方资信状况和成交金额三个因素。

按照付款时间的不同，付款交单可以分为即期付款交单和远期付款交单。其中，即期付款交单和远期付款交单业务流程分别如图13-5和图13-6所示。

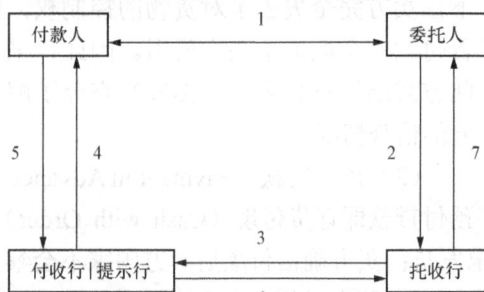

图13-5　即期付款交单业务流程图

1—进出口商在合同中规定采用即期付款交单方式支付货款；2—出口商按照合同规定发货后，开出即期汇票，连同货运单据交托收行，委托其代收货款；3—托收行将汇票及货运单据寄交代收行/提示行；4—提示行收到汇票及单据后，向进口商做出付款提示；5—进口商审单无误后付款，赎取货运单据；6—代收行电告（或邮告）托收行，款已收妥转账；7—托收行将货款交给出口商

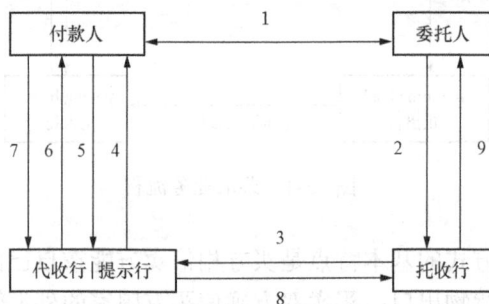

图13-6　远期付款交单业务流程图

1—进出口商在合同中规定采用远期付款交单方式支付货款；2—出口商按照合同规定发货后，开出远期汇票，连同货运单据交托收行，委托其代收货款；3—托收行将汇票及货运单据寄交代收行、提示行；4—提示行收到汇票及单据后，向进口商做出承兑提示；5—进口商审单无误后承兑汇票，提示行保留汇票及单据；6—在汇票到期日提示行做出付款提示；7—进口商付款，赎取货运单据；8—代收行电告（或邮告）托收行，款已收妥转账；9—托收行将货款交给出口商

远期付款交单方式下对进口商的资金融通：在远期付款交单方式下，如果付款日期晚于

到货日期，进口商为了提前提货，可以采取凭信托收据（Trust Receipt，T/R）借单。凭信托收据借单包括两种情况：

a．代收行主动借单给进口商。代收行对进口商提供的资金融通，与出口商无关。如果汇票到期后进口商不付款，代收行应对委托人负全部责任。

b．出口商指示代收行借单给进口商。出口商对进口商提供的资金融通，与代收行无关。如果汇票到期后进口商不付款，由出口商自己承担风险。其在性质上类似于承兑交单。

2）承兑交单（Documents Against Acceptance，D/A），是指出口人的交单以进口人在汇票上承兑为条件。

出口商发货后，取得装运单据，委托银行办理托收，并在托收委托书中指示银行，在进口商承兑远期汇票后，即将装运单据交给进口商。承兑交单只适用于远期汇票的托收。承兑交单风险很大，采用时需慎重。承兑交单的业务程序如图 13-7 所示。

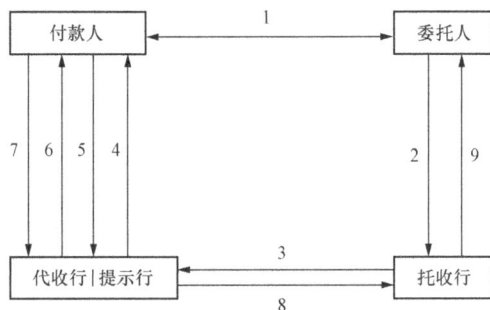

图 13-7　承兑交单的业务流程图

1—进出口商在合同中规定采用承兑交单方式支付货款；2—出口商按照合同规定发货后，开出远期汇票，连同货运单据交托收行，委托其代收货款；3—托收行将汇票及货运单据寄交代收行、提示行；4—提示行收到汇票及单据后，向进口商做出承兑提示；5—进口商审核单据无误后承兑汇票，取得货运单据，代收行保留汇票；6—在汇票到期日提示行做出付款提示；7—进口商付款；8—代收行电告（或邮告）托收行，款已收妥转账；9—托收行将货款交给出口商

4．采用托收方式时应注意的问题

（1）调查进口商的资信状况和经营作风，正确掌握成交金额。

（2）了解进口国家的贸易管制和外汇管制条例，以免进口国不允许进口或不允许付汇而造成损失。

（3）了解进口国托收的商业惯例和习惯做法。

（4）出口合同争取以 CIF 条件成交，由出口商办理货运保险；如不能采取 CIF 条件成交时，应投保卖方利益险。

（5）可以由出口商投保出口信用险。

13.3　信　用　证

13.3.1　信用证概述

1．信用证的定义

根据国际商会《UCP600》的解释，信用证是指由银行（开证行）依照客户（申请人）的要求和指示或自己主动，在符合信用证条款的条件下，凭规定单据：①向第三者（受益人）或其指定的人进行付款，或承兑和（或）支付受益人开立的汇票；②授权另一银行进行该项付款或承兑和支付汇票；③授权另一银行议付。

简单地说，信用证是一种银行开立的、有条件的承诺付款的书面文件。

对信用证定义的理解：

（1）信用证是开证行应进口方的请求向出口方开立的、在一定条件下保证付款的凭证。

（2）付款的条件是出口方（受益人）向银行提交符合信用证规定的单据。

（3）在满足上述条件的情况下，由银行向出口方付款，或对出口方出具的汇票承兑并付款。

（4）进口商在合同中的付款义务由银行来承担。

2. 信用证的当事人

（1）开证申请人（Applicant）。开证申请人是向银行申请开立信用证的人，一般是贸易中的进口商。开证申请人应该在合同规定的期限内开立信用证，并向开证行交付押金。在开证行对单据付款后，及时到开证行付款赎单。但是如果开证人发现受益人提交的单据不符合信用证条款的规定，则有权拒绝付款。

（2）开证行（Opening/Issuing Bank）。开证行是指接受开证申请人的委托，为其开出信用证的银行，一般是开证人所在地的银行。开证行一旦接受了开证申请人的开证申请，就必须按开证申请人提交的开证申请书的内容，正确、完整、及时地开出信用证，并对受益人提交的符合信用证规定的单据付款。若开证申请人不能付款赎单，开证行有权处理单据和货物，也有权向开证申请人追索垫款。

（3）通知行（Notifying/Advising Bank）。通知行是指应开证行的要求通知信用证的银行，一般是开证行在出口商所在地的代理行。它受开证行的委托将信用证通知给受益人，并证明信用证的表面真实性，还负责帮助受益人澄清有关信用证的疑点。

（4）受益人（Beneficiary）。受益人是信用证上指定的有权使用该信用证并享受其利益的人，一般是交易中的出口商。如果受益人发现其收到的信用证条款与合同条款不符，应该立即要求修改信用证或表示拒绝接受；一旦接受了信用证，就要在信用证规定的期限内装运货物和向银行交单，若银行不能付款，则有权要求进口商履行付款义务。

（5）议付行（Negotiating Bank）。议付行即押汇银行或贴现银行，是愿意买入受益人提交的符合信用证规定的单据的银行，即垫付货款给受益人的银行。议付行一般在受益人所在地，大多数情况下，受益人选择通知行作为议付行。

（6）付款行（Paying Bank）。付款行是开证行在信用证上指定的，在单据相符时付款的银行，即信用证下汇票的付款人，往往由开证行自己兼任，也可以是开证行指定的另一家银行。

（7）保兑行（Confirming Bank）。保兑行是应开证行的请求在信用证上加具保兑的银行。它承担和开证行相同的付款责任，一般由通知行兼任。

（8）偿付行（Reimbursing Bank）。偿付行是受开证行的委托，向议付行或其他垫款行偿还垫款的银行。它之所以出现，是因为信用证上使用的是偿付行所在国家的货币，若偿付行不能及时偿付，开证行要负责赔偿有关垫款行的利息损失。

（9）受让人（Transferee）。受让人又称第二受益人（Second Beneficiary），是接受第一受益人转让，有权使用该信用证的人。

13.3.2 信用证履行程序

信用证种类不同，其条款有不同的规定，履行信用证的环节和手续也不尽相同，但基本都要经过申请开证、开证、通知、交单、付款、赎单这些环节。本节以议付信用证为例，说明信用证的履行程序，信用证业务的一般操作流程如图 13-8 所示。

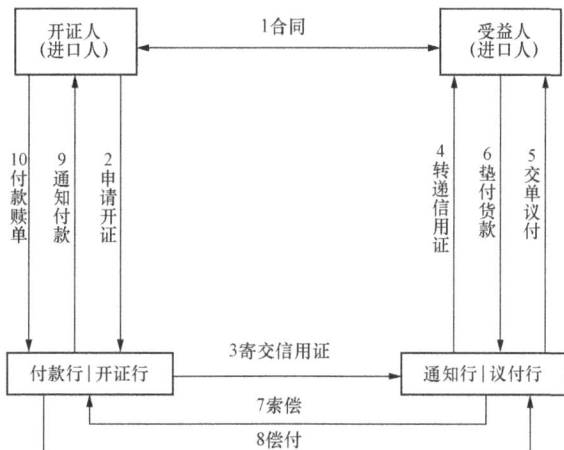

图 13-8　信用证业务的一般操作流程图

1—买卖双方在贸易合同中规定使用跟单信用证支付货款；2—买方向填写开证申请书向当地银行（开证行）申请开立以卖方为受益人的信用证；3—开证行寄交信用证，请求另一银行通知或保兑信用证；4—通知行通知卖方，信用证已开立，并向卖方转递信用证；5—卖方收到信用证，确保其能履行信用证规定的条件后，即装运货物。完成装运后向议付行提交规定的各项单据议付货款；6—该银行按照信用证审核单据，如单据符合信用证规定，银行将按信用证规定进行议付；7—议付行垫付货款后向信用证指定的付款行索偿；8—付款行审核单据无误后，以事先约定的形式，对已按照信用证议付的银行进行偿付；9—付款行通知买方（开证申请人）付款赎单；10—付款行在买方付款后交单，然后买方凭单取货

13.3.3 信用证的特点和作用

1. 信用证的特点

（1）信用证是一种银行信用。信用证支付方式属银行信用，是由开证行承担第一性付款责任的书面保证文件。一旦受益人满足了信用证的条件，就可直接向开证行要求付款，而无须向开证申请人（进口商）要求付款。开证银行是主债务人，其对受益人负有不可推卸的、独立的付款责任。

> 思考时间　某出口公司收到一份国外开来的信用证，出口公司按信用证规定将货物装出，但在尚未将单据送交当地银行议付之前，突然接到开证行通知，称开证申请人已经倒闭，因此开证行不再承担付款责任。出口公司如何处理？

（2）信用证是一种自足的文件。信用证一经开出，就成为独立于买卖合同以外的另一种契约。银行履行信用证付款责任仅以受益人提交了满足信用证规定条件的单据为前提，不受到贸易合同争议的影响。

思考时间　某公司从国外进口一批钢材，货物分两批装运，每批分别由中国银行开立一份信用证。第一批货物装运后，卖方在有效期内向银行交单议付，议付行审单后，即向外国商人议付货款，然后中国银行对议付行作了偿付。我方收到第一批货物后，发现货物品质与合同不符，因而要求开证行对第二份信用证项下的单据拒绝付款，但遭到开证行拒绝。开证行这样做是否合理？

（3）信用证是一种单据的买卖。信用证实行"凭单付款"原则，银行在审核单据时，实行"严格符合原则"，即"单证相符"、"单单相符"。开证银行仅根据表面上严格符合信用证条款的单据付款、承兑或议付，而对单据的完整性、真实性等概不负责，也不管卖方实际的履约情况。

2. 信用证的作用

（1）对进口商：可以控制出口商按合同规定发货，付款后可以取得代表物权证书的单据。

（2）对出口商：只要单据符合信用证规定，就可以取得货款，有利于加速资金周转，避免支付风险。

（3）对开证行：贷出的仅是信用，而不是资金，可以收取开证手续费，扩大业务范围。

（4）对议付行：有开证行信用保证，只要出口商所交单据符合信用证规定，就可以买单议付。

思考时间　我某出口公司按 CIF 条件，凭不可撤销信用证向某外商出售货物一批。该商按合同规定开来的信用证经我方审核无误，我出口公司在信用证规定的装运期内将货物装上海轮，并在装运前向保险公司办理了货运保险，但装船完毕后不久，海轮起火爆炸沉没，该批货物全部灭失，外商闻讯后来电表示拒绝付款。我公司应如何处理？

13.3.4　信用证的种类

1. 根据开证行所负的责任划分

（1）不可撤销信用证（Irrevocable L/C）：信用证一经开出，在其有效期内未经出口商及有关当事人同意，开证行不得片面撤销或修改信用证，必须对出口商提交的符合信用证规定的单据付款。

（2）可撤销信用证（Revocable L/C）：开证行可不事先征得出口方的同意，有权随时修改或撤销信用证。

2. 根据是否有另一家银行保证兑付划分

（1）保兑信用证（Confirmed L/C）：保兑行在开证行开出的不可撤销信用证上加列保兑文句，从而使信用证具有了开证行与保兑行的双重付款承诺。

（2）不保兑信用证（Unconfirmed L/C）：是指开证行开出的信用证没有经另一家银行保兑的信用证。在开证行资信较好和信用证金额不大的情况下，一般都使用不保兑信用证。

3. 根据付款时间的不同划分

（1）即期付款信用证（Sight L/C）：是指履行付款责任的银行一收到信用证项下的单据，经在本惯例规定的时间内审核相符，立即付款。在即期付款信用证中，通常会注明"付款兑现"（Available by Payment）字样。即期付款信用证一般不要求受益人开立汇票。即期付款信用证的付款行可以是开证行本身，也可以是其指定的另一银行。在即期付款信用证下，付款行一经付款，对受益人无追索权。

（2）远期信用证（Usance L/C）：是指开证行或付款行收到信用证的单据时，在规定期限内履行付款义务的信用证，包括银行承兑远期信用证、延期付款信用证和假远期信用证。

1）银行承兑远期信用（Banker's Acceptance Credit），是指以开证行作为远期汇票付款人的信用证。

2）延期付款信用证（Deferred Payment Credit），是指开证行在信用证中规定，开证行收单后若干天，或提单日期后若干天付款的信用证。这种信用证不要求出口商开立汇票，所以出口商不能利用贴现市场的资金，只能自行垫款或向银行借款。

3）假远期信用证（Usance Credit Payable at Sight），又称"买方远期信用证"（Buyer's Usance L/C），是指信用证规定受益人开立远期汇票，由付款行负责贴现，并规定一切利息和费用由开证申请人承担。这种信用证对受益人来说仍然属于即期收款，但要承担远期汇票到期遭拒付时被追索的风险。对进口商来说，则到远期汇票到期时才付款给付款行。

4. 根据是否要求随附货运单据划分

（1）跟单信用证（Documentary Credit）：开证行凭跟单汇票或仅凭货运单据付款的信用证。

（2）光票信用证（Clean Credit）：开证行仅凭不附带单据的汇票付款的信用证。

5. 根据信用证付款方式不同可划分

（1）付款信用证（Payment L/C），也称"直接信用证"，是指受益人只能直接向开证行或其指定付款行交单索偿的信用证。

（2）承兑信用证（Acceptance L/C），是指由开证行或指定的承兑行对受益人开出的远期汇票进行承兑，待汇票到期时再付款的信用证。

（3）议付信用证（Negotiation L/C），指开证行允许受益人向某一指定银行或任何银行交单议付的信用证。一般注明"议付兑现"（Available by Negotiation）字样。议付信用证有公开议付信用证和限制议付信用证两种。

1）公开议付信用证（Open Negotiation L/C），又称"自由议付信用证"，开证行对办理议付的任何银行作公开议付邀请和普通付款承诺。议付信用证常见的表述方法有：

a. 信用证 41D 域注明 "available with any bank by negotiation"（可由任何银行议付）。

b. 信用证 41D 域注明 "available with any bank in beneficiary country by negotiation"（可由受益人所在国任何银行议付）。

2）限制议付信用证（Restricted Negotiation L/C），开证行指定某银行或自身进行议付。

a. 信用证 41D 域注明 "available with…bank by negotiation"（限制被指定银行议付）。

b. 信用证 41D 域注明 ""available with advising bank by negotiation"（限制通知行议付）。

6. 根据受益人的权利是否可转让划分

（1）可转让信用证（Transferable L/C）。信用证的受益人可要求授权付款、承担延期付款责任、承兑或议付的银行（统称"转让行"），或当信用证是自由议付时，可要求信用证中特别授权的转让行，将信用证全部或部分转让给一个或数个受益人（第二受益人）。信用证仅在注明"可转让"（transferable）时才可转让。可转让信用证只可转让一次，若信用证不禁止分批装运，在总和不超过信用证金额时，可进行不同部分的转让，只视为一次转让。

（2）不可转让信用证（Non-transferable L/C）。信用证中未注明"可转让"的信用证。该种信用证的利益只能是受益人本人享有，受益人不能将信用证权利转让他人。

思考时间　　A与B两家食品进出口公司共同对外成交出口货物一批，双方约定各交货50%，各自结汇，由B公司对外签订合同。事后，外商开来以B公司为受益人的不可撤销信用证，证中未注明"可转让"字样，但规定允许分批装运，B公司收到信用证后，及时通知了A公司，两家按照信用证的规定各出口了50%的货物并以各自的名义制作有关的结汇单据。两家的做法是否妥当？他们能否顺利结汇？为什么？

7. 按照信用证是否可以循环使用划分

（1）循环信用证（Revolving L/C），是指信用证被全部或部分使用后，其金额又恢复到原金额，可再次使用，直至达到规定次数或规定的总金额。它通常在分批均匀交货情况下使用。

在按金额循环的信用证条件下，恢复到原金额的具体做法有：

1）自动式循环。每期用完一定金额后，不须等待开证行的通知，即可自动恢复到原金额。

2）非自动循环。每期用完一定金额后，必须等待开证行通知到达，信用证才能恢复到原金额使用。

3）半自动循环。即每次用完一定金额后若干天内，开证行未提出停止循环使用的通知，自第×天起即可自动恢复至原金额。

（2）非循环信用证（Non-revolving L/C），是指信用证的金额和有效期是固定的，除非修改增加金额，其金额一经用完，信用证即告失效。即使尚有未用金额，若已超过信用证有效期，则信用证也失效。

8. 对开信用证

对开信用证（Reciprocal L/C）指两张信用证申请人互以对方为受益人而开立的信用证。两张信用证的金额相等或大体相等，可同时互开，也可先后开立。它多用于易货贸易、来料加工、来件装配、补偿贸易和外汇管制严格的国家（地区）间开展的贸易中。

9. 对背信用证

对背信用证（Back to Back L/C）又称"转开信用证"，指受益人要求原证的通知行或其他银行以原证为基础，另开一张内容相似的新信用证，对背信用证的开证行只能根据不可撤销信用证来开立。对背信用证的开立通常是中间商转售他人货物，或两国不能直接办理进出口贸易时，通过第三者以此种办法来沟通贸易。原信用证的金额应高于对背信用证的金额，对背信用证的装运期应早于原信用证的规定。

10. 预支信用证

预支信用证（Anticipatory L/C）指开证行授权议付行（通知行）向受益人预付信用证金额的全部或一部分，由开证行保证偿还并负担利息，即开证行付款在前，受益人交单在后，与远期信用证相反。预支信用证凭出口人的光票付款，也有要求受益人附一份负责补交信用证规定单据的说明书，在货运单据交到后，付款行在付给剩余货款时，将扣除预支货款的利息。

13.4 银行保函和备用信用证

13.4.1 银行保函

1. 银行保函的含义

银行保函（Bank's Letter of Guarantee，L/G）又称"银行保证书"，是指银行或其他金融机构作为担保人向受益人开立的，保证被保证人须向受益人尽到某项义务，否则将由担保人负责支付受益人损失的文件。

2. 银行保函的内容

银行保函的内容根据交易的不同而有所不同，在形式和条框方面也没有固定格式。但是，就其基本方面而言，银行保函通常包括以下内容。

（1）基本栏目。基本栏目包括证书的编号、开立日期、各当事人的名称和地址、有关交易或工程项目的名称、有关合同或标书的编号和订约或签发日期。

（2）责任条款。责任条款即开立保函的银行或其他金融机构在保函中承诺的应承担的责任条款，是银行保函的主体部分。

（3）保证金额。保证金额即出具保证书的银行或其他金融机构所承担责任的最高金额。保证金额可以是具体金额，也可以是合同或有关文件金额的某个百分比。

（4）有效期。有效期即"到期日"，是指最迟的索赔期限。既可以是具体的日期，又可以是在某一行为或某一事件发生后的一个时期，如在交货后 2 个月内到期。

（5）索偿方式。索偿方式即索偿条款，是指受益人在何种情况下可以向保证人提出索赔。

（6）银行保函的当事人及其职责。

1）申请人又称"委托人"，即向银行提出申请，要求银行出具保函的一方，通常是债务人。其主要责任是履行合同项下的主要义务，并在担保人为履行担保责任而向受益人做出赔付时向担保人补偿其所作的任何义务。

2）受益人。受益人是接受保函并有权按保函规定的条款向担保人提出索赔的一方。其责任和义务是履行在合同中所规定的责任和义务，并在保函规定的索偿条件具备时，有权按照保函规定出具索款通知或连同其他单据向担保行索取款项。

3）担保人。担保人又称"保证人"，即根据申请人的要求，向受益人开立保函的一方，通常是银行。其责任和义务是只处理单据或证明，对保函所涉及的合同标的不负责任，对单据或证明的真伪以及在邮递过程中出现的遗失、延误均不负责任。

4）通知行。通知行又称"转递行"，即受担保人委托，并按担保人的要求将保函通知或传递给受益人的银行。通常是受益人所在地的银行。它只负责保函表面的真实性。若因某种原因不能通知受益人时，通知行应及时告知担保人。

5）转开行。转开行即根据担保银行的请求，凭担保人的反担保向受益人开出保函的银行。一般是受益人所在地的银行。转开行在接受担保人的请求后，应该及时按担保人的要求开出保函，保函一经开出，转开行就成了担保人，承担担保人的责任和义务，原来的担保人则成了反担保人。

6）保兑行。保兑行又称"第二担保人"，是根据担保人的要求在保函上加具保兑的银行。保兑行只在担保人不按保函规定履行义务时，才向受益人支付一定的金额。保兑行通常是受益人所在地并为受益人熟悉和信任的大银行。

7）反担保人。反担保人即为申请人向担保银行开出书面反担保的人，通常是申请人的上级主管单位或其他银行、金融机构等。反担保人的责任是保证申请人履行合同义务，同时向担保人承诺当担保人在保函项下付款之后，担保可以从反担保人处得到及时、足额的补偿，并在申请人不能向担保人做出补偿时，负责向担保人赔偿损失。

3. 银行保函的运作程序

银行保函一般按照以下程序进行运作：

（1）申请人向担保人提出开立保函的申请。

（2）申请人请求反担保人，提供银行可以接受的反担保。

（3）反担保人向担保人出具不可撤销的反担保。

（4）若受益人提出要求，担保人则须出具由国际公认的大银行加以保兑的保函。担保人将其保函寄给通知行/转开行，请其通知受益人或重新开立以受益人为抬头的保函。

（5）通知行/转开行、保兑行将保函通知/转开给受益人。

（6）受益人在发现保函申请人违约时，向担保人/保兑行或转开行（担保人）索偿，保兑行/担保行偿付。

（7）保兑行赔付后，向担保人索偿，担保人再赔付给保兑行。

（8）担保人赔付后，向反担保人索偿，反担保人赔付。

（9）反担保人赔付后，向申请人索偿，申请人赔付。

13.4.2　备用信用证

1. 备用信用证的含义和性质

备用信用证（Standby L/C）又称商业票据信用证、担保信用证，是指开证行根据开证申请人的请求对受益人开立的承诺承担某项义务的凭证。即开证行保证在开证申请人未能履行其义务时，受益人只要凭备用信用证的规定向开证行开具汇票（或不开汇票），并提交开证申请人的违约证明，即可取得开证行的偿付。它是银行信用，对受益人来说是备用于开证申请人违约时取得补偿的一种方式。

备用信用证一般用于投标、技术贸易、补偿贸易的履约保证、预付货款和赊销等业务中，也用于带有融资性质的还款保证。近年来，有些国家已经开始将备用信用证用于买卖合同项下货款的支付。

2. 备用信用证的种类

备用信用证主要有履约备用信用证、投标备用信用证、预付款备用信用证和直接付款备用信用证四种。

（1）履约备用信用证（Performance Standby L/C），是指用于担保履行责任而非担保付款，包括对申请人在基础交易中违约所造成的损失进行赔偿的保证。在履约备用信用证有效期内如果发生申请人违反合同的情况，开证人将根据受益人提交的符合备用信用证的单据（如违约声明、索款要求书）代申请人赔偿保函规定的金额。

（2）投标备用信用证（Tender Bond Standby L/C），是用于担保申请人中标后执行合同的责任和义务。若投标人未能履行合同，开证人须按备用信用证的规定向受益人履行赔款义务。

投标备用信用证的金额一般为投标报价的 1%～5%。

（3）预付款备用信用证（Advance Payment Standby L/C），用于担保申请人对受益人的预付款所应承担的责任和义务。该种信用证用于国际工程承包项目中业主向承包人支付的合同总价的 10%～25%的工程预付款，以及进出口贸易中进口商向出口商支付的预付款。

（4）直接付款备用信用证（Direct Payment Standby L/C），用于担保到期付款，尤其是到期没有任何违约时支付本金和利息。该种信用证已经突破了备用信用证备而不用的传统担保性质，主要用于担保企业发行债券或订立债务契约时的到期支付本息义务。

13.5　国 际 保 理

随着国际贸易买方市场的普遍形成，贸易竞争已发展到了付款条件方面，贸易实务中，对买方有利的托收承兑交单和汇款货到付款结算方式使用逐渐增多，这就大大增加了出口商的贸易风险和资金负担。为了帮助出口商减少风险和获得资金融通的便利，增强竞争力，一种新的融合了结算、融资、服务功能的支付方式——国际保理业务应运而生。

13.5.1　国际保理业务的含义和当事人

1. 国际保理业务的含义

国际保理又称为"承购应收账款"，只是在使用托收、赊销等非信用证方式结算货款时，保理商向出口商提供的一项集买方资信调查、应收款管理和追账、贸易融资及信用管理于一体的综合性现代金融服务。

国际保理的基本做法是在以商业信用出口货物时，出口商按照与保理商事先商定的协议，出口商交货后将应收账款的发票和装运单据转交给保理商，即可得到保理商的资金融通，取得应收账款的全部或大部分货款。日后一旦发生进口商不付款或逾期付款，保理商承担付款责任。

2. 国际保理业务的当事人

国际保理业务的当事人主要有供货商、债务人、进口保理商和出口保理商。

（1）供货商，即出口商。

（2）债务人，即进口商。

（3）出口保理商，即出口商所在地的保理商。

（4）进口保理商，即进口商所在地的保理商。

13.5.2　国际保理业务的内容和业务程序

1. 国际保理业务的主要内容

（1）对海外进口商进行商业资信调查和信用评估，并根据出口商的要求确定进口商的信用额度。

（2）为出口商承担百分之百的买家信用风险。

（3）负责应收账款的追收，负责账务管理。

（4）提供出口商所需要的资金融通。

2. 国际保理业务的业务程序

国际保理业务履行程序如图 13-9 所示。

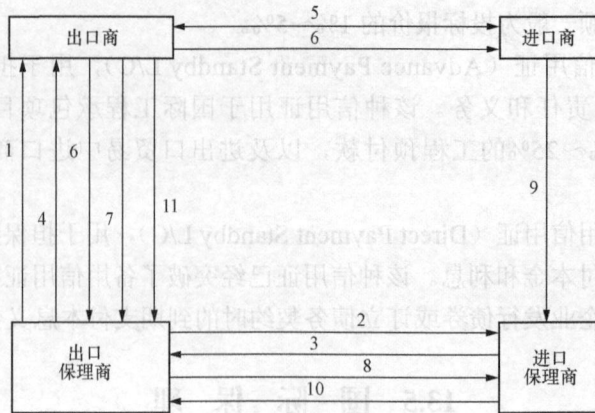

图 13-9　国际保理业务履行程序图

1—出口商与出口保理商签订保理协议，出口商将进口商的有关情况及交易资料提交给出口保理商；2—出口商将资料转送给进口商所在国的保理商；3—进口保理商对进口商的资信进行调查和评估，并将调查结果及可提供信用额度的建议通知出口保理商；4—出口保理商转通知出口商；5—进出口双方签订以国际保理方式结算的贸易合同；6—出口商备货装运后，将发票及有关货运单据送交进口商，同时将一份发票副本交出口保理商；7—出口保理商按照出口商的要求给予出口商资金融通；8—出口保理商将发票副本转寄进口保理商；后者将发票入账，并负责催收账款；9—进口商在付款到期日向进口保理商交付发票金额，并支付保理费；10—进口保理商将发票金额拨交给出口保理商；11—保理商扣除相关费用后，将余款交给出口商

13.6　各种结算方式的选择

每一种结算方式都有利弊，如何采用有利于出口商的结算方式，需要考虑商品、客户、市场、价格、双方各自承担风险的能力、安全收汇等诸多因素。在国际贸易中，每笔交易通常只采用一种结算方式，但根据不同的国家和地区、不同的客商、不同的市场状态和不同货源国的情况，为了将商品打入国际市场，可综合运用灵活、多样的支付方式加强竞争，旨在按时安全收汇，加速资金周转，争取好的经济效益。

13.6.1　单一结算方式的选用技巧

在进出口业务中，一般来讲都采用即期信用证，但为了推销产品，出口商给进口商提供优惠条件，可以采用远期信用证方式成交，也可以采用付款交单托收方式成交。为了处理货源国或出口方的积压商品或库存商品，或错过货物销售季节的滞销商品，将这类的商品变成外汇，可采用承兑交单托收方式成交。

13.6.2　多种结算方式的选用技巧

1. 信用证与汇付相结合

信用证与汇付相结合是指部分货款采用信用证，余额货款采用汇付结算。例如，成交的契约货物是散装物，如矿砂、煤炭、粮食等，进出口商同意采用信用证支付总金额的 90%，余额 10%，待货到后经过验收，确定其货物计数单位后，将余额货款采用汇付办法支付。

2. 信用证与托收相结合

不可撤销信用证与跟单托收相结合的支付方式，是指部分货款采用信用证支付，部分余额货款采用跟单托收结算。

一般的做法，在信用证中应规定出口商须签发两张汇票，一张汇票是依信用证项下部分，货款凭光票付款，另一张汇票须附全部规定的单据，按即期或远期托收。但在信用证中列明以下条款，以示明确：货款50%应开具不可撤销信用证，其余额50%见票付款交单，全套货运单据应附在托收部分项下，于到期时全数付清发票金额后方可交单。

3. 备用信用证与跟单托收相结合

采用备用信用证与跟单托收相结合合作为支付方式，是为了防止跟单托收项下的货款一旦遭到进口商拒付时，可利用备用信用证的功能追回货款。为了表示其功能，在备用信用证中须载明以下条款：

凭即期付款交单与备用信用证相结合合为付款方式，在备用信用证中应列明以卖方为受益人，其金额为××，并明确依××号信用证项下跟单托收，若付款人到期拒付，则受益人有权凭本信用证签发汇票和出具证明书，依××号信用证项下收回货款。

采用这种支付方式的优点是跟单托收被拒付时，出票人可凭备用信用证所列的条款予以追偿。

本章小结

（1）票据是可以流通转让的债权凭证，现已成为现代国际结算中通行的结算和信贷工具。国际结算方式有很多，如汇付、托收、信用证、国际保理等。根据资金转移方向和结算工具的传递方向的不同，这些结算方式可分为顺汇（Remittance）和逆汇（Honor of Draft）两大类。汇付是典型的顺汇法，而托收和信用证方式是典型的逆汇法。

（2）汇付或称汇款，是债务人或付款人通过银行，将款项汇交债权人或收款人的结算方式。托收是指债权人（出口人）出具汇票委托银行向债务人（进口人）收取货款的一种支付方式。信用证则是一种银行开立的有条件的承诺付款的书面证明。信用证具有以下三个显著特点：开证行负第一性付款责任；信用证本身是一项自足文件；信用证业务是纯粹的单据业务。《UCP600》是信用证领域最权威、影响最为广泛的国际商业惯例。国际保理是指在国际贸易中，在以托收、赊账等商业信用方式结算货款的情况下，保理商向出口商提供的一项包括进口商资信调查、百分之百的风险担保、催收账款、财务管理以及贸易融资等在内的综合性财务服务。

（3）在国际贸易中，每笔交易通常只采用一种支付方式，但根据不同的国家和地区、不同的客商、不同的市场状态和不同货源国的情况，为了将商品打入国际市场，可综合运用灵活的、多样的支付方式。

章后习题与思考

1. 汇票的使用要经过哪几个程序？
2. 托收分为哪几种？出口采用托收方式应注意哪些问题？
3. 说明信用证的含义、性质与特点。
4. 说明汇付、跟单托收、信用证三种支付方式的区别。

14 争 议 的 预 防 与 解 决

主要教学内容

本章主要从进出口商品检验、索赔、不可抗力及仲裁等方面来介绍国际货物买卖争议的预防与解决争议的方法。

教学目标及要求

要求学生通过本章学习，了解商品检验、索赔和理赔、不可抗力和仲裁的基础知识，掌握国际货物买卖合同中关于商品检验、索赔和理赔、不可抗力和仲裁条款的规定方法。

章前导读

甲国 A 公司与乙国 B 公司签订了一个进口香烟生产线合同。设备是二手货，共 18 条生产线，价值 100 多万美元。合同规定，出口商保证设备在拆卸之前均正常运转，否则更换或退货。将设备运抵目的地后发现，这些设备在拆卸前早已停止使用，在目的地装配后也因设备损坏、缺件根本无法马上投产使用。但是，由于合同规定如要索赔需商检部门在"货到现场后 14 天内"出具检验证书，而实际上货物运抵工厂并进行装配已经超过 14 天，A 公司无法在这个期限内向 B 公司索赔。这样，工厂只能依靠自己的力量进行加工维修。经过半年多时间，花了大量人力物力，也只开出了 4 套生产线。

14.1 商 品 检 验

商品检验是指在国际货物买卖过程中，由具有权威性的专门的进出口商品检验机构依据法律、法规或合同的规定，对商品的质量、数量和包装等方面的检验和鉴定，同时出具检验证书的活动。商品检验是买卖双方交接货物不可缺少的重要环节。

在国际贸易中，无论是一个国家的法规还是有关国际公约，都承认和规定买方有权对自己所买的货物进行检验。有些国家法律规定对某些货物进行强制性检验，未经检验的货物不允许进出口。商品检验机构出具的检验证书是买卖双方交接货物、结算货款、处理索赔与理赔的重要单据之一。

> 思考时间   我国天津某企业出口货物给加拿大的甲商，甲商又将货物转售给英国的乙商。货抵甲国后，甲商已发现货物存在质量问题，但仍将原货运往英国，乙商收到货物后，除发现货物质量问题外，还发现有 80 包货物包装破损，货物短少严重，因而向甲商索赔，甲商又向我方提出索赔。我方是否应负责赔偿？为什么？

14.1.1 商品检验的内容

1. 商品品质检验

商品品质检验即"商品质量检验"，范围比较广，主要包括外观质量检验与内在质量检验。

2. 商品数量和重量检验

商品数量和重量检验是按合同规定的计量单位和计量方法对商品的数量和重量进行检验，看其是否符合合同规定。在实际交易中，商品重量检验允许有一定的合理误差。

3. 商品包装检验

商品包装检验是根据国际货物买卖合同、标准和其他有关规定，对进出口商品的外包装和内包装以及包装标志进行检验。包装检验首先核对外包装上的商品包装标志是否与进出口贸易合同相符。对进口商品主要检验外包装是否完好无损，包装材料、包装方式和垫衬物等是否符合合同规定。对出口商品的包装检验除包装材料和包装方式须符合合同、标准规定外，还应检验商品内外包装是否牢固、完整、干燥、清洁，是否适于长途运输和保护商品质量、数量的习惯要求。

4. 商品残损检验

商品残损检验主要是对进口受损货物的残损部分予以鉴定，了解致残原因及对商品使用价值的影响，估定残损程度，出具证明，作为向有关各方索赔的依据。商品的残损主要是指商品的残破、短缺、生锈、发霉、虫蛀、油浸、变质等情况。检验的依据包括发票、装箱单、保险单、重量单、提单、商务记录及外轮理货报告等有效单证或资料。

5. 商品卫生检验

商品卫生检验主要是对肉类罐头食品、奶制品、禽蛋及蛋制品、水果等进出口食品，检验其是否符合人类食用卫生条件，以保障人民健康和维护国家信誉。

6. 商品安全性能检验

商品安全性能检验是根据国家规定和外贸合同、标准及进口国的法律要求，对进出口商品有关安全性能方面的项目进行检验，如易燃、易爆、易受毒害或伤害等，以保证安全使用和生命财产的安全。

14.1.2　商品检验的时间和地点

在国际贸易中，进出口商品检验的时间和地点关系着买卖双方的切身利益。商品检验时间和地点的规定成为合同中商品检验条款的一个核心问题。具体做法主要有以下几种。

1. 在出口国检验

（1）在产地检验。通常是发货前由卖方检验人员对货物进行检验，卖方只对商品离开产地前的品质负责。离开产地后运输途中出现的风险由买方负责。

（2）在装运港或装运地检验。货物在装运前或装运时由双方约定的商品检验机构检验，并出具检验证明，作为确认交货品质和数量的依据。这种规定称为以离岸品质和离岸数量为准。在这种检验方式下，货物运抵目的港后，买方可以进行复验但无权对货物品质、重量向卖方提出异议。

实行出口国检验否定了买方有合理机会检验货物的权利，明显有利于卖方，不利买方。

2. 在进口国检验

（1）在目的港或目的地卸货后检验。卖方交货质量、重量（或数量）以到岸质量、重量（或数量）为准（landing quality, weight or quantity as final），是指货物在目的港或目的地卸货后，由双方约定的商品检验机构检验，并出具检验证明，作为确认交货品质和数量的依据。

（2）在买方营业处所或最终用户所在地检验。这种方式主要是对于一些密封包装、精密

算运费、装卸费用的证件。

3. 卫生检验证书

卫生检验证书（Sanitary Inspection Certificate）是证明可供人类食用的出口动物产品、食品等经过卫生检验或检疫合格的证件，适用于肠衣、罐头、冻鱼、冻虾、食品、蛋品、乳制品、蜂蜜等商品出口，是出口交货、银行结汇和通关验放的有效凭证。

4. 兽医检验证书

兽医检验证书（Veterinary Inspection Certificate）是证明出口动物产品或食品经过检疫合格的证件，适用于冻畜肉、冻禽、禽畜罐头、冻兔、皮张、毛类、绒类、猪鬃、肠衣等出口商品，是出口交货、银行结汇和进口国通关输入的重要证件。

5. 产地检验证书

产地检验证书（Inspection Certificate of Original）是出口商品在进口国通关输入和享受减免关税优惠待遇和证明商品产地的凭证。

6. 消毒检验证书

消毒检验证书（Disinfecting Inspection Certificate）是证明出口动物产品经过消毒处理，保证安全卫生的证件，适用于猪鬃、马尾、皮张、山羊毛、羽毛、人发等商品，可以作为出口交货、银行结汇和国外通关验放的有效凭证。

7. 熏蒸检验证书

熏蒸检验证书（Inspection Certificate Fumigation）是用于证明出口粮谷、油籽、豆类、皮张等商品，以及包装用木材与植物性填充物等已经过熏蒸灭虫的证书。

8. 残损检验证书

残损检验证书（Inspection Certificate of Damaged Cargo）是证明进口商品残损情况的证件，适用于进口商品发生残、短、渍、毁等情况；可作为受货人向发货人、承运人或保险人等有关责任方索赔的有效证件。

9. 价值鉴定证书

价值鉴定证书（Certificate of Value）是作为对外贸易关系人和司法、仲裁、验资等有关部门索赔、理赔、评估或裁判的重要依据。

10. 船舱检验证书

船舱检验证书（Inspection Certificate of Hold/Tank）用于证明承运出口商品的船舱清洁、密固、冷藏效能及其他技术条件是否符合保护承载商品的质量和数量完整与安全的要求，可作为承运人履行租船合同适载义务，对外贸易关系方进行货物交接和处理货损事故的依据。

11. 货载衡量检验证书

货载衡量检验证书（Inspection Certificate on Cargo Weight & Measurement）是证明进出口商品的重量、体积吨位的证件，可作为计算运费和制订配载计划的依据。

12. 舱口检视证书、监视装/卸载证书、舱口封识证书、油温空距证书、集装箱监装/拆证书

这些作为承运人履行合同义务，明确责任界限，便于处理货损货差责任事故的证明。

13. 生丝品级及公量检验证书

生丝品级及公量检验证书是出口生丝的专用证书，其作用相当于品质检验证书和重量/

数量检验证书。

我国进出口合同中的检验条款示例

（1）双方同意以装运港中国进出口商品检验局签发的品质和数（重）量检验证书作为信用证项下议付单据的一部分。买方有权对货物的品质、数（重）量进行复验。复验费由买方负担。如发现品质和/或数（重）量与合同不符，买方有权向卖方索赔。索赔期限为货到目的港××天以内[It is mutually agreed that the Certificate of Quality and Weight（Quantity）issued by the China Exit and Entry Inspection and Quarantine Bureau at the port/place Of shipment shall be part of the documents to be presented for negotiation under the relevant L/C. The Buyers shall have the right to re-inspect the quality，weight（quantity）of the cargo. The re-inspection fee shall be borne by the Buyers. Should the quality and or weight（quantity）be found not in conformity with that of the contract，the Buyers are entitled to lodge with the Sellers a claim which should be supported by survey reports issued by a recognized surveyor approved by the Sellers. The claim，if any，shall be lodged within…days after arrival of the goods at the port/place of destination].

（2）双方同意以制造厂（或某公证行）出具的质量和数量/重量检验证书作为有关信用证项下付款的单据之一。货到目的港（地）卸货后××天内经中国出入境检验检疫局复验，如发现质量或数量/重量与本合同不符时，除属保险公司或承运人负责退货或索赔的部分外，所有退货或索赔引起的一切费用（包括检验费）及损失，均由卖方负责。在此情况下，如抽样是可行的，买方可应卖方要求，将有关货物的样品寄交卖方[It is mutually agreed that the Certificate of Quality and Quantity/Weight issued by the Manufacturer（or…Surveyor）shall be part of the documents for payment under the relevant L/C. In case the quality，quantity or weight of the goods be found not in conformity with those stipulated in this contract after re-inspection by the China Exit and Entry Inspection and Quarantine Bureau within…days after discharge of the goods at the port/place of destination，the Buyers shall return the goods to or lodge claim against the Sellers for compensation of losses upon the strength of Inspection Certificate issued by the said Bureau，with the exception of those claims for which the insurers or the carriers are liable. All expenses（including inspection fees）and losses arising from the return of the goods or claims should be borne by the sellers. In such case，the Buyers may，if so requested，send a sample of the goods in question to the Sellers，provided that the sampling is feasible].

14.2　争议、索赔与理赔

14.2.1　争议

1. 争议的含义

争议（Disputes）是指买卖的一方认为另一方没有履行合同规定的责任与义务所引起的

纠纷。

2. 争议的原因

（1）卖方违约。如卖方不交货，或未按合同规定的时间、品质、数量、包装条款交货，或单证不符等。

（2）买方违约。如买方不开或迟开信用证，不付款或不按时付款赎单，无理拒收货物，在 FOB 条件下不按时派船接货等。

（3）买卖双方对合同条款规定得欠妥当、不明确，或同一合同的不同条款之间互相矛盾，致使双方当事人对合同规定的权利和义务的理解不一致，导致合同的顺利履行产生困难，甚至发生争议。买卖双方国家的法律或对国际贸易惯例的解释不一致，甚至对合同是否成立有不同的看法。

（4）在履行合同的过程中遇到了买卖双方不能预见或无法控制的情况，如某种不可抗力，双方有不一致的解释。

总结上述四个原因导致的争议，概括起来就是：是否构成违约；双方对违约的事实有分歧；对违约的责任及其后果的认识不一致。对此，买卖双方应采取适当措施，妥善解决。

14.2.2 索赔与理赔

1. 索赔

索赔（Claim）是指遭受损害的一方向违约方提出损害赔偿的要求，在法律上是指主张权利。理赔是指违约一方对受损害方所提赔偿要求的受理与处理。

国际贸易中的索赔类型包括三种：①贸易索赔；②运输索赔；③保险索赔。

2. 进出口合同中的索赔条款

进出口合同中的索赔条款有两种规定方式：一种是异议和索赔条款（Discrepancy and Claim Clause）；另一种则是罚金（Penalty）条款。

（1）异议与索赔条款。

1）索赔依据。索赔依据是指索赔必须具备的由双方认可的商品检验机构出具的检验证书。索赔的法律依据是贸易合同和有关国家的法律规定，事实依据是违约的事实真相及其书面证明。

2）索赔期限。索赔期限是指索赔方向违约方提出索赔要求的有效期限。如受损方逾期提赔，违约方可不予受理。索赔期限的规定要根据商品性质以及检验所需时间等因素确定。

约定的索赔期限是指买卖双方在合同中明确规定的索赔期限。对外贸易合同中索赔期限的规定方法通常有以下几种：

a. 货物到达目的港/地后_____天内；

b. 货物到达目的港/地卸离海轮或运输工具后_____天内；

c. 货物到达买方营业处所或用户所在地_____天内；

d. 货物经过检验后_____天内。

法定的索赔期限是指根据有关法律，受损害的一方有权向违约方要求损害赔偿的期限。包括：

a.《联合国国际货物销售合同公约》规定，买方可在实际收到货物后两年内提出索赔；

b.《中华人民共和国涉外经济合同法》则规定当事人知道或应当知道其权利受侵害时 4 年内提出索赔均有效；

c.《海牙规则》规定向船公司索赔的期限为货到目的港交货后一年内；

d. 我国《海洋运输货物保险条款》规定向保险公司索赔的期限为货物在目的港全部卸离海轮后 2 年内。

约定索赔期限的效力可以超过法定索赔期限。

异议和索赔条款示例

买方对于装运货物的任何索赔，必须于货物到达提单或运输单据所订目的港之日起 60 天内提出，并须提供卖方同意的公证机构出具的检验报告。属于保险公司、船公司或其他有关运输机构责任范围内的索赔，卖方不予受理（Any claim by the buyer regarding the goods shipped should be filed within 60 days after the arrival of the goods at the port of destination specified in the relative bill of lading or transport document and supported by a survey report issued by a surveyor approved by the seller. Claims in respect of matters within responsibility of insurance company, shipping company or other transportation organization will not be considered or entertained by the seller）.

（2）罚金条款。罚金条款（Penalty Clause）是指当一方未履行合同义务时，应向对方支付一定数额的约定金额，以补偿对方的损失。罚金的实质就是违约金。

罚金条款一般适用于卖方延期交货或买方延迟开立信用证或延期接货等情况。罚金的支付并不解除违约方继续履行合同的义务。需要注意的是，英、美、法系国家的法律只承认损害赔偿，不承认对于带有惩罚性的罚金，签约时应注意约定罚金的合法性。

罚金条款示例

如卖方不能按合同规定的时间交货，在卖方同意由付款银行在议付货款中扣除罚金或由买方支付货款时直接扣除罚金的条件下，买方同意延期交货。罚金率按每 7 天收取延期交货货物价值的 0.5%，不足 7 天按 7 天算。但罚金不得超过延期交货货物价值的 5%。如卖方延期交货超过合同规定期限 10 周时，买方有权撤销合同，但卖方仍应不延迟地按上述规定向买方支付罚金（Should the seller fail to make delivery on time as stipulated in the contract, the buyer shall agree to postpone the delivery on the condition that the seller agree to pay a penalty which shall be deducted by the paying bank from the payment under negotiation, or by the buyer direct at the time of payment. The rate of penalty is charged at 0.5% of the value of the goods whose delivery has been delayed for every seven days, odd days less than seven days should be counted as seven days. But the total amount of penalty, however. shall not exceed 5% of the total value of the goods involved in the late delivery. In case the seller fail to make delivery ten weeks later than the time of shipment stipulated in the contract, the buyer shall have the right to cancel the contract and the seller, in spite of the cancellation, shall still pay the aforesaid penalty to the buyer without delay）.

14.3 不 可 抗 力

14.3.1 不可抗力的含义

不可抗力（Force Majeure）又称人力不可抗拒，是指在货物买卖合同签订后，不是由于任何一方当事人的故意、过失或疏忽，而是由于发生了当事人在订立合同时所不能预见，对其发生和后果不能避免且不能克服的事件，以致不能履行合同或不能完全履行合同，遭受事故的一方即可根据合同或法律的规定免除其违约责任。若由此不能按合同约定的期限履行合同，在事件后果影响持续的期间内，免除其延迟履行的责任。因此，合同中的不可抗力条款又称免责条款。

14.3.2 不可抗力的范围

不可抗力的事故范围较广，通常可分为两种情况：一种是由于"自然力量"引起的，如水灾、火灾、冰灾、暴风雨、大雪、地震等；另一种是由于"社会力量"引起的，如战争、罢工、政府禁令等。构成不可抗力的条件主要包括：①意外事故必须发生在合同签订以后；②不是因为合同当事人双方自身的过失或疏忽而导致；③意外事故是当事人双方所不能控制的，无能为力的。

14.3.3 不可抗力事件的法律后果

发生了不可抗力事故后，遭受事故的一方可以免除违约赔偿责任。至于合同是否需要继续履行，则可能有两种情况，即延期履行合同或解除合同。这要根据不可抗力事故对履行合同的影响程度而定。

【案例 14-1】我某出口企业以 CIF 纽约条件与美国某公司订立了 200 套家具的出口合同。合同规定 2001 年 12 月交货。11 月底，我企业出口商品仓库因雷击发生火灾，致使一半以上的出口家具被烧毁。我企业遂以不可抗力为由要求免除交货责任，美方不同意，坚持要求我方按时交货。我方经多方努力，于 2002 年 1 月初交货，而美方以我方延期交货为由提出索赔。（1）我方可主张何种权利？为什么？（2）美方的索赔要求是否合理？为什么？

14.3.4 合同中的不可抗力条款

不可抗力条款是一种免责条款，其作用是在签订合同后，遭受不可抗力事故的一方可援引不可抗力条款，解除合同或延迟履行合同，而另一方无权要求其履行合同或赔偿损失。为了避免买卖双方对不可抗力事故在解释上出现分歧，以及便于对不可抗力事故的处理，应在合同的不可抗力条款中明确规定对不可抗力事故的处理原则和办法、事故发生后通知对方的期限、通知方式和出具事故证明的机构，以及不可抗力的事故范围等内容。

小阅读

不可抗力条款示例

如由于战争、地震、水灾、火灾、暴风雨、雪灾或其他不可抗力的原因，致使卖方不能全部或部分装运，或延迟装运合同货物，卖方对于这种不能装运或延迟装运本合同货物不负有责任。但卖方须用电报或电传通知买方，并须在 15 天内，以航空挂号信件向买方提交由中国国际贸易促进委员会出具的证明此类事件的证明书（If the shipment of the contracted goods is prevented or delayed in whole or in part by reason of war，earthquake，flood，fire，storm，heavy snow or other causes of force majeure，the seller shall not be liable for non-shipment or late shipment of the goods of this contract. However，the seller shall notify the buyer by cable or telex and furnish the latter within15 days by registered airmail with a certificate issued by the China Council for the Promotion of International Trade attesting such event or events）。

援引不可抗力条款需要注意的问题：

（1）不可抗力事件发生后，不能按规定履约的一方当事人要取得免责的权利，必须及时通知另一方，并提供必要的证明文件，而且在通知中应提出处理的意见。一方接到对方关于不可抗力事件的通知或证明文件后，无论同意与否都应及时答复，否则将被视为默认。

（2）当收到对方援引不可抗力条款要求免责时，应按照合同规定严格审查对方的免责要求，以便确定其所援引的内容是否属于不可抗力条款规定的范围。如不属于该范围又无"双方同意的其他人力不可抗拒事故"规定时，不能按不可抗力事故处理。即使有此规定，也应由双方协商，如一方不同意，也不能算作不可抗力事故。

（3）确定不可抗力事故后，就不可抗力的后果，双方当事人应按约定的处理原则和办法进行协商处理。处理时应本着实事求是的精神，理清情况，确定影响履约的程度，以此来判断是解除合同还是延期履行合同。

14.4 仲   裁

14.4.1 仲裁的含义及特点

1. 仲裁的含义

仲裁（Arbitration）又称公断，是指买卖双方在争议发生之前或发生之后，签订书面协议，自愿将争议提交双方所同意的第三者予以裁决（Award），以解决争议的一种方式。

2. 仲裁的特点

（1）仲裁机构不具有强制管辖权，对争议案件的受理，以当事人自愿为基础。

（2）当事人双方通过仲裁解决争议时，必须先签订仲裁协议。

（3）仲裁机构的裁决一般是终局性的，已生效的仲裁裁决对双方当事人均有约束力。

（4）仲裁比诉讼的程序简单，处理问题比较迅速及时，而且费用也较为低廉，同时仲裁比诉讼的专业权威性更强。

14.4.2 仲裁协议

1. 仲裁协议的含义

仲裁协议是双方当事人自愿将争议交付仲裁机构解决争议的书面表示，是申请仲裁的必备材料。

2. 仲裁协议的形式和作用

仲裁协议有两种形式：

（1）仲裁条款（Arbitration Clause）是由双方当事人在争议发生之前订立的，这种协议一般都已包含在合同内，通常作为合同的一项条款出现，表示自愿将将来可能发生的争议交付仲裁机构解决；

（2）仲裁协议（Submission）是指双方当事人订立的提交仲裁机构的协议，可以在争议发生之前达成，也可以在争议发生之后达成，具有相同的法律效力。

上述两种仲裁协议的形式虽然不同，但其法律作用与效力是相同的。

14.4.3　仲裁的程序

各国仲裁法和仲裁机构的仲裁规则都对仲裁程序有明确的规定。其基本程序通常有仲裁申请、受理仲裁案件、组成仲裁庭、仲裁审理、仲裁裁决 5 个步骤，即仲裁申请→受理仲裁案件→组成仲裁庭→仲裁审理→仲裁裁决。

1．仲裁申请

仲裁申请是仲裁程序开始的首要步骤，是仲裁机构受理案件的前提条件。仲裁机构要求申请人提交双方当事人签订的仲裁协议和一方当事人的申请书。申请人提交申请书应附有关证明文件，如合同、来往函电等正本或副本，并预交规定的仲裁费。

对申请书的内容，各国的法律法规并不一致。根据《中国国际经济贸易仲裁委员会仲裁规则》，我国仲裁机构受理争议案件的申请书内容有：①申请人和被申请人的名称和地址；②申请人的仲裁请求和所依据的事实、理由；③案情和争议要点。

2．受理仲裁案件

仲裁机构收到仲裁申请书之后，首先，审查仲裁协议是否合法，是否符合受理条件。其次，经审查认为申请人申请仲裁的手续完备，即予立案，同时向被申请人发出仲裁通知，并将仲裁申请书及其附件连同仲裁机构的仲裁规则、仲裁员名册和仲裁费用表各一份送给被申请人。

3．组成仲裁庭

按照国际惯例，双方当事人可以在仲裁协议中规定仲裁员的人数和指定方式组成仲裁庭。如协议无规定，仲裁庭可以由 3 名仲裁员组成，设首席仲裁员，首席仲裁员由仲裁机构确定，另外 2 名仲裁员由争议双方各自提供一名。

4．仲裁审理

（1）开庭审理。仲裁庭可以开庭审理，也可以不开庭审理。如果开庭审理，应在开庭前 30 天通知双方当事人，若开庭一方不出席，可以进行缺席裁决。

（2）调解。经调解达成和解协议的，仲裁庭可做出裁决书。

（3）收集证据。除申请人提交的证据外，仲裁庭可以自行调查，必要时要进行事实调查。

（4）采取保全措施。采取保全措施是指仲裁程序开始后至作出裁决前对争议标的、证据或有关当事人的财产采取临时性强制性措施，以确保各方面的权益，防止损失的扩大。

5．仲裁裁决

裁决是仲裁程序的最后一个步骤。仲裁裁决是仲裁庭审理案件后，根据事实和依据，对当事人提交的请求事项作出的予以支持或驳回，或者部分支持或驳回的书面决定。根据各国仲裁规则的规定，仲裁裁决必须以书面形式作出。仲裁裁决是终局性的，双方当事人必须执行，对于不执行的，另一方有权向法院申请要求其强制执行。

14.4.4　仲裁裁决的承认和执行

仲裁裁决的承认与执行涉及一个国家的仲裁机构所作出的裁决要由另一个国家的当事人去执行的问题。1958 年 6 月 10 日联合国在纽约签订了《承认及执行外国仲裁裁决公约》，简称《纽约公约》。该公约是当前国际上关于执行外国仲裁裁决的最主要公约。我国在批准参加《纽约公约》时，声明作了两点保留：①中华人民共和国只在互惠的基础上对在另一缔约国领土内所作出仲裁裁决适用该公约；②中华人民共和国只对根据中华人民共和国法律认定为属于契约性和非契约性商务法律关系所引起的争议适用该公约。

14.4.5　合同中的仲裁条款

1. 仲裁地点规定

进出口贸易合同中的仲裁地点是仲裁条款的核心，因为它与仲裁所适用的程序法以及合同所适用的实体法密切相关。我国进出口业务中常见的规定方法有：①规定在我国仲裁；②规定在被诉方所在国仲裁；③规定在双方同意的第三国仲裁。

2. 仲裁机构的选定

（1）国际上常设的主要仲裁机构。

1）英国伦敦仲裁院、瑞典斯德哥尔摩商会仲裁院、瑞士苏黎世商会仲裁院、日本国际商事仲裁协会、美国仲裁协会、意大利仲裁协会等。俄罗斯和东欧各国商会中均设有对外贸易仲裁委员会。

2）中国国际经济贸易仲裁委员会和海事仲裁委员会及其分会（上海、深圳）。省市地区性仲裁机构。

3）国际组织的仲裁机构，如设在巴黎的国际商会仲裁院等。

（2）临时仲裁庭：双方当事人自行约定。

3. 仲裁规则

（1）按照国际惯例的解释，原则上采用仲裁地的仲裁规则。

（2）某些仲裁机构也允许根据双方当事人的约定，采用仲裁地以外的其他仲裁机构的仲裁规则。例如，双方当事人通常可以约定适用《中国国际经济贸易仲裁委员会仲裁规则》。

需要注意的是，在中国国际经济贸易仲裁委员会仲裁时，必须采用它的仲裁规则，当事人没有自由选择的权利。

4. 仲裁效力

仲裁效力是指由仲裁庭作出的裁决，对双方当事人是否具有约束力，是否为终局性，能否向法院起诉变更裁决。若败诉方不执行裁决，仲裁机构不能强制执行，但胜诉方有权向有关法院起诉，请求法院强制执行。仲裁裁决是终局的，对双方都有约束力。

在中国，由中国国际经济贸易仲裁委员会作出的裁决都是终局性的，对双方当事人都有约束力，任何一方都不允许向法院起诉要求变更。

【案例 14-2】甲方与乙方签订了出口某货物的合同一份，合同中的仲裁条款规定："凡因执行本合同发生的一切争议，双方同意提交仲裁，仲裁在被诉方国家进行。仲裁裁决是终局的，对双方都有约束力。"合同履行过程中，双方因品质问题发生争议，于是将争议提交甲国仲裁。经仲裁庭调查审理，认为乙方的举证不实，裁决乙方败诉。事后甲方因乙方执行裁决向本国法院提出申请，要求法院强制执行，乙方不服。乙方可否向本国法院提请上诉？为什么？

5．仲裁费用的负担

一般规定仲裁费用由败诉方承担，也可以规定由仲裁庭酌情处理。我国仲裁规则规定，败诉方所承担的费用不得超过胜诉方所得胜诉金额的 10%。

小阅读

仲 裁 条 款 示 例

凡因合同履行，或与本合同相关的一切争议，双方应通过友好协商的方式解决。如果协商不成，应将争议提交北京中国国际经济贸易仲裁委员会，根据该会的仲裁规则进行仲裁。仲裁裁决是终局的，对双方当事人都有约束力。仲裁费用除仲裁庭另有裁决外，应由败诉方承担（All disputes arising out of the performance of，or relating to this contract，shall be settled through friendly negotiation. In case no settlement can be reached through negotiation the case shall then be submitted to the China International Economic and Trade Arbitration Commission，Beijing，China for arbitration in accordance with its rules of arbitration. The arbitral award is final and binding upon both parties. The arbitration fee shall be borne by the losing party unless otherwise awarded by the arbitration court）。

本章小结

（1）在国际货物买卖合同履行的过程中，往往会由于交易的一方不能履行或不能完全履行合同规定的义务，或者由于合同规定不明确、双方对合同条款的解释不一致而引起争议。为了防止争议的发生和在争议发生后妥善处理和解决问题，买卖双方通常在合同条款中对商品检验及违约后的索赔、解决争议的方式和免责事项等做出规定。

（2）进出口商品检验就是对商品的品质和重量（数量）、包装等进行检验和鉴定，以确定其是否符合买卖合同中的有关规定。索赔是指遭受损害的一方在争议发生后，向违约方提出赔偿的要求。不可抗力是指在货物买卖合同签订后，不是由于任何一方当事人的故意、过失或疏忽，而是由于发生了当事人在订立合同时所不能预见，对其发生的后果不能避免并不能克服的事件，以致不能履行合同或不能完全履行合同，遭受事故的一方即可根据合同或法律的规定免除其违约责任。不可抗力条款是一种免责条款。仲裁是指交易双方达成书面协议，自愿将他们之间的纠纷提交给一个双方同意的第三者来进行裁判，这个第三者的裁决对双方均有约束力。仲裁的裁决往往是终局性的。仲裁条款的内容主要包括仲裁地点、仲裁机构、仲裁程序、仲裁裁决的效力和仲裁费用的负担等。

章后习题与思考

1．在国际货物买卖合同中，对于货物检验的时间和地点规定的方法有哪几种？在实践中，哪一种方法较容易为买卖双方所接受？为什么？

2．构成不可抗力的条件有哪些？

3．仲裁协议的形式和作用有哪些？

4．在索赔和理赔工作中应注意哪些问题？

5．何谓仲裁？为什么在买卖合同中通常应订立仲裁条款？

6．某年，我国 A 公司与英国 B 公司成交小麦 100 公吨，每公吨 CFR 伦敦 400 英镑，总金额为 40 000 英镑，交货期为当年 5～9 月份。签约后，A 公司购货地发生水灾，于是我方以不可抗力为由，要求免除交货责任。但对方回电拒绝。我方要求以不可抗力免除交货的理由是否充分？

15 合同的履行

主要教学内容

本章主要介绍进出口合同订立和履行过程中所涉及的各项业务环节及需要注意的问题。

教学目标及要求

要求学生通过本章学习，懂得依法履行合同的重要意义，熟悉特定交易条件下进出口合同履行的基本程序；掌握合同成立的有效条件，掌握进出口合同履行的各环节的内容和做法，以及与此有关的知识和技能，尤其是出口合同中的审证。

章前导读

在签订出口合同时，NEO 公司要求森德公司传真形式发票供其开立信用证。在 2011 年 3 月 28 日收到信用证修改件后，森德公司即向合作工厂（徐州某食品厂）下单，签订内销合同。本批出口商品系采用集装箱班轮运输，故森德公司委托上海凯通国际货运代理有限公司代为订舱。2011 年 4 月 12 日，森德公司传真出口货物明细单给上海凯通国际货运代理有限公司，以便其缮制集装箱货物托运单等单据。上海凯通国际货运代理有限公司向中远集装箱运输有限公司订舱，并在随后传真配舱通知及费用确认件给森德公司。

由于森德公司出口的罐装食品属于法定检验的商品范围，在商品报关时，报关单上必须有商品检验机构的检验放行章方可报关。因此，2011 年 4 月 16 日，森德公司委托合作工厂向徐州商品检验局申请出口检验。根据信用证条款，本批出口商品还需商品检验机构出具健康证明。4 月 17 日，此批货物经检验合格，徐州商品检验局出具换证凭单和健康证明给工厂。4 月 18 日，工厂将健康证明书寄出给森德公司用于议付，将换证凭单寄给森德公司指定的上海凯通国际货运代理有限公司用于报关。4 月 20 日，上海凯通国际货运代理有限公司收到工厂商品检验换证凭单，当天即凭此单到上海出入境检验检疫局换取出境货物通关单。4 月 21 日，上海凯通国际货运代理有限公司收到森德公司寄来的前述单据，然后向上海海关报关。

4 月 25 日，在确定货物安全离港后，森德公司传真装运通知给 NEO 公司。在办理货物出运工作的同时，森德公司也开始了议付单据的制作。根据信用证的规定，森德公司备齐了全套议付单据（商业发票、海运提单、装箱单、健康证书、检验证书、汇票、一般产地证、受益人证明），于 5 月 8 日向议付银行——中国银行上海分行交单议付。5 月 25 日，森德公司收到银行的收汇水单，至此，该笔交易已安全收汇。

6 月 15 日，森德公司收到上海凯通国际货运代理有限公司寄来的上海海关退回的出口收汇核销单和报关单。当天，核销员在网上将此核销单向外汇局交单核销。核销完成后，6 月 25 日，森德公司的财务办税人员将退税要用的单据收集齐全无误后装订成册，7 月 5 日到国税局办理退税事宜。

15.1　出口合同的履行

15.1.1　出口备货和报检

1. 出口备货

出口备货是指出口公司根据合同和信用证的规定，按时、按质、按量准备应交付的货物，以保证顺利出运。出口备货的当事人包括生产厂家和出口商。在实际业务中，通常是出口公司根据合同和信用证规定，向生产加工或仓储部门下达联系单，要求有关部门对应交的货物进行清点、加工整理、刷制运输标志以及办理申报检验和领证等工作。

备货时应注意的问题：①备货要及时，不得延误装运期限，有利于船货衔接；②货物的品质、规格应与合同或信用证规定相符；③货物的数量应保证满足合同或信用证的要求，并适当留有余地，以备装运时调换；④货物的包装和唛头应符合合同或信用证的规定，运输标志应符合运输和海关规定。

2. 报验

凡属国家规定或合同规定必须经中国进出口商品检验局检验出证的商品，在货物备齐后，应向商品检验局申请检验。

报验时应注意的问题：

（1）申请检验应及时，必要时提前申请，以给商品检验机构充分的时间；

（2）申请报验后，如出口公司发现"出口报验申请书"填写有误或有修改，应填写"更改申请单"；

（3）经检验合格已发放检验证书的出口商品，应在检验证书的有效期内报运出口。

检验证书的有效期一般货物是从发证起 2 个月内有效，鲜果、鲜蛋类为 2～3 个星期内有效，植物检验为 3 个星期。如果超过有效期，装运前应向商品检验局申请复验。

15.1.2　催证、审证和改证

1. 催证

催证是指以某种通信方式催促买方办理开证手续，以便卖方履行交货义务。及时开证是买方的主要义务，因而在正常情况下不需要催证。但是在实际业务中，有时国外进口方遇到国际市场发生变化或资金短缺，往往拖延开证或不开证。为了保证按时交货，有必要在适当时候催促对方办理开证手续。

2. 审证

审证是指出口商即信用证的受益人对国外银行开来的信用证内容进行审核的行为。审证是银行和出口公司共同承担的责任。其中，银行着重审核信用证的真实性、开证行的政治背景、资信能力、付款责任和索汇路线等内容；出口公司着重按照《UCP600》和业务实际或商业惯例审核信用证内容与买卖合同是否一致。一般需要明确信用证的条款、单据填制和份数是否符合合同规定。

审证时应注意的问题：

（1）对开证行的审核。主要审查开证行的政治态度和资信情况。如果资信较差，可提出必须经过其他银行保兑。

（2）对信用证性质和类型的审核。信用证应是不可撤销的。在确定信用证的种类及性质、交单期、到期日及地点等是否合理时，应遵循《UCP600》的规定。信用证注明"不可撤销"

或未注明"不可撤销"或"可撤销",均可视为"不可撤销"。对于允许分批装运和转运的情况,应有"允许"字样。

(3)对开证行责任范围的审核。如果开证行附有各种减轻其责任范围的保留和限制条件,而我方无法办到时,必须要求修改。

(4)对信用证内容的审核。受益人名称、地点及商品名称、品质、数量、包装、金额、币种等内容必须与合同一致,否则原则上要求修改。受益人在审核信用证时应认真核对该合同,保证其内容与该合同条款"相一致"。所谓"相一致",并非是信用证条款与合同条款表面上的严格一致,而是指在保证受益人的利益不低于合同规定或在受益人愿意给予对方利益让步的范围内,信用证的条款均可视为与合同内容的"相一致",受益人应予以接受。

(5)对信用证装运期和信用证到期日与地点的审核。装运期必须与合同规定一致。在我国出口业务中,一般要求信用证的有效期规定为装运期后7~15天,以便有足够时间办理制单议付工作,而且通常规定在中国境内到期。

(6)对信用证内所列单据的审核。对于来证中要求提供的单据种类、份数及填制方法等必须仔细审核,如有不正常规定,应慎重对待。

(7)对信用证上印就条款的审核。如对信用证空白处、边缘处加注的打字,缮写或橡皮戳记加注的字句,应特别注意。

(8)对其他特殊条款的审核。如指定船公司、船籍、转船地点等,一般不宜接受。

3. 改证

改证是指如果在审证过程中发现信用证与合同规定不符,则必须要求国外客户通过开证行进行修改。修改信用证可由开证申请人提出,也可由受益人提出。如由开证申请人提出修改,经开证行同意后,由开证行发出修改通知书通过原通知行转告受益人,经各方接受修改书后,修改方为有效。如由受益人提出修改要求,则应首先征得开证申请人同意,再由开证申请人按上述程序办理修改。

改证时应注意的问题:

(1)尽量一次提出需要修改的内容,避免一证多改;

(2)在收到修改信用证通知后,要对修改内容进行认真审核,如不同意接受,应及时退回;

(3)如果对一份信用证包括两个或两个以上内容的修改时,若接受则必须全部接受,否则全部拒绝;

(4)必须在收到开证行发来的修改通知书以后才能对外发货;

(5)可以采用"锁证"的做法,即将修改通知书与原信用证订在一起,以防止修改通知书丢失。

思考时间 中方某公司与加拿大商人在2002年10月份按CIF条件签订了一份出口10万码法兰绒合同,支付方式为不可撤销即期信用证。加拿大商人于5月通过银行开来信用证,经审核与合同相符,其中保险金额为发票金额的110%。我方正在备货期间,加拿大商人通过银行传递给我方一份信用证修改书,内容为将保险金额改为发票金额的120%。我方没有理睬,按原证规定投保、发货,并于货物装运后在信用证有效期内,向议付行议付货款。议付行议付货款后将全套单据寄开证行,开证行以保险单与信用证修改书不符为由拒付。开证行拒付是否有道理?为什么?

15.1.3　租船订舱

租船订舱是出口公司委托货运服务机构办理货物运输。在 CIF 或 CFR 条件下，租船订舱是卖方的责任之一。如果出口货物数量较大，需要整船运输，则需要办理租船手续；如果出口货物数量不大，不需要整船运输，则可由外运公司代为洽订班轮。

15.1.4　报关

报关是指出口商品装船出运之前向海关申报的手续。出口公司向装运港海关申请报关，一般也委托货运服务机构办理。

出口公司在装船前，必须填写"出口报关单"，向海关申报，并应随附商业发票、装货单、商品检验证书、出口许可证等，必要时提供合同、信用证副本。海关对货、证核查无误后，在装货单上加盖"放行"章，即可凭以装船。

15.1.5　投保

对于按 CIF 或 CIP 条件成交的出口合同，出口商应在装船前首先及时代买方向保险公司办理投保手续，然后填制投保单，填制时应将货物名称、保险金额、运输路线、开航日期、投保险别等列明。保险公司接受投保后，即签发保险单或保险凭证。出口一般都是逐笔投保。投保事宜办理完毕后出口方向买方发出装船通知。

15.1.6　装运

外运公司根据船期代各出口公司往发货仓库提取货物运进码头，由码头理货公司理货，凭转货单装船。

15.1.7　制单结汇

制单结汇是出口货物装运以后，出口公司按照信用证的规定，正确缮制各种单据，在信用证规定的有效期内递交银行办理议付的结汇手续。

制作并审核结汇单据的基本原则是正确、完整、及时、简明、整洁。单据的出单顺序应该是发票、装箱单，产地证、检验证，保险单，提单，汇票。

1. 制单

受益人在缮制各种单据时应该做到"正确、完整、及时、简明、整洁"。主要进出口操作单据有报验单、报关单、投保单、托运单、大副收据、出口收汇核销单、出口货物退税单等。

主要出口结汇单据通常有：①汇票（B/E）；②发票；③海运提单（Bill of Lading）；④保险单（Insurance Policy）；⑤产地证明书（Certificate of Origin）；⑥普惠制产地证（Generalized System of Preferences Certificate of Origin，GSP）；⑦装箱单（Packing List）、尺码单（Measurement List）和重量单（Weight Memo）；⑧检验证书（Inspection Certificate）。

2. 审单

（1）纵向审单。纵向审单即以信用证与出口单据的发票自上而下，进行逐字逐句核对，再将其他单据与信用证的有关条款核对，严格要求"单证一致"。

（2）横向审核。横向审核即以商业发票为中心，与其他单据相对照，要求单据与单据之间的各项内容完全一致，做到"单单一致"。

3. 交单结汇

（1）交单。审单后，出口公司在规定时间向银行提交信用证项下的全套单据，这是结汇的基础。必须是单据齐全，内容正确，提交及时，单单一致。

（2）结汇。出口人按规定将所得外汇收入卖给国家指定的银行。信用证条件下制单结汇时银行的三种做法为：

1）收妥结汇，是由银行接受出口人交来的信用证项下的出口单据，经审查无误后寄往国外开证行或指定付款银行索取货款，待其收到货款后，按当日外汇牌价折算为人民币记入出口人账户，并通知出口人。此法下银行不承担风险，不垫付资金，企业收汇较慢。

2）出口押汇，是指议付行在审单无误的情况下，按信用证条款买入受益人（出口方）的汇票和单据，从票面金额中扣除从议付日到估计收到票款之日的利息，将余额按议付日外汇牌价折成人民币垫付给出口企业。议付行向受益人垫付资金买入跟单汇票后，成为汇票持有人，可以凭票向付款行追索货款。若日后议付行遭到拒付，它可以处理货运单据，或向出口企业追索票款。此法是为了对出口企业提供资金融通，有利于出口企业的资金周转。

3）定期结汇，是指我国银行根据向国外银行索偿所需时间，预先确定一个固定的结汇期限，到期无论是否收妥票款，主动将应收款项结算成人民币记入外贸企业账户。

15.1.8 出口收汇核销、出口退税、业务的善后处理和归档

1. 信用证和托收条件下的出口收汇核销程序

（1）出口企业报关时出示从外汇管理部门领取的核销单，海关审核无误后盖章，并将报关单、核销单退给出口企业。

（2）出口企业将核销单存根、报关单、发票或汇票副本交回外汇管理部门，向银行交单。

（3）银行收汇后，将结汇凭单或收账通知退回出口企业。

（4）出口企业到外汇管理部门办理收汇核销。若出口企业没有按期交回存根或逾期未办理核销，外汇部门将向出口企业查询。

2. 出口退税

出口退税是出口产品报关后，税务部门凭出口报关单、出口产品购进发票、出口销售发票、纳税证明书，按规定比率向直接出口企业退回出口产品在国内被征收的产品税、增值税、营业税、特别消费税等已征税款。

3. 业务的善后处理和归档

业务的善后处理要掌握三点：一是收回货款后，与客户共同回顾在交易过程中令人难忘的事件，以便增进相互间的感情，促进业务发展；二是货款未收回，去电与客户商讨解决办法，请求原谅；三是无论哪一方违约，都应本着实事求是的原则，认真、妥善地处理，该索赔的一定索赔。

每笔出口合同业务的最后环节是及时将相关合同、单证、批件等档案归档保存。

15.2 进口合同的履行

进口合同的履行是指进口人按照合同规定履行付款等一系列义务，直至收取货物的整个过程。在我国的进口业务中，大多数交易采用FOB条件成交，并采用信用证方式付款。履行进口合同的主要环节有开立信用证、租船订舱和催装、办理货运保险、审单付款、接货报关、验收与拨交、索赔和理赔等。

15.2.1 开立信用证和修改信用证

1. 开立信用证

凡是进口合同规定采用信用证支付，由进口公司按合同规定填写开立信用证申请书，向

银行办理开证手续。如果国外受益人提出修改信用证的要求，经进口公司同意后，可以向开证行办理改证手续。

开立和修改信用证时应注意的问题：

（1）在申请开立信用证时，必须以进口合同为依据，信用证的内容应与合同条款一致，以减少和避免修改信用证。

（2）如果合同中有开证时间的规定，应按合同规定办理。如果合同规定在出口方确定交货期后开证，应在接到出口方的通知后再办理开证手续；如果合同规定在出口方领到出口许可证或支付履约保证金后开证，则应在收到出口方已经履行上述义务的通知后再办理开证手续。

（3）对于国外受益人提出的修改要求，如延长装运期、改变装运港口等，应慎重考虑。

2. 修改信用证

若在审证时发现违背国家政策或出口企业无法办到、与合同规定不相符的内容时，出口方应立即要求对方向原开证行申请改证，并在收到由通知行转来的、由开证行开出的信用证修改通知书后，继续履行出口合同规定的义务。

15.2.2　租船订舱、进口保险

1. 租船订舱

出口方在交货前一定时间内，应将预计装船日期通知进口方。在接到上述通知后，进口方应及时办理租船订舱手续，并在规定期限内将船名以及船期及时通知卖方，以备卖方备货装船。按照 FOB 条件成交的进口合同，应由进口公司负责租船订舱。目前，进口公司一般将这项工作委托给中国外运公司办理。

2. 办理进口货运保险

按照 FOB 或 CFR 条件成交的进口合同，由进口方办理保险。所以，出口方在货物装船后应及时向进口方发出装船通知，以便进口方能及时办理保险和接货等工作。

我国对进口货物运输投保一般采取逐笔投保和预约投保两种方式。其中，逐笔投保即对各笔进口业务分别办理保险手续。进口商在接到出口商的发货通知后，填写运输保险单，保险公司在投保单上签署同意后，进口商向保险公司缴纳保险费，然后由保险单公司出具正式的保险单给进口商。这种投保方式一般多在进口次数少的企业采用。预约保险即进口次数较多的外贸企业为了简化进口投保手续，与保险公司签订了货物运输预约保险合同，在合同中对投保险别、保险费率、适用的保险条款、保险费以及赔偿的支付方法等都统一规定。在预约保险条件下，每次外贸企业接到外商的装运通知后，只要填制进口货物通知（列明合同号、起运口岸、船名、起运日期、航线、货物名称、数量、金额等内容）交保险公司，经保险公司审核签章，即办妥了该笔业务的投保手续。此时，这份进口货物通知就代替了保险单。预约保险被我国大多数外贸公司采用。

15.2.3　审单和付汇

开证行在收到国外寄来的汇票及单据后，对照信用证的规定，核对单据的份数和内容。如果审核无误，则通知银行对外付款。同时，进口公司按照外汇市场价格向银行买汇赎单。而进口公司则凭银行出具的付款通知书与国内订货部门进行结算。

如果经审核发现单证不符，则应将单据退回国外银行，并以书面形式说明拒付理由，要求更正不符点。

进口商发现单证不符的处理办法包括：①拒付；②相符部分付款，不符部分拒付；③货到检验合格后再付款；④凭卖方或议付行出具的担保付款；⑤付款的同时向开证行提出保留追索权。

15.2.4 进口报验、报关和纳税

进口公司付款赎单以后，应立即着手准备接货。待货物运抵目的港后，必须立即向海关办理申报，填写进口货物报关单，并随附发票、提单、保险单、检验证书等。经海关检验有关单据和货物后，在提单上签章放行，即可凭以提取货物。

海关代征税种主要有关税、产品税、增值税、工商统一税及地方附加税、盐税、进口调节税等。其中，各类代征税税额计算公式如下：

（1）关税：进口关税税额=CIF 价格×关税税率。

（2）产品税、增值税和工商统一税：应纳税额=完税价格×税率。

（3）进口调节税：进口调节税=CIF 价格×进口调节税税率。

15.2.5 验收、接货

进口货物到达后，应及时进行检验，并取得有效的检验证明，以便出现问题时向有关责任方提出索赔。属于法定检验范围的商品，必须向卸货口岸的商品检验机构报验，未经检验的货物不得销售和使用。

货物经报关和检验后，由进口公司委托货运代理提取货物并拨交订货或用货部门。关于进口关税和运往内地的费用，一般由货运代理向进出口公司结算后，进出口公司再向订货部门结算。

15.2.6 进口索赔

进口索赔是指货物自出口方到进口方的过程中，由于人为、天灾或其他各种原因，使进口方收到的货物不符合合同规定或货物有其他损害，进口方依责任归属向有关方面提出赔偿要求，以弥补其所受损失。

进口索赔通常有由卖方赔偿、承运人赔偿和保险公司赔偿三种。在实际业务中，履行进口合同时，常常是由于卖方违约，因而主要是向卖方提出索赔要求。

进口索赔时应注意三点：一是取得有效的索赔文件，在索赔期限内提赔；二是注重事实，分清责任；三是合理确定索赔金额和赔付方式。

进口索赔的时效问题主要有：

（1）向卖方提出索赔的时效。

1）合同中具体规定索赔时效的，则买方应在合同规定的索赔时效内向卖方提出索赔，通常是买方在此期限内正式发出索赔通知。

2）如果合同中没有明确规定索赔期，则合同中的品质保证期被认为是买方提出索赔的有效期限。

3）如果合同中没有规定索赔期或品质保证期，则按《联合国国际货物销售合同公约》的规定：买方必须在发现或理应发现不符情况后一段合理时间内通知卖方，否则就丧失索赔的权利。但无论如何，最长的索赔时效为买方收到货物之日起不超过 2 年。

（2）向运输公司提出索赔的时效。

1）《海牙规则》规定：收货人最迟应在卸货港收到货物以前或当时，将货物灭失或损害的情况书面通知承运人，并向其索赔。如果货物损坏或灭失情况不明显，应在 3 天内提出索赔通知。有关货物灭失或损坏的诉讼时效为 1 年，从货物交付之日或应交付之日起计算。

2）《汉堡规则》规定：如果货物灭失或损坏明显，收货人应在货物移交给收货人的下一个工作日提出书面索赔通知。如果货物损坏或灭失不明显，可延长至 15 天。有关货物灭失或损坏的诉讼时效为 2 年，而且经双方协商还可以延长。

（3）向保险公司提出索赔的时效。

1）中国人民保险公司规定：被保险人发现保险货物受损后，应立即通知当地的理赔、检验代理人进行检验。

2）中国人民保险公司规定的索赔时效为 2 年，即从被保险货物在最后卸载港全部卸离海轮后起算，最多不超过 2 年。

本章小结

在进出口交易的一般业务流程中，买卖双方经交易磋商签订了合同，必须通过履行合同来实现其经济目的，合同的履行有出口合同履行和进口合同履行。出口合同的履行一般涉及备货与报验、催证、审证和改证托运、报关、投保和装船制单结汇、索赔和理赔等环节，其中以货、证、船、款四个环节最为重要。进口合同的履行一般要经过开立信用证、租船订舱与催装办理保险、审单付款、报关接货、检验与拨交、进口索赔等环节。国际贸易所涉及的当事人较多，包括出口商、进口商和各种中间商，为完成一单交易还需涉及商品检验、仓储、运输、保险、银行、港口、海关和外汇管理等部门。

章后习题与思考

1．买卖双方履行进出口合同各自需要做哪些工作？

2．修改信用证应注意哪些事项？

3．处理单证不符点有哪些方法？

4．出口结汇有哪些方法？

5．制作并审核结汇单据的基本原则是什么？

6．我某公司与国外某客商订立一份农产品的出口合同，合同规定以不可撤销即期信用证为付款方式。买方在合同规定的时间内将信用证开抵通知银行，并经通知银行转交我公司，我出口公司审核后发现，信用证上有关装运期的规定与双方协商的不一致，为争取时间，尽快将信用证修改完毕，以便办理货物的装运，我方立即电告开证银行修改信用证，并要求开证银行修改完信用证后，直接将信用证修改通知书寄交我方。

问：（1）我方的做法可能会产生什么后果？

（2）正确的信用证修改渠道是怎样的？

参 考 文 献

[1] 余淼杰. 国际贸易学理论、政策与实证. 北京：北京大学出版社，2013.

[2] 张波主. 国际贸易理论与实务. 武汉：华中科技大学出版社，2012.

[3] 沈明其. 国际贸易理论与实务. 北京：北京理工大学出版社，2012.

[4] 冯跃，夏辉. 国际贸易理论、政策与案例分析. 北京：北京大学出版社，2012.

[5] 盛洪昌. 国际贸易理论与实务. 上海：上海财经大学出版社，2011.

[6] 缪东玲. 国际贸易理论与实务. 北京：北京大学出版社，2011.

[7] 海闻，P 林德特，王新奎. 国际贸易. 上海：上海人民出版社，2003.

[8] 陈岩. 国际贸易理论与实务. 北京：机械工业出版社，2012.

[9] 陈岩. 国际贸易理论与实务. 北京：清华大学出版社，2014.

[10] Dominick Salvatore. 国际经济学. 朱宝宪，译. 北京：清华大学出版社，2004.

[11] 饶友玲. 国际服务贸易-理论产业特征与贸易政策. 北京：对外经济贸易大学出版社，2005.

[12] 国际商会中国国家委员会（ICC CHINA）. 跟单信用证统一惯例（UCP600）（中英文本）. 北京：中国民主法制出版社，2006.

[13] 国际商会中国国家委员会（ICC CHINA）. 跟单信用证统一惯例及 UCP500 关于电子交单的附则（中英文本）. 北京：中国民主法制出版社，2004.

[14] 黎孝先. 进出口合同条款与案例分析. 北京：对外经济贸易大学出版社，2003.

[15] 姚新超. 国际贸易保险. 北京：对外经济贸易大学出版社，2012.

[16] 姚新超. 国际贸易运输. 北京：对外经济贸易大学出版社，2003.

[17] 帅建林. 国际贸易惯例案例解析. 北京：对外经济贸易大学出版社，2006.

[18] 程敏然，贺亚茹，董晓波，等. 国际贸易理论与实务. 北京：北京大学出版社，中国林业大学出版社，2007.

[19] 田运银. 国际贸易实务精讲. 北京：中国海关出版社，2007.

[20] 陈宪，应诚敏，韦金鸾. 国际贸易理论与实务. 4 版. 北京：高等教育出版社，2012.

[21] 易露霞，陈原. 国际贸易实务双语教程. 北京：清华大学出版社，2006.

[22] 王怀民. 国际经济学. 北京：对外经济贸易大学出版社，2014.

[23] 刘辉群. 国际经济学. 北京：北京大学出版社，2012.

[24] 赵大平. 国际经济学. 上海：立信会计出版社，2011.

[25] 窦祥胜. 国际贸易学教程. 北京：北京大学出版社，2011.

[26] 孙勤. 国际贸易理论与实务. 北京：机械工业出版社，2010.

[27] 卓骏. 国际贸易理论与实务. 北京：机械工业出版社，2010.

[28] 吕靖烨. 国际贸易理论与实务. 北京：机械工业出版社，2011.

[29] 魏琦. 国际贸易理论与实务. 北京：北方交通大学出版社，2008.